한반도와 중국 그리고 조선족

모들교양신서 304

한반도와 중국 그리고 조선족

정 신 철 지음

도서출판 모시는사람들

머리말

2003년 8월 27일 필자는 한국고등교육재단의 국제 교류 학자 신분으로 서울에 오게 되었다. 서울에서의 연구는 「재한 중국인 노동자의 취업과 문화 적응」에 관한 것이었다. 이 연구를 위하여 필자는 해당 학자들과 많은 중국인 노동자(조선족 포함)를 만나 이야기를 나누었다.

그리고 필자는 중국 조선족 학자로서 한국 사회에서의 조선족과 재한 조선족의 대한對韓 인식을 살펴보았다. 그러나 필자는 실망하지 않을 수가 없었다. 먼저 중국과 중국 조선족 문제를 연구하는 학자 가운데도 아직 중국 사회와 조선족을 잘 모르는 경우를 발견하였다. 둘째 확신이 없는 한국 정부의 재외 동포 정책은 재한 조선족을 혼란스럽게 하였고, 일부 정치인들의 무분별한 행위는 동포 사회를 당혹하게 만들었다. 더욱이 한국 정부와 한국 사회의 재외 동포에 대한 무관심과 몰이해는 필자를 경악케 하였고, 재한 조선족 문제 해결을 둘러싼 해당 사회 단체 사이의 부동한 입장과 견해 차이는 재한 조선족 내부의 반목과 분열을 초래할 여지도 없지 않았다. 또한 많은 재한 조선족들의 불법 체류 신분에 잇따른 불이익, 불안감, 생활 처지 등은 반한 정서만 부추기고 있다. 물론 일부 재한 조선족들이 '동포정서'에 너무 집착하고 있는 것도 바람직한 처사가 아니라고 본다.

따라서 필자는 중국 사회와 중국 조선족의 실정을 많은 한국인에게 알리고 싶다는 생각을 자주 하게 되었다. 필자가 전하고 싶은 이야기는 첫째, 중국 사회의 실정과 변화를 정확히 파악하여야 대응에도 차질이 없다는 것이다. 둘째, 중국 조선족은 조선민족의 한 갈래이자 중국 국민으로 그 이중 성격을 이해하고 그 기초 위에서 민족 동질성을 최대한 발휘하여 전체 민족 발전에 기여할 수 있도록 하는 것이 절실하다는 것이다. 셋째, 중국에서 조선족의 튼튼한 입지는 조선민족의 영향을 확대하는 것으로 그들의 위상을 높이는 데 힘을 기울이고 그들의 입지를 좁히는 일은 삼가야 한다는 것이다. 넷째, 한국 정부는 명확하고 미래 지향적인 재외 동포 정책을 제정하여 그들의 고충을 들어 주고 해결해 줌으로써 재외 동포들에게 한국이 고국이란 사명을 확실히 심어 주어야 한다는 것 등이다.

때마침 〈도서출판 모시는사람들〉의 박길수 대표를 만나 이러한 취지를 말씀드리니 이에 동감하고 출판을 쾌히 승낙해 주었다. 그리하여 몇 년 동안 필자가 써 놓은 해당 논문들을 정리하여 본 책자를 펴낸다. 비록 변변치 않은 책자라도 중국과 조선반도의 관계에 대한 이해와 중국 조선족 사회의 실정 및 한국과의 연관성 등을 살피는 데 조금이라도 도움이 된다면 더 이상 바람이 없겠다.

끝으로 서울에 1년간 체류 기회를 준 〈한국고등교육재단〉과 한양대학교 문화인류학과의 협조와 도움에 감사를 드리고, 필자가 서울 체류 중에 우리 '성모成謨'를 잘 보살피고 지켜 준 아내 '옥진玉珍'에게 고마움을 표하며 보잘 것 없는 책자를 출판해 주신 박길수 대표와 직원 일동에게 깊은 사의를 드린다.

2004년 11월

鄭信哲 씀

한반도와 중국 그리고 조선족

차 례

중국과 한반도의 역사 교류와 상호 관계

1. 중조中朝 교류와 상호 인식의 사적史的 고찰考察

지금의 세계는 동서 냉전의 종식과 더불어 날로 다극화 방향으로 나아가고 있으며 유럽연합(EU), 북미자유무역지역(NAFTA)은 물론 아시아·태평양 지역도 다극의 중요한 한 극으로 부상하고 있는 것도 사실이다. 21세기를 맞이하면서 문명사가文明史家들은 아시아·태평양 지역의 진흥으로 21세기는 아시아의 시대가 될 것이라고 예측하고 있다. 이러한 때에 아시아 지역의 중추中樞를 이루고 있는 중국, 조선반도(남북 포함) 등의 역할과 책임이 더욱 중대해지고 있는 것은 주지하는 바이다. 이러한 시점視點에서 중국과 조선반도 나라와의 역사적 교류와 현재 상황에 대한 연구를 통해 과거를 반성하고, 서로의 문제점과 갈등을 해소하고 우호적인 상호 관계를 수립하여, 공동이 21세기 인류 문명의 동진東進을 대비하는 것은 아주 바람직한 일이라고 하겠다.

중국과 조선[1]은 강을 사이에 둔 인접 국가로 옛날부터 정치·경제·문화 등에서 밀접한 교류와 연계가 있었다. '조선朝鮮'이란 단어는 일찍이 기원전 7세기에 중국에 전해져 왔으며 중국 고대의「사기史記」,「한서漢書」등 고대 역사 문헌에 심심치 않게 기록되어 있다.

중조 교류사의 시작은 아주 먼 구석기시대까지 거슬러 올라갈 수 있으나 사서史書에 기록된 비교적 활발한 인적 교류와 문물 교류는 기원 전후부터라고 해도 틀림이 없을 것이다. 그러면 중조 교류사의 몇 개 단면을 살펴보기로 하자.

1) 조선에 한자, 한문과 유교 문화 전파

기원 전후 조선반도에 고구려·백제·신라 등 삼국이 출현하여 국가 체제가 점차 정비되면서 중국과의 각종 교류가 활발히 진행되기 시작하였다. 당시 중국은 비교적 발달한 봉건 국가로 그의 정치·경제·문화 등의 영향은 인접 국가에도 깊이 침투되었다.

한자와 한문은 조선 삼국시대 이전에 벌써 조선반도에 전해 왔으며 삼국 시기에는 그 전파와 보급이 아주 빨랐다. 고구려는 건국하면서부터 한자를 사용하였고, 6세기 이후의 신라는 국호, 왕호王號

---

1 남북이 분열되어 호칭에도 많은 불편함이 따르고 있는 것이 현실이다. 한반도, 한국 등은 근현대에 와서 일컫는 단어로 역사적 각도로 볼 때 '조선'이란 단어가 더 적절하다고 보아 본문에서는 필요할 때 '조선', '조선반도'라 표기한다.

등을 한문으로 고치기까지 하였다. 한자·한문의 광범위한 사용은 한문학의 발전을 촉진시켰다. 삼국시대부터 한시, 한문학이 산생産生·발전하기 시작하여 11세기 후반 고려의 문화 개화 시기에는 한시·한문학이 지배적 위치를 차지하였으며, 이후에도 계속 발전하였다. 당시 조선 봉건 귀족 계층에서는 중국 문화를 대단히 숭상하여, 한자를 많이 장악하고, 한문으로 문장 쓰는 것을 자랑으로 여겼으며, 유명한 한문 학자들도 적지 않게 나타났다.

한자와 한문이 널리 전파됨에 따라 유교 경전도 보다 널리 전파되었다. 『삼국사기』에 의하면 기원 372년에 고구려는 중앙에 유학 경전을 전수하는 「태학太學」을 세웠으며 이것은 왕족과 귀족들의 자녀를 전문적으로 교육하는 국가의 최고 교육 기관으로 국가에서 공식으로 유학 사상을 가르치는 장소였다. 백제에서도 기원 3세기 중엽 이후 유학 교육 제도를 마련하고 왕인王仁, 고흥高興 등 저명한 유학가儒學家들은 '박사博士' 칭호를 받기도 하였다. 신라에는 6세기에 유학이 전파되었고, 기원 788년에 '독서삼품출신법讀書三品出身法'을 제정하여 유학 경전과 한문을 인재 선발의 주요한 고시 과목으로 규정하였다.[2]

그리고 고구려, 신라에서는 많은 유학생들을 중국에 보내 유학 경전과 중국의 선진 문화를 습득하게 하였으며 때문에 이 시기 조선에 유명한 유학가들이 적지 않게 산출産出되었다. 더욱이 조선 시기에

---

2 朴眞奭, 『中朝經濟文化交流史研究』, 遼寧人民出版社, 1994, 19쪽.

이르러 유학을 국교로 규정하여 유교 문화의 영향은 조선의 정치·문화 생활 속에 깊이 스며들었다.

　다른 한편 조선의 문화 역시 중국에 전해와 중국 문화 발전에 일정한 영향을 과시하였다. 그 중에 조선의 음악과 무용은 그 당시 중국 궁정 음악의 한 부분으로 되기도 하였다. 예컨대 수나라 문제文帝의 칠부악七部樂에는 고구려악이 있으며 수양제隨煬帝의 구부악九部樂과 당태종의 십부악十部樂에도 고국려악이 포함되어 있었다. 또 당고종 때에는 많은 조선 음악가와 무용가들이 장안長安에 거주하면서 중국의 음악·무용 발전에 적극적으로 기여하였다.

2) 중조 양국의 인적 교류

　중조 양국은 인접 국가로 역사적으로 인적 교류도 많이 있었다. 인적 교류의 유형을 보면 사신 파견, 유학생 파견, 민간인의 왕래 및 인척姻戚 왕래, 유민 등을 들 수 있다.

　사신 왕래는 조선 삼국 시기에 이미 시작되었으며 신라가 조선반도를 통일한 후 사신 파견은 더욱 빈번하였다. 신라는 당나라에 경상적으로 사신을 보내어 조공하였으며 『삼국사기』에 의하면 기원 703년부터 897년까지 195년간에 신라가 '조공', '공산물' 등 명의로 당나라에 사절단을 파견한 차수가 모두 89차나 되었는데 어떤 때에는 1년에 2~3차가 되기도 했다고 한다. 이 시기 당나라도 신라의 새 왕이 즉위할 때마다 '책봉'을 하고 사절단도 18차나 파견하였다.

사절단 파견은 이후 각 조대마다 계속 이루어졌으며 중국의 청나라와 조선반도의 조선 왕조 시기에는 더욱 빈번하였다. 통계에 의하면 1637년부터 1850년의 213년 간에 조선은 615차의 사절단을 청나라에 파견하였고, 청나라가 조선에 파견한 사절단은 160차에 달했다.[3] 양국간의 사절단 파견은 서로 정치적 관계를 윤활하게 하려는 목적 외에도 '조공朝貢', '회사回賜' 등 각종 명의하의 많은 선물 교환을 통해 실질적으로 국가간의 경제 무역을 하는 것이기도 했다.

다음에 조선 삼국 시기부터 유학과 불교가 전파되면서 유학자와 불승들의 왕래도 많아졌으며 특히 신라 때에는 수많은 유학생들을 당나라에 보내 유학을 공부하고 연구하게 하였다. 기원 840년에 장안에서 공부를 끝마치고 한 번에 귀국한 유학생이 105명이나 되었다는 역사 기록도 볼 수 있다.[4] 그리고 유학생 가운데서 과거에 급제하여 당나라 관료가 된 신라인들도 당나라 말 80여 년 동안 58명이나 산출되었다.[5] 이들은 중조 문화 교류에서 많은 역할을 하였다.

중조 양국의 민간인들의 왕래에는 민간 무역이 주종을 이루었다. 신라 때 당나라에 와 장사를 하거나 장기적으로 체류하는 신라인이 많아짐에 따라 중국 동남 연해 지역의 산동, 강소 등에는 신라인들이 집결하여 생활하는 곳이 생겼으며 이를 '신라방'이라 일컬었다. 고려 때에는 중국 송나라의 상인들이 조선과 다량의 무역을 진행하

---

3 위의 책, 33-97쪽.
4 김구춘 주편, 『중조일관계사』(상), 연변대학출판사, 1994, 122쪽.
5 박진섭, 『중조경제문화교류사』, 요녕인민출판사, 1984, 43쪽.

였고 조선에 장기적으로 체류하는 송나라 상인들도 적지 않았다. 『고려사』에 의하면 1012년~1192년의 181년간 송나라 상인이 고려에 가 활동한 차수가 117번이고, 구체적인 인수가 있는 77차만 산출하여도 4,548명이 되며, 1055년 2월 '한식일'에는 한 번에 240명의 송나라 상인들을 접대한 적도 있었다고 한다. 민간인들의 빈번한 왕래는 양국의 경제 무역을 추진하였을 뿐만 아니라 정치·외교·문화의 교류에도 많은 영향을 주었다.

인척 관계의 인적 교류는 원과 고려 사이에 아주 돌출하였다. 당시 양국 왕실은 연혼聯姻 정책을 적극적으로 실행하였다. 원 세조는 딸을 고려 왕세자(충렬왕)에게 시집을 보냈고 충렬왕이 즉위하자 자연히 원 왕조의 부마왕으로 되었다. 충렬왕 이후 충선왕, 충숙왕 등도 원 왕실과 연혼 관계를 맺었으며 이에 따라 서로의 왕래도 빈번하였다. 『고려사』에 의하면 충렬왕의 재위 34년간에 원 수도에 간 적이 14차나 되며 어떤 때에는 수행 인원만 1,200여 명이 되었다고 한다. 양국 왕실의 혼인 관계에 따라 고려의 여인들도 원 왕실의 궁비로 들어갔으며 원 황후로 추봉된 고려 여인까지 나타났다. 이처럼 양국간의 유민을 포함한 각종 인적 교류는 그치지 않았으며 각 유형의 인적 교류는 양국의 정치·경제·문화 등 교류를 추진하였다.

중국과 조선의 역사적 교류는 대국과 약소국, 종주국과 종속국의 관계 상태에서 장기적으로 진행하였다. 약소국인 조선은 자신의 안보, 즉 살아남기 위해서만이 아니라 중국의 선진 문물을 받아들이기 위해서도 중국과의 관계를 원활히 하지 않으면 안 되었기 때문에 때로는 중국에 조공하기를 자처하기도 하였다. 이러한 과정에서 조선은 중국에 대한 사대 경향도 면치 못하였다. 물론 국가 이익과 충돌될 때나 불화가 생길 때에는 전쟁도 서슴지 않았으며, 고구려 시기 수나라·당나라가 수십 만 명의 병사를 동원하여 조선을 침략하였을 때 고구려는 이와 맞서 싸워 이김으로써 그의 강대함을 남김 없이 보여 준 적도 있었다.

중국을 놓고 보면 그 당시 나라가 크고 문화가 상대적으로 발달하였기 때문에 대국의 포용력도 없지 않았으나, 주변 국가들의 수긍과 종속은 중국으로 하여금 항상 자기 중심으로 생각하는 데서 벗어나지 못하게 하였다. 어떤 때에는 경제적으로 손해 보는 것을 번연히 알면서도 '안무', '책봉' 등으로 주변 국가를 종속시키는 데 신경을 썼다. 또한 대국으로서 약소국에 대한 정치적 압제, 나아가서는 침략 전쟁도 통치자의 의지에 의하여 무단히 발동하기도 하였다. 다시 말하면 중국은 항상 '대중화주의', '대륙 우월감'을 갖고 자기의 의지에 따라서 조선 등 주변 국가에 대하여 전쟁과 '안무'를 동시에 실시하였다.

2. 냉전 시기 중국과 남북 조선과의 상호 인식

중국과 조선은 비록 역사적으로 대국과 약소국의 관계에 있으면서 장기적으로 불평등한 관계를 유지하여 왔지만 양국 관계에 있어서 서로 협조적이고 호혜적인 점이 더 많았다. 이러한 관계는 19세기 말까지 유지되어 왔다.

19세기 중엽 이후 외래 자본주의 세력이 중국과 조선에 침입하면서 양국은 점차 식민지, 반식민지의 경지에 빠지게 되었다. 1910년 조선은 일본의 식민지로 변하였고, 이 시기 중국은 각 제국주의의 세력 범위 속에서 혼란을 겪고 있었으며 1931년 '9·18사변' 이후 일본 군국주의의 침략으로 조선과 같은 운명을 면치 못하였다. 이후 중조 양국은 공통으로 일본 제국주의의 침략을 반대하는 투쟁에 나섰으며, 제2차 세계대전 종말과 함께 일제를 퇴치하였다.

제2차 세계대전이 끝난 후 세계 정치 판도는 미국과 소련을 비롯한 이데올로기가 대립된 양대 정치 진영으로 나뉘었다. 이 시기 양대 정치 진영의 갈등 속에서 조선반도는 남북으로 분단되었고 남북 조선과 중국과의 관계는 이데올로기가 같거나 다른 데 따라 동맹 관계를 맺거나 대립하는 관계로 전환되었다.

1) 중국과 조선민주주의인민공화국의 상호 협조 관계

1945년 항일 전쟁이 끝난 후 몇 년의 국내 전쟁을 통하여 중국 공산당은 국민당과의 대결에서 이기고 1949년 10월 1일에 중화인민공화국의 성립을 선포하였다. 그 전인 1948년 9월 9일 조선 북반부에서는 조선민주주의인민공화국(이하 북조선이라 약칭함)이 출현하였다. 중국과 북조선은 모두 소련을 비롯한 사회주의 진영의 성원으로 무산 계급 정당의 지도하에 마르크스주의 기치를 들고 사회주의 건설을 기본 정책으로 채택하였으며, 1949년 10월 6일 중국과 북조선은 정식으로 외교 관계를 체결하였다. 이로써 양국은 사회주의 형제 국가 간의 정치·경제·문화 등 여러 방면의 합작을 다짐하였다.

1950년 6월 25일 전쟁의 불길이 조선반도를 불바다로 만들었다. 이후 미국을 비롯한 유엔군의 전쟁 개입과 더불어 전쟁의 불꽃은 중국 변경까지 뻗었으며 중국도 전쟁의 위험에 직면하게 되었다. 중국 정부는 소련의 지지하에 북조선의 '항미구국 투쟁'을 적극적으로 지지하고 전 중국 범위의 '항미원조 운동'을 일으켰으며 인력·물력 등으로 북조선을 지원하였다. 같은 해 10월 중국 정부는 '항미원조抗美援朝 보가위국保家衛國'의 기치하에 100만의 중국 인민 지원군을 조선에 파견함으로써 전쟁 쌍방의 힘의 형평을 잡고, 결국에는 휴전선으로 정전 협정을 체결함으로써 휴전에 들어갔다.

중국 정부가 북조선을 도와 이 전쟁에 직접 참전한 이유에는 사회주의 형제 국가에 대한 도의적 책임과 무산 계급 국제주의 의식이 중요한 작용을 하였겠지만, 더욱 중요한 점은 적대 세력인 미국의 팽창을 견제하고 '순망치한脣亡齒寒'의 어려움에 빠지지 않으려는 타산도 있었을 것이다.

이 외에 양국은 일찍이 경제 협력 관계를 수립하여 일련의 경제 합작 협정을 체결하고 경제적 협조에 힘을 기울였다. 조선 전쟁 중에 중국은 다량의 물자를 북조선에 지원하였고, 전후에는 경제 회복을 위해 많은 지원을 하였다.

1953년 11월 김일성이 중국을 방문하였을 때 중국의 주은래 총리는 북조선이 전쟁의 상처를 씻고 국민 경제를 회복 건설하는 사업에 지출이 아주 크다는 사실을 감안하여, 1953년 12월 31일까지 중국 정부가 북조선에 지원한 모든 물자와 비용을 모두 무상으로 기증한다는 결정을 전달하였다. 동시에 1954년부터 1957년의 4년간 인민폐 8만억 원을 무상으로 북조선에 기증하여 국민 경제 회복을 지원한다는 결정을 전달하였다.[6]

이와 동시에 중국과 북조선은 '중조 경제 및 문화 합작 협정'을 체결하고 양국이 호혜 평등의 기초 위에서 경제·문화 관계를 공고히 발전시키기 위해 서로 협력할 것을 보증하였다.

중국과 북조선의 우호 관계는 양국의 중요한 지도자들의 상호 방문에서도 볼 수 있다. 북조선의 김일성 주석은 1989년까지 공식 또는 비공식으로 30여 차례나 중국을 방문하였으며, 중국 정부의 각 시기의 주요한 책임자 주은래·유소기·주덕·등소평·팽진·화국봉·호요방·조자양·리붕·강택민 등도 모두 북조선을 방문하였다. 양국 영도자들은 서로의 방문을 통하여 상호 이해를 추진하고 중조 친선과 협력 관계를 강화하였다.

중국과 북조선은 인접 국가인 동시에 모두 사회주의 제도를 실시하는 국가이다. 중국은 북조선을 하나의 사회주의 형제 국가로 보고

---

6 『中華人民共和國對外關係文件集』 第2集. 世界知識出版社, 1958, 166쪽.

중국 신민주주의 혁명 시기의 북벌 전쟁, 토지 혁명 전쟁, 항일 전쟁과 해방 전쟁 등에서 조선의 많은 지사들이 진정으로 중국 혁명을 지원한 데 대하여 잊지 않고, 북조선이 곤란에 봉착할 때마다 협조하고 많은 도움을 주었다.

그리고 국제 역학 관계에서는 조선을 동맹국으로, 국내 안보 면에서는 조선을 적대 세력과의 완충 지대로 보았다. 때문에 조선 전쟁으로부터 어디까지나 조선과의 우호 관계와 상호 이해, 상호 협조의 관계를 유지하면서 북조선 주도하의 조선 반도 통일을 지지하고 북조선의 경제 건설을 지원하며 정치·경제적으로 북조선의 뒷심이 되어 주었다.

중국은 북조선의 안정과 양국 관계의 안정은 중국 국가 이익에도 큰 도움이 된다는 것을 잘 알고 있었다. 물론 중국은 양국 관계 처리에서 '대국우월주의', '노대가老大哥' 의식이 존재하였고 조선의 경상적인 원조 요구에 불만도 없지 않았다. 또 60~70년대에 북조선이 소련에 많이 기울어지는 것에 대하여 아주 못마땅하게 여기기도 하였다.

북조선 역시 중국을 형제 국가로 보고 국제 정치 무대에서 중국과 같은 입장에 섰으며 국제 문제나 국내 문제들에 대해서도 중국과 많은 의견 교류를 하였다. 특히 남북 조선이 대립된 상황에서 북조선은 중국을 든든한 후방으로 믿고 있었으며, 중국 또한 북조선을 정치적으로 지지하고 물질적으로 원조하였다. 북조선은 중국 정부의 이러한 우호적이고 국제주의적인 원조를 귀중히 여겼다.

　다른 한편 중조 양국이 호혜 기초 위에서 서로 교류를 한다고 하지만 허다한 면에서 특히 경제면에서 북조선이 중국에 주는 것보다 얻는 것이 더 많았다. 이러한 처지에서 북조선은 자연히 중국에 많이 의존하게 되었으며 중국 원조가 적거나 또 국내 상황으로 돌봐주지 못할 때는 중국에 대한 불만도 적지 않았다. 한때는 중소 관계의 불화를 타고 중국에 일정한 압력을 주기도 하였다.

　이 시기 중조 양국은 공동한 안보·정치 목적으로 서로 협조적인 친선 관계를 유지하였으나, 60년대의 한 시기에 정치 관점의 이해 부동과 의견 충돌로 서로 '수정주의'라고 비난하면서 관계가 원만하지 못한 적도 있었다.

2) 중국과 한국의 상호 인식

　앞에서 언급한 바와 같이 1949년 중국 공산당이 중화인민공화국을 건립한 후 중국은 소련을 비롯한 사회주의 진영의 일원으로 미국을 비롯한 서방 자본주의 진영과 대립된 노선과 정책을 실시하였다. 그러나 1948년 8월 15일 미국의 지지하에 건립된 대한민국(중국은 이를 승인하지 않고 줄곧 남조선이라고 함)은 기점으로부터 정책 방향을 자본주의 발전에 두었다. 때문에 남조선은 자연히 미국 편에 섰으며 사회주의 중국과는 부조화적인 관계가 되었다.

　1950년 조선 전쟁이 폭발한 후 중국이 북조선을 도와 직접 참전함으로써 중국과 남조선의 관계는 더욱 대립하는 방향으로 나아갔으며, 오랫동안 양국은 완전한 적대 관계 속에서 지내 왔다. 그리고 중국은 북조선의 안전이 국가 이익에 필요 불가결하다고 여기고 북조선을 절대적으로 지지하는 동시에, 남조선을 미국과 완전한 동맹 관계를 맺고 미국의 지지·원조를 받고 있는 '괴뢰정권'으로 보면서 남조선을 인정하기를 거부하였다. 때문에 남조선을 '대한민국'이라고 부르지 않았을 뿐 아니라 미국의 '괴뢰'라고 하고, 국가 통치자를 반동 통치자라고 일컫고 정상적인 국가 대접을 하지 않았다.

　남조선 역시 중국을 '적화'의 나라로 보았으며 특히 조선 전쟁 시기에는 중국을 '침략자' 또는 '한국 통일의 방해자'로 보기까지 하였다.[7] 남조선의 반공, 반중국의 태도는 완강하였으며 '반공법'까지 내놓을 정도였다. 이 시기 양국은 서로 비난하기만 할 뿐 서로 교류하고 이해하려고는 하지 않았다. 양국간의 이러한 상황은 민간인의 내왕과 통신 연락마저 금지시켰으며, 시간이 흐를수록 양국 민중들의 상대방에 대한 인상이 더욱 미약해지고 양국의 대외 정책 속에서 서로가 존재하지 않는 '사각死角'으로 되었다. 이러한 관계는 역사적으로 많은 교류가 있었던 양국으로 볼 때 매우 비정상적인 것이었으나 당시 상황을 보면 어쩔 수 없는 일이라고도 하겠다.

---

7 김학준, 『한국문제와 국제정치』(全訂版), 박영사, 1987, 439쪽.

3. 80년대 이후 중국과 남북 조선과의
   상호 인식과 관계

동서 냉전과 강한 이데올로기의 대립의 작용하에 중조, 중한, 중미, 조한 등 관계는 영활성이 거의 없는 고정 관념에 의해 처리되어 왔다. 70년대부터 해동하기 시작한 미소, 중미, 조한 등 다각 국제 관계는 80년대, 특히 80년대 말 소련의 해체와 더불어 국제 정치 관계에서 냉전이 끝나고 세계가 다극화 방향으로 나아가고 있을 때 더욱 영활성과 실리성을 띠게 되었다. 이에 따른 중조, 중한 사이의 상호 이해와 상호 인식의 내용도 많이 바뀌어 갔다.

70년대 이후 중국은 과거 20여 년간의 시정施政 경험을 정리·흡수하고 국제·국내 정책을 조정하기 시작하였다. 중국은 대외 관계에서 정치 체제, 사회 제도에 크게 제한을 받지 않는 실용적 외교를 실시하면서 미국과 일본과의 관계 정상화를 실현하였다. 국내에서는 과거 정치 운동의 속박에서 벗어나 경제 건설과 국민들의 생활 향상을 중요시하면서 70년대 말기부터는 개혁 개방 정책을 제정하고 실천에 옮겼다.

중국의 개혁 개방 정책은 이전의 자아 폐쇄에서 벗어나 더욱 영활하고 실용적인 대내·대외 정책을 실시함으로써 획기적인 발전의 계기를 마련하였다. 이후 중국은 정치·경제·문화·외교·인민 생활 등 방면에서 눈부신 성과를 취득하였다. 현재 중국의 국제 이미지와 영향은 전에 없이 향상되었고, 국내의 경제 건설과 국민 생활 수준도 아주 빠른 속도로 성장하고 있다.

중국의 신속한 변화·발전의 상황에 비해 북조선은 여전히 폐쇄적이고 고립적인 국내·국외 정책을 고수하고 있어 국내 실정은 거의 변화가 없다고 말할 수 있다. 때문에 중조 양국간 상호 인식의 거리가 더욱 멀어진 느낌을 주고 있다. 중국의 국내 경제 건설에 중점을 두는 정책은 국외로부터 기술 자금 등의 유치가 필요하므로 중국은 이전과 다른 다각적이고 실용적인 외교 정책을 실시하고, 정치 체제와 사회 제도를 불문하고 많은 국가들과 다양하게 접촉하고 협조적인 관계를 수립하는 데 역점을 두었다. 동시에 이전의 무산 계급 국제주의 원칙하에 실행한 다량의 무상 원조는 많이 감소시켰다. 때문에 조선에 대한 이해도 많이 달라진 것도 사실이다.

중국은 북조선을 아직도 우호적인 국가로 보고 국가 지도자들 사이의 내왕도 계속하고 있다. 동시에 조선반도의 안정에 주목하고 도의적으로 북조선을 지지하고 있으며 필요할 때는 경제적 원조도 하고 있다. 그러나 이전처럼 항상 무조건적인 것은 아니다. 그리고 북조선 정권의 부자 계승, 개인 숭배, 핵무기 개발 등도 못마땅하게 보고 있다.

지금에 와서 중국은 북조선과의 관계에서 '전통적인 우호 관계'만은 많이 강조하고 있다. 예컨대 1997년 4월 12일 중국의 조선 주재 대사가 조선 정무원 부총리 겸 외교부장 김영남에게 중국 정부의 재차 양식 원조 결정을 전달할 때 "수 년간 중국은 줄곧 힘에 닿는 경제 지원을 초선에 하였으며, 이것은 중국 공산당과 정부가 중조 전통적인 우호 관계를 귀중히 여기고 적극적으로 발전하는 구체적 표현이고, 이번의 재차 양식 원조는 중조 전통적인 우호 관계를 가일층 공고히 하고 발전시키는 데서 출발하였다."고 지적한 점에서도 볼 수 있다.[8]

　북조선은 그처럼 믿었던 중국이 개혁 개방 정책과 더불어 이전의 '대립국'과도 협조적인 관계를 맺고, 그동안 많았던 국제주의 원조도 격감할 뿐 아니라 지원도 무상보다 유상有償이 더 많아 전에 없었던 소외감을 갖게 되었다. 또 중국 국내 경제면에서의 비교적 자유스러운 정책은 사회주의 목적에서 이탈한 느낌도 주어서 북조선은 중국이 사회주의를 버리고 자본주의 길로 가는 것이 아닌가 하는 의문도 없지 않다. 더욱이 중국이 한국과 수교하고, 각 방면의 교류를 활발히 벌이고 있는 점에 대해서도 상당히 불만이 많을 뿐만 아니라 남다른 배신감도 가졌을 것이다.

　그러나 21세기를 맞이하면서 북조선의 상황도 많이 달라졌다. 북조선 지도자들은 중국의 개혁 개방 성과에서 일정한 계시를 얻었으며, 중국을 본받아 국내 경제 발전을 위한 개혁 개방의 의지를 온양하기도 하였다. 이는 북조선 지도자 김정일 총비서가 2001년 1월 중국을 방문하고 상해 포동浦東 지구의 개발 현장을 자세히 돌아본 사

---

8 「中國政府向朝鮮再次提供糧食援助」, 《人民日報》, 1997년 4월 13일.

실에서도 감지할 수 있다. 개혁 개방의 물결이 북조선에서 서서히 일기 시작하면서 중국과의 관계와 협력도 더욱 깊어질 수 있다.

중국과 한국의 무접촉·무관계는 70년대에 와서 풀리는 기미가 나타났다. 1973년 한국의 박정희 대통령은 '6·23선언'을 발표하고 사회주의 국가와의 접촉과 관계 개선의 의도를 제시하였으며 중국은 1978년부터 등소평이 제출한 개혁 개방 정책을 실시하면서 국제·국내 정책에 중대한 변화를 가져왔다. 양국은 1979년부터 홍콩, 일본, 싱가포르 등을 통한 간접 무역을 시작하였다.

중국과 한국 간의 정부 차원의 접촉은 1983년 5월에 있었던 '항공기 납치 사건'이 계기가 되어 중국민항총국 심도深圖 국장이 한국 땅을 밟은 것이 처음이었다. 이후부터 양국의 교류가 시작되면서 민간 차원의 경제적·인적 교류가 점차 활기를 띠고, 중국의 개혁 개방 정책의 심입深入과 한국 정부의 적극적인 '북방 외교' 정책은 중한 관계를 밀접히 연계시켜 1992년에는 양국간의 수교가 실현되었다. 중국과 한국은 이념적으로는 서로 다른 체계를 보유하고 있으나 양국이 과거의 불화를 해소하고 서로 새로운 관계 건립에 수긍하게 된 것은 서로의 필요성을 느끼고 있었기 때문이다.

중국에 비춰진 한국은 같은 동방 문화권에 위치한 지리적으로 가까운 나라이고, 비약적인 경제 성장을 이룬 나라였다. 그리고 대만과 관계를 밀접히 한 나라이기도 하며 또 중국 안보에 큰 영향을 주는 조선반도 안정의 유력한 변수이기도 하였다. 이러한 각도에서 한국과의 관계 개선은 한국으로부터 기술과 자금을 유치할 수 있고 대

만을 더욱 고립시킬 수 있으며 중국이 힘을 모아 경제 발전을 도모
하는 데 중요한 주변 안정 유지에도 유익한 것이다.

한국에 비춰진 중국은 역시 지리적으로 가깝고, 전통 문화적으로
유사한 나라이고, 자원이 풍부할 뿐 아니라 시장이 큰 무한한 발전
성을 가진 나라이며 북조선에 능히 영향력을 미칠 수 있는 나라이기
도 하다. 이러한 면에서 중국과의 관계 개선은 경제·통상면에서 상
호 보완성이 많고 협력할 수 있는 여건을 마련할 수 있으며 중국이
적어도 북조선의 대남 무력 도발 또는 군사적 모험주의를 억제하고
조선반도의 평화를 위한 협력을 할 수 있으리라고 믿고 있다.

그러나 중한 양국은 아직도 이념과 체계가 다르고, 중국과 북조선
이 특수한 관계를 유지하고 있으며, 경제면에서는 제3국에서의 수
출 경쟁이 치열해지고 있어 상호간의 교류 협력에서 해소해야 할 문
제도 적지 않다. 따라서 양국이 협력하는 가운데서 정확한 상호 이
해와 상호 인식이 더욱 필요한 것이다.

4. 결 어

지역적으로 서로 인접한 중국과 조선반도는 역사적으로 아주 밀
접한 교류 관계를 맺고 있었다. 비록 때때로 불화와 마찰이 있었지
만 때때로 우호적인 정치·경제·문화 등의 교류 속에서 다정한 이웃

으로 지내왔다. 이러한 이웃이 20세기 40년대 후반부터 조선반도에
이념적으로 상극된 두 개의 국가가 출현하면서 중국·한국·북조선이
라는 다각 관계가 생기고 이들은 국제 정세의 긴장과 완화에 따라
연합과 협조, 갈등과 대립, 대화와 교류 등으로 몇십 년을 보냈다.

　90년대에 와서 냉전이 끝나고 세계가 날로 다극화·지역화 방향으
로 나아감에 따라 모두가 국제 관계의 새로운 역학 평형을 모색하고
있는 이때, 아태 지역의 중추적 역할을 할 중국·한국·일본·북조선
등은 다시 과거를 정리하고 새로운 기초 위에서 상호 인식의 기준을
세워야 한다고 생각한다. 예를 들면,

　첫째, '세계화', '국제화'를 지향하고 있는 이때 국가간의 인식 간
격을 해소하는 데는 서로를 존중하는 기초 위에서 상대방을 이해하
고 인식하는 것이 제일 중요하다.

　둘째, 세계 경제의 일체화 추세에 따라 각 나라간의 경제 교류는
더욱 활발해지고 경제의 상호 보완성이 더욱 강해지고 있으므로 국
가도 국가거니와 세계의 일원으로 세계 질서의 안정과 유지에 참여
해야 할 자각심을 가져야 한다.

　셋째, 어느 국가든 자기 국가 건설의 이념·목적·정책 등이 있으
므로 우선 그 나라의 선택을 존중해야 하며 외부에서 이래라 저래라
그 나라 내정을 간섭하는 것은 타당하지 못하며 만약 상호의 불이해
또는 갈등·마찰이 생기면 대화를 통해 협상하는 것이 나라 사이의
관계 처리에서 제일 바람직하다고 볼 수 있다.

　넷째, 지금의 세계는 다극화·다양화의 세계로 그 어떤 패권과 위

협도 환영받지 못하고 또 개방적인 정책을 실시하지 않고 융통성 없이 자아 위주의 정책에만 휩싸여 일의 고행하여도 그 결과는 매한가지로 세계 발전에 이바지할 수 없다.

한국과 중국 조선족

1990년대에 와서 중국 조선족 사회는 급속한 변화를 맞이하였다. 조선족 농민들의 대량 이농 현상, 조선족 집거 농촌의 피폐화, 민족 교육의 축소, 농촌 총각들의 혼인 문제와 인구 감소 등은 현재 중국 조선족 사회의 기반을 흔들리게 할 정도로 심각하다.

중국 조선족 사회의 이러한 현실은 또한 고국인 한국과 무관하지 않았다. 중국 조선족은 그들이 처한 특수한 환경, 즉 한국과의 관련 으로 국내 어느 민족보다 빠른 변화의 양상을 보이고 있는 바 그 문 제점도 다른 민족 가운데서 나타나지 않은 것들이 많이 보이고 있 다. 이는 비록 중국 조선족 사회 발전 가운데 피치 못할 과정이라 하 지만 이에 대한 정확한 이해와 적절한 대책이 없으면 중국 조선족 사회의 위기를 초래할 여지도 없지 않다. 한국은 중국 조선족에게 많은 혜택을 주기도 하고 또 많은 문제점을 초래하는 장본인으로도 작용하기도 하였다. 그러면 한국은 중국 조선족에게 과연 어떠한 존재인가? 중국 조선족은 어떻게 한국과의 관계를 잘 이해하고 처리할 것인가? 한국 정부, 한국인 또한 중국 조선족을 어떻게 이해하고 대응할 것인가? 이 모든 문제가 우리의 답안을 기다리고 있다.

1. 왜 중국 조선족인가?

중국 조선족은 조선반도에서 이주한 조선민족의 한 갈래이다. 지금으로부터 백 수십 년 전에 중국 조선족의 선대들은 인적이 드문 중국 동북 땅에 발을 붙이고 황무지를 개간하기 시작하였다. 당시 그들은 압록강·두만강을 넘나들면서 화전을 일구어 호구양가糊口養家의 방편으로 삼기 시작하였고, 후에는 떼를 지어 중국 땅에 이주·정착하게 되었다. '십 년이면 강산도 변한다.'고 백여 년의 세월을 보낸 중국 조선족의 변화도 지금은 아주 엄청나다. 다시 말하면 조선족은 백여 년의 역사 과정에서 이미 조선반도의 지리적 개념에서 벗어나 중국에서 하나의 민족 공동체를 이루었으며 그 민족 성격상에서도 중국적인 특징을 겸비하여 이제는 조선반도의 거주민과 차이差異 있는 부분이 적지 않다.

중국 조선족의 이주 과정을 보면 대략 아래와 같다.

19세기 중반 이후 자연 재해로 인한 생활고로 일부 조선반도 주민이 양국의 엄격한 단속에도 불구하고 중국 동북 지역으로 이주하기 시작하였다. 그 후 조선 주민의 이주가 점차 늘어나는 추세를 보였고, 일본 제국주의가 조선반도를 합병한 후에는 더욱 많은 조선반도 주민들이 생활고를 면하기 위해 혹은 독립 운동을 위해 중국 동북 지역을 비롯한 여러 지역으로 이주하여 왔다. 일본 제국주의가 투항하기 직전인 1944년 중국에 있는 조선인 숫자는 165만 명에 달하였다. 일본이 패전한 후 많은 사람들이 조선반도로 귀환하여 1949년에는 111만여 명 선에서 중화인민공화국의 건립을 맞이하였다.

조선족 선조들의 중국으로의 이주는 한마디로 고난의 역사이고 피눈물의 역사이며 생사 이별의 역사였다. 그들은 '월강죄'로 극형에 처할 위협, 잡초 우거진 황야의 적막, 현지 관헌의 괴롭힘과 가혹한 착취, 토비와 기마적의 습격, 일제의 민족 이간 정책으로 현지인들에게 받은 미움, 심지어는 생명 위협 등을 감수하지 않으면 안 되었다.

그 단적인 예로 1924년에서 1929년까지 마적이 간도 일대에 1,019차 출몰했는데 조선인이 마적의 피해로 살해된 사람은 35명, 부상자 34명, 피납치자 358명, 강탈당한 자금은 4만 1,997원이었다. 또 1930년에 연변 일대의 조선인들이 장작림張作霖의 봉계 군벌에게 받은 박해를 보면, 70건의 폭력 사건으로 상처 입은 자가 9명이고 피살해자가 83명에 달하였으며 불법으로 체포된 자는 4,130명이며 빼앗긴 현금은 1,915원이었다.[1]

---

1 고영일 외, 『중국항일전쟁과 조선민족: 1910~1952년 조선민족통사』, 도서출판 백암, 2000, 68, 70쪽.

한편 1945년 이후 수많은 조선인 농민들이 중국 동북 지역에 자리잡고 생활하고 있었지만 그들의 국적 문제가 명확하지 못하였다. 당시 조선인 농민들은 조선반도와 강한 연대감을 갖고 있었고 조선반도를 자기의 조국으로 여기고 그 감정도 아주 깊었다. 다른 한편 조선인 농민들은 중국 동북에 생활의 터전을 개척하면서 수십 년의 정착 세월을 보내왔으나 국적이 명확치 않다고 하여 토지 분여권과 소유권을 부여하지 않음으로써 그들의 민족 감정을 손상시키는 우려도 있었다.

중국 공산당은 이 같은 동북 지역 조선인 농민들의 이주 역사와 현실을 감안하여 그들을 중국 국민으로 인정하고 중국에서의 모든 권리를 향유하는 동시에 조선의 사정으로 그들이 원할 때에는 조선 국민의 신분으로서 조선으로 돌아갈 수 있다고 규정하여 사실상 '이중 국적'을 승인하였다. 따라서 동북 지역에서 토지 개혁을 실시할 때 조선인 농민들도 토지를 배분 받았고 지방 정권에도 참여하였다. 중화인민공화국 건립 이후 중국에 남아 있는 조선인의 대부분이 공식적으로 중국 국적을 소유하게 되었다.

조선족은 중국에서 강한 민족 긍지심을 안고 떳떳하게 살아 왔다. 그들은 이주 초기 추운 동북 지역에 벼농사를 성공적으로 시작하고 보급하여 중국 북방의 유일한 '벼재배 민족'으로 자리매김하였고, 민족 교육을 통하여 민족의 언어·문자를 보존해 왔으며, 비록 고난의 나날이었지만 이국 타향에서 조선민족의 얼을 고스란히 지켜 왔다. 그리고 많은 민족 투사들이 불굴의 의지로 중국의 항일 세력과 함께 일본의 침략 전쟁에 대항하여 피어린 투쟁을 벌이면서 싸웠기에 조국 광복과 중국 신민주주의 혁명에 많은 기여를 하였다.

또한 중화인민공화국 건립 이후 중국 조선족은 다민족 국가의 일원으로 중국 사회주의 혁명과 사회주의 건설에 적극적으로 참여하였고, 중국 국민으로서 각급 정권 기관의 책임자로 많이 발탁 받았다. 조선족은 중국 각 민족의 일원으로 중국에 뿌리를 튼튼히 내리고 자기 민족의 특징과 문화를 계승하면서 참된 삶을 영위해 왔으며 민족 소질 제고에도 게을리 하지 않았다. 또 그들의 끊임없는 노력으로 중국에서 교육열이 높고 문화 소질이 높은 민족으로, 예의바르고 낙천적인 민족으로, 또 산아 제한의 모범 민족으로, 그리고 중국 민족 자치 지역 가운데서 정치·경제·문화 등 발전의 모범인 연변 조선족 자치주의 주체 민족으로, 중국 각 민족들 속에 널리 알려져 있고 부러움과 존경을 받아 왔다.

특히 예로부터 지식을 존중하고 교육을 중요시하는 우수한 전통을 갖고 있는 조선족은 문화·교육 면에서 중국 기타 민족에 앞장섰다. 1990년 중국 인구 센서스 자료에 의하면 중국 총인구 가운데 초등학교 이상 교육을 받은 비율은 전 중국 평균 수준은 69.81%이고, 한족 수준은 70.67%이며 소수 민족 평균 수준은 60.60%인데 비해 조선족 수준은 82.75%에 달한다. 교육 인구의 매 만명 가운데 대학 수준 소유자의 숫자를 보면, 전국 평균 수준은 78명이고 한족은 79명이며 소수 민족 평균은 61명인 데 비해 조선족은 227명에 달한다. 그리고 15세 이상의 인구 문맹률을 볼 때, 중국 총체의 평균 문맹률은 22.21%이고, 소수 민족의 평균 문맹률은 30.83%에 달하며 한족의 문맹률은 21.53%이다. 이에 비해 조선족의 문맹률은 7%밖에 되지 않는다. 15~39세 연령층의 조선족 문맹률은 0.49%에 불과하지만 한족의 문맹률은 8.75%에 달한다. 교육 연한을 보면 전 중국 평균 수준은 6.25년이고 소수 민족 평균은 5.29년이나 조선족은 8.52년에 달한다.[2]

2000년 중국 제5차 인구 센서스에 의하면, 대학 수준 소유자의 숫자가 중국 평균 수준은 매 만명에 122명이고 한족은 126명인데 비해 조선족은 381명에 달하였다. 그리고 석·박사는 중국 평균이 매 만명 가운데 8명이고 한족 역시 8명이나 중국 조선족은 17명에 달하였다.[3]

조선족의 이러한 우수성은 중국 사회에서 공인을 받았다. 이것은 중국 중앙 텔레비전 방송국의 뉴스에서 조선족이 우생우육優生優育에서 돌출한 성과를 취득하였으며, 문화 교육이 세계 선진 수준에 접근하였다고 방송한 사실이 증명하여 준다(1993년 10월 20일 아침뉴스). 물론 그렇다고 문제가 없는 것은 아니다. 예컨대 교육 보급 수준은 타 민족보다 높다지만 사회 경제 발전에 큰 우세는 보이지 않았고 대학 이상 학력의 비례는 높지만 이에 비해 각 분야의 출중한 인물이 적었다. 때문에 중국 조선족은 과거 성과에만 집착할 수는

2 『中國民族人口資料』(1990年 人口調査數据)에 근거, 中國統計出版社, 1994.
3 國務院人口普查辦公室 國家統計局人口和社會科技統計司 編, 『中國 2000年 人口普查資料』(上), 中國統計出版社, 2002.8 참조.

없다. 무한 경쟁 시대에 대비하여 중국 조선족은 더 큰 경쟁력과 영향력을 키우는 데 심혈을 기울여야 할 것이다.

2. 중국 조선족 사회의 현주소

2000년 현재 중국 조선족 인구는 192만 3천여 명이다. 그들의 분포를 보면 동북 3성에 집중 거주하고 있는데 이곳의 조선족 인구는 177만 5천여 명으로 전체 조선족 인구의 92.3%를 차지한다. 좀더 구체적으로 보면 길림성에 114만 5천여 명이고 이것은 조선족 총인구의 59.6%(이 가운데 연변 조선족 자치주에 84만여 명, 조선족 총인구의 41.7%)에 달한다. 그 다음 흑룡강성의 조선족 인구는 38만 8천여 명이고(조선족 총인구의 20.2%), 요녕성의 인구는 24만 4천여 명이다(조선족 총인구의 12.5%). 기타 지역 조선족 인구는 14만 9천여 명으로 조선족 총인구의 7.7%이다.

조선족 자치 지역으로는 길림성에 연변 조선족 자치주와 장백 조선족 자치현이 있다. 민족 자치 지역의 조선족 인구는 87만여 명이며 이는 조선족 총인구의 45.3%를 차지한다. 이 외에 민족 자치 지역의 보충 형식으로 민족 향진(鄕鎭, 한국의 면유 단위)이 있는데 조선족의 민족 향진은 40여 개(흑룡강성에 20개, 요녕성에 16개, 길림성에 11개, 내몽골 자치구에 1개 - 1990년대 말 통계) 있다.

개혁 개방 이전 조선족은 상대적인 안정 속에서 주위 기타 민족들
보다 풍요로운 생활을 영위해 왔다. 이러한 안정은 개혁 개방과 더
불어 사라졌고 조선족 사회는 급진한 변화의 소용돌이 속에서 몸부
림치고 있다. 특히 급속한 인구 이동과 더불어 조선족 사회는 새로
운 도전을 맞이하게 되었다.

조선족 인구 이동은 민족의 도시화 과정 추진, 경제 수익 증가, 시
장 의식 강화 등 민족 사회 발전에 적극적인 공헌을 하였다. 동시에
급속한 인구 이동에 따른 부정적인 영향도 무시할 수는 없다. 조선
족 인구 이동과 더불어 나타난 조선족 집결 지역의 인구 소실, 민족
교육의 축소, 도덕적 퇴폐 등 일련의 문제로 하여 유지 인사들이 고
민하고 있는 것도 사실이다.

첫째, 조선족 집결 지역의 인구 감소이다. 80여만 명의 조선족이
생활하고 있는 연변 조선족 자치주의 경우 1996년부터 조선족 인구
의 마이너스 증가를 보였다. 1996~1997년에 한족 인구는 3,399명
이 늘어나고 조선족 인구는 3,565명이 줄었으며, 한족이 차지한 비
율은 57.81%에서 57.99%로 늘어나고, 조선족의 비율은 39.33%에
서 39.18%로 줄었다. 또 1999~2000년 사이 조선족은 5,013명 감
소되었으며 조선족 비율은 2000년에 38.55%로 줄어들었다.[4] 그리
고 조선족 인구가 절반 이상 차지하고 있는 연길시, 도문시, 룡정시,
화룡시의 조선족 인구는 연길시를 제외하고 모두 감소하는 추세를

---

4 延邊朝鮮族自治州統計局 編, 『延邊統計年鑑』, 中國統計出版社, 2003.

보였다.

개혁 개방 이후 조선족은 산해관 이남 지역으로 대량 진출하여 민족의 분포 지역, 활동 영역을 이전보다 넓혔지만, 다른 한편 민족 문화와 민족 전통의 상실을 가속화시켰다. 현재 20만 좌우의 조선족 이동 인구가 산해관 이남 지역에서 한족의 겹겹 포위 속에 있는 상황을 '창해일속滄海─粟'으로 형용하여도 과언이 아니다.

다음으로 출국 붐으로 인한 인구 감소도 아주 심각하였다. 80년대 중반 이후 해외 진출이 가능해지면서 조선족의 해외 진출이 날로 많아지고 있다. 지금까지 해외에 있거나 해외 경력을 가진 조선족이 연 인수가 30만 명이 넘었다. 이 가운데 조선족 여성들의 해외 진출을 무시할 수 없다. 단적인 예로 주중 한국 영사관의 조사에 의하면 1993~1996년 사이에 국제 결혼(위장 결혼도 포함) 명의로 한국에 시집간 조선족 여성들이 21,000여 명에 달한다고 한다.[5] 그리고 연변 조선족 자치주 민정국의 통계에 의하면 1993~2001년 사이 전 자치주에서 국제 결혼을 한 숫자가 18,885명이고 이 가운데 18,000여 명이 조선족 여성이며 또 조선족 여성 가운데 미혼 여성이 9,540명(전체의 53%)이라고 한다.[6] 불완전 통계에 의하면 2002년 현재까지 모두 6만 명이 넘는 조선족 부녀들이 국외로 시집갔다고 한다.[7] 수

---

5 정신철, 『중국 조선족사회의 변천과 전망』, 요녕민족출판사, 1999, 72쪽 참조.
6 朴春山, 「談─談涉外婚姻對延邊朝鮮族人口負增長的影響」, 『"延邊朝鮮族人口負增長問題研討會" 論文集』, 연변조선족자치주계획생육위원회(2002년 12월), 95쪽.
7 황유복 교수가 '延邊朝鮮族人口負增長問題研討會' 에서 한 발언. 『延邊朝鮮族人口負增長問題研討會 論文集』, 연변조선족자치주계획생육위원회(2002년12월), 18쪽.

많은 여성들의 해외 유실은 원래 인구 증가율이 낮은 우리 민족의 인구를 더욱 줄이고 있다.

위에서 볼 수 있는 바와 같이 200만 인구에서 몇십 만 명이 조선족 집결 지역을 떠나 움직이고 있다는 사실은 조선족 지역이 '공동화空洞化'되고 날로 축소되어 가고 있다는 것을 의미한다. 반면에 이것은 한족들의 조선족 개척 지역으로의 점진적인 침투를 의미하고 이에 따른 심각한 문제는 조선족이 민족성을 보존하고 지탱하여 온 공간이 날로 작아지고 있다는 것이다.

둘째, 민족 교육의 약화 현상이다. 조선족 인구의 대량 이동은 민족 교육의 약화 현상을 초래하고 있다. 중국 조선족에게 있어서 민족 언어와 문자는 민족의 중요한 특징이었다. 민족 교육은 민족성을 살리고 민족 언어와 문자의 사용, 보존 및 발전 등 방면에서 제일 중요한 역할을 하고 있다. 이러한 민족 교육이 조선족 인구의 낮은 증가율과 집거 지역 인구의 대량 이동에 의하여 날로 약화되고 있다.

조선족 농촌 인구의 감소는 농촌의 학교 운영 문제를 심화시켰다. 왜냐하면 농촌 학생 지원자가 날로 줄어들고 있기 때문이다. 그리고 도시에 진출한 사람들의 자녀들은 고향 친척들에게 의탁하여 학교에 다니는 경우에는 학습과 생활 단속이 결핍하고, 도시 거주지에서 공부하는 경우에는 경제적으로 아주 큰 부담이 되고 민족 언어와 민족 문화에 대한 습득이 어려운 문제에 직면한다.

조선족 농촌 학교의 대량적인 감소는 농촌 학령 아동들의 교육 받을 기회가 상대적으로 축소되었음을 의미한다. 이것은 조선족 적령기 소년 아동들의 교육 수준, 문화 소질 등이 낮아지고 있는 경향을 말해 주고 있기 때문에 우리 민족의 미래가 걱정되기도 한다. 또 민족 교육의 축소는 민족 정체성 약화와 맞물려 있다고 하겠다.

셋째, 조선족 처녀들의 대량 유실은 농촌 총각들의 혼인 문제를 심각하게 하고 있다. 조선족 농촌 인구 이동의 하나의 특징은 여성 인구, 특히 미혼 여성들의 대량 이동이다. 현재 조선족 농촌에서 미혼 여성들은 거의 보이지 않는다. 이러한 상황은 많은 조선족 농촌의 성별 비례의 불균형을 초래하였으며, 보통 미혼 남녀 청년 비례가 20:1에 달하였다. 그리고 2001년 연변 조선족 자치주에서 9개 향진의 23개 촌의 조사에 의하면 20세 이상의 조선족 여성 청년이 520명인데 410명이 출국 또는 도시로 떠났다고 한다.[8] 때문에 허다한 조선족 농촌에는 장가갈 나이에 대상자를 구하지 못한 노총각들이 많이 나타나고 있다.

조선족 농촌 청년들의 혼인 문제는 아직 심각한 사회 문제를 초래하지 않았지만 문제의 중대성은 이미 기미를 보이고 있다. 만약 이러한 문제를 제때에 해결 또는 완화하지 못한 상태에서 일정한 시일이 지나면 우리 민족의 사회 안정에 아주 불리한 영향을 끼치게 될 것이다. 뿐만 아니라 조선족 인구 성장에도 아주 불리한 상황이다.

넷째, 농촌 기층 간부의 유실이 심각하였다. 농촌 인구의 이동 대

---

8 中共延邊朝鮮族自治州黨委 延邊朝鮮族自治州政府, 「延邊朝鮮族人口負增長問題的現況」, 『延邊朝鮮族人口負增長問題硏討會 論文集』, 연변조선족자치주계획생육위원회(2002년 12월), 5쪽.

군 가운데 원래 농촌 기층 간부를 담임한 청장년이 적지 않았다. 이들은 원래 두뇌가 비교적 명석하고 생각이 밝은 사람들로 비교적 일찍이 도시 진출과 해외 진출에 참여한 부류에 속한다. 이들이 본래의 촌 간부 책임을 버리고 농촌을 떠남으로써 조선족 농촌 기층 간부대오의 역량을 크게 약화시켰다. 소개에 따르면 어떤 조선족 촌에는 7명의 촌 간부 가운데 출국하거나 또는 도시에 진출한 자가 4명이고, 어떤 마을에는 26명의 공산당원 가운데 촌을 떠난 자가 12명이나 된다고 한다.

때문에 어떤 곳에서는 촌 간부가 떠남으로써 그 자리가 비어 있는 한편 마을의 좀 능력이 있는 청장년들도 거의 집에 있지 않으므로 촌 간부 책임을 질 사람이 거의 없었다. 심한 경우에는 마을에서 적당한 간부 후보를 찾지 못하여 향진 정부에서 기관 간부를 파견하여 촌 간부를 겸임하기도 하고 또는 부근의 한족 마을에 가서 간부를 데려오는 경우도 있었다. 농촌 기층 간부의 유실과 그 후계자의 부족에 따라 일부 조선족 마을의 운영이 문제로 되었다.

다섯째, 한국 진출에 따른 문제점도 무시할 수 없다. 현재 조선족 사회는 '한국 바람'에 들떠 있으며, 그 첫 번째 현상으로는 향후의 생활을 한국 노무에 걸고 만사를 제쳐 놓고 한국에 가는 꿈만 꾸고 있다는 것이다. 두 번째로는 일부 불법자들의 소위 한국 입국 수속의 미명하에 기만당하여 가산을 탕진한 경우가 부지기수로, 이는 조선족 사회의 안정을 파괴하고 불안감을 초래한다는 것이다. 세 번째로는 법률과 도덕을 뒤로 두고 출국을 위해 수단을 가리지 않고, 여권과 비자를 위조하고 위장 결혼을 하며, 심지어는 밀항까지 시도하는 경우가 적지 않다는 점이다.

여섯째, 우리 민족의 아름다운 풍습, 전통이 차츰 사라지고 있다. 우리 민족의 가치관에서 서로 돕고 서로 사랑하는 미덕이 사라지고 돈밖에 모르고 자기밖에 모르는 극단의 이기주의가 대두하고 있다. 노동관에서 알뜰히 농사를 짓고 성실히 일하려는 마음이 적어지고 쉽게 또는 공짜로 돈을 벌고 '벼락부자'가 되려는 꿈을 꾸고 있는 사람들이 많아지고 있다. 그리고 소비에서는 아껴 쓰고, 아껴 먹고, 아껴 입는 기풍이 소실되고, 지나치게 먹고 마시며 돈을 버는 대로 다 써 버리는 경향이 농후해지며 생활 양식에서도 '금전주의', '향락주의', '한탕주의' 등의 유혹하에 도덕적 퇴폐 현상, 즉 도박·기만·매춘 등을 서슴지 않았다. 이러한 문제들은 조선족 사회의 형상을 크게 손상시켰고 조선족 사회 발전에 부정적인 영향을 끼쳤다.

하지만 변화 과정에서 나타난 조선족 사회의 문제점 때문에 '위기설', '해체설'까지 제기될 정도이지만 필자는 이에 동조할 수 없다. 왜냐하면 현대화·도시화 과정에서 농촌 인구 이동을 비롯한 일련의 현상과 문제점은 불가피하다. 우리는 이러한 과정이 다른 민족에 비해 빨리 접하였기에 문제도 먼저 나타났을 따름이다. 우리가 해야 할 일은 곤란에 위축되지 말고 현황과 문제점을 정확히 파악하고 이에 대응하는 것이다. 물론 현재 중국 조선족 사회는 상술의 문제를 해결하기 위하여 적극적으로 노력하고 있다.

3. 무엇이 문제인가?

중국 조선족 사회의 급격한 변화와 당혹감은 많든 적든 간에 한국과 밀접히 관련되어 있다. 조선족의 인구 이동도 마찬가지로, 1980년대 후반만 해도 조선족의 이동은 많지 않았는데 중한 수교 이후 양국간에 교류가 활발해지면서 그들의 인구 이동은 급속하게 증가하였다.

먼저 중국 국내의 이동을 보면 조선족 이동자 대부분이 한국 기업이 집결된 곳이며 여행사, 식당 및 노래방 등도 처음에는 한국인을 대상으로 많이 만들어졌다. 중국 내에서 도시 진출한 조선족의 직업은 거의 다 한국인과 연관되며 후에는 전에 없던 '가정부'도 가족과 동행한 한국인 때문에 생겼다. 조선족의 국외 진출은 한국과 더욱 밀접히 연계되어 있었다. 조선족 가운데 미국·일본·유럽 등으로 이동하는 경우도 있지만 한국처럼 많은 곳은 없다. 여기에는 동일 민족으로 언어가 통하고 역사 전통과 생활 습관이 비슷하며 또 인연과 혈연 관계로 조선족이 한국을 선호하는 것은 당연하다.

중국 국내에서 조선족과 중국 진출 한국인들과의 관계를 살펴보면, 처음에는 같은 동포이고 말이 통하여 한국인에게는 조선족이 있음으로 해서 사업 시작과 전개에 많은 도움이 되었으며 조선족은 한국인을 통해 국내 기타 민족들보다 빨리 도시 진출의 기회를 얻었고 시장성 체험의 시간도 빨랐다. 하지만 조선족과 한국인 사이에 서로에 대한 기대감이 높을수록 실망감도 깊어갔다. 그들은 정작 같이 사업하면서 서로간의 이질감이 크다는 것을 느끼게 되었고, 갈등도 심하여 서로 불신과 불친절을 빚어내는 사건도 적지 않게 나타났다.

본문에서는 중국 내의 문제는 잠시 접어 두고 조선족이 한국과의 직접적인 관계를 맺으면서 나타난 문제점을 정리해 보려 한다. 중한 교류가 활발해짐에 따라 조선족은 혈연, 인연 및 언어 등의 우세로 중국 국내 어느 민족보다 한국과의 교류를 활발히 진행할 수 있었다. 중국 조선족은 중한 수교 전에 이미 친척 방문의 기회가 있어 한국을 오가면서 한국 친척들의 도움을 받았고, 후에는 한약 장사 등으로 경제적으로 많은 혜택을 받았다. 그리고 일부 친척 방문자 가운데 취업하는 경향도 있었다. 1992년 중한 수교 이후에는 취업을 목적으로 하는 친척 방문자들이 더욱 많아졌다.

이때부터 한국은 중국 조선족에게, 특히 조선족 농민들에게는 기회의 땅으로 보이기도 하였다. '코리안 드림'은 많은 조선족들로 하여금 한국에 오기 위하여 불법도 마다하고 여권과 사증 위조, 부모 신분 조작, 위장 결혼, 심지어 밀항도 서슴지 않았다. 그들은 한평생 쥐어 보지도 못할 정도의 돈을 높은 이자로 빌려 브로커한테 주면서 한국행을 시도하였고, 그 가운데는 한국 근처에도 못 가고 돈만 날려 버리는 '계비단다鷄飛蛋打(닭은 날아가고 계란은 깨어 버린)' 식의 비극의 주인공이 되는 경우도 적지 않다.

그리고 한국에 어렵게 온 사람들은 불법 체류자의 딱지를 달고 항상 두근거리는 마음으로 조심스럽게 일하면서도 '돈맛'을 보고, 또 그 '돈맛'에 매혹되어 한국에 주저앉아 돌아가려 하지 않았다. 또 그들은 적게는 3~4년, 많게는 7~8년, 심지어 10년 이상 한국에 체류하면서 한 번도 가 보지 못한 고향과 보고 싶은 부모, 사이 좋은 아내 또는 남편, 사랑하는 자식에 대한 그리움을 달래지 않으면 안 되었다. 더욱이 헤어져 있는 긴긴 세월 동안에 돌아가신 부모님 신변을 직접 돌보지 못한 불효, 젊은 나이에 생과부와 홀애비 신세를 못 참아 '새로운 가정'으로 몰아간 부부들의 이혼, 부모 얼굴 보지 못하고 자란 자식들의 텅 빈 가슴, 이 모든 것을 어찌 돈으로 계산할 수 있으랴!

　나는 지금도 아래와 같이 생각한다. 즉 한국은 중국 조선족에게 경제적으로 많은 도움이 되었지만 조선족 사회의 현실을 볼 때 폐단이 이득보다 더 크다는 것이다. 사실 이러한 결과를 초래한 것도 한국 정부의 불확실한 해외 동포 정책과 관련 있다. 동포로 생각한다고 중국 조선족의 마음만 크게 부풀게 해 놓고, 정작 많이 들어오니 외국인 노동자로 취급하면서 한국에 오는 길을 제한하여 많은 조선족으로 하여금 부작용만 일으키게 하고, 결과 없는 단속만 자꾸 되풀이하여 그들의 요행심만 부추기는 결과를 낳았다.

　역사에는 가설이 있을 수 없지만 만약 '한국 바람'이 불지 않았다면 중국 조선족은 지금처럼 극심한 동요와 당혹 속에 빠져 있지 않았을 것이다.

4. 무엇을 해야 하나?

과거 냉전 시기 이데올로기 대립으로 중국과 한국은 반목의 대상으로 서로의 접촉은 거의 없었다. 따라서 중국 조선족도 비록 깊은 연고가 있었지만 한국과의 연락은 할 수가 없었다. 그때 중국으로 건너간 1세들은 고향을 몹시 그리워하였고 심지어 죽으면 뼈라도 고향 땅에 묻혔으면 하는 한을 품었다. 다행히 냉전이 끝나고 중한 수교가 실현되면서 우리 선조들의 한도 어느 정도 풀 수가 있게 되었다. 동시에 한국은 중국 조선족에게 기대의 대상으로 떠오르기 시작하였다.

중한 교류가 활발해지면서 중국에서 조선어의 위상 또한 높아졌고, 중국 조선족은 동일 민족으로서의 자부심도 느꼈으며, 조선족의 도시 진출 기회도 확대되었다. 또 조선족은 한국이 있음으로 해서 국외 진출도 중국 내의 어느 민족보다 더 빨리, 더 많이 할 수 있는 기회를 가졌다. 이 과정에서 조선족은 시장 체제에 더 빨리 적응할 수 있었고 이는 경제적으로 많은 도움이 되었다. 하지만 한국과의 교류에서 조선족은 꼭 이득만 얻는 것은 아니다. 그것이 위에서 언급한 조선족 사회 발전 과정에서 '한국 바람'이 계기가 되어 당혹스럽게 나타난 결과를 통해 알 수 있다.

상술한 당혹감을 푸는 데는 역시 한국 정부의 그 어떤 자세가 필요하며 이에 대한 명확하고 정확한 정책이 요구된다. 아래에서는 한국에 제언하고 싶은 것을 적어 본다.

첫째, 한국 사회는 해외 동포 문제에 대한 관심을 더 높여야 한다.

중국이 화교권에 힘을 입어 경제 성장에 많은 혜택을 얻었다지만 그 화교 숫자는 본국민 대비 1.8%에 지나지 않는다. 하지만 한국의 해외 동포 600만 명은 본국민 대비 10% 이상이다. 그리고 화교는 주로 동남 아시아와 중남미 지역에 집중적으로 거주하고 있는 반면 한국의 해외 동포는 중·미·일·러 등 소위 세계 4대 강국을 중심으로 집거해 있다. 동북 아시아 중심 국가를 지향하는 한국에 대한 해외 동포의 영향을 가히 음미해 볼 만한 일이다.

그러나 유감스럽게도 한국 사회는 해외 동포에게 거의 무관심하다고 말할 수 있다. 그 단적인 예로 얼마 전 해외 동포의 많은 관심을 끌었던 '재외 동포법' 수정안이 국회에서 통과되었지만 한국 매스컴에서 얼마나 다루었는지 보면 알 수 있다. 더욱이 한국의 명문 대학 학자들 역시 '해외 동포 문제'가 눈에 차지 않아 거의 연구를 하지 않는다고 한다. 이는 약간 과격한 말이기는 하나 한국 사회의 해외 동포 문제에 대한 관심을 짐작할 수 있다.

물론 선진국인 미국이나 일본의 동포들에 대한 관심은 어느 정도 있겠지만 재중·재러 동포에 대해서는 거의 망각의 상태였다. 하지만 중국·러시아는 계속 낙후 속에 머물러 있지는 않을 것이다. 때문에 한국의 앞날을 생각해서라도 근시안적인 처사를 버리고 어느 곳의 해외 동포를 막론하고 그들에게 관심을 돌려야 할 것이다.

둘째, 한국 사회는 중국 조선족의 불법 체류 문제의 해법을 빨리
타진하여야 한다.

중국 조선족이 왜 불법 체류자로 되었는가? 이것은 무엇보다 한
국 정부의 불확실한 해외 동포 정책에서 비롯된 것이라고 볼 수 있
다. 한국 정부의 해외 동포 정책은 뚜렷한 철학이나 원리를 바탕으
로 이루어진 일관성 있는 정책이 아니라, 그때 그때 상황에 따라서
결정되고 실행되어 왔기 때문에 문제점이 많다.

1999년 제정한 '재외在外 동포의 출입국과 법적 지위에 관한 법
률'(약칭 '재외 동포법')부터 그렇다. 당시 '재외 동포법' 제정의 출발점
을 보면 재미·재일 동포를 대상으로 하여 그들에게 어떤 고마움을
표시하는 것처럼 보였다. 때문에 재중·재러 동포가 제외된, 말하자
면 '제외除外 동포법'으로 표현되었다(사실 이러한 동포법은 동포를 분열
시키는 것으로, 없는 것보다 못하였다).

다음 그때 그때 상황에 따라 실시한 단속 조치 역시 확실한 정책
의 지도하에서 진행된 것이 아니다. 단속 때 동포를 봐주는 것처럼
보이면서 또 무자비하게 단속하였다. 너무 잦은 단속과 용두사미식
의 결과는 결국은 조선족의 불만과 불법 체류자들의 요행 심리만 키
워갔다. 그리고 현재 실시하고 있는 소위 '국적 부여 확대' 정책 역
시 이러한 차원을 벗어나지 못하고, 재외 동포법 수정안이 통과되었
고 여러 시민단체들이 압력을 주니까 보라는 듯이 하고 있는 단기적
인 정책 방편에 불과하다고 볼 수 있다.

하지만 한국 정부의 일관성 없고 근시안적인 정책 조치는 중국 조

선족 사회의 불안과 위기감을 더 조성하고 있을 뿐이다. 사실 중국 조선족이 바라는 것은 상대적으로 좀더 자유로운 왕래이다. 그리고 국회에서 재외 동포법 수정안이 통과되었으니 시행 당국이 재중·재러 동포를 확실히 동포로 인정한다면 그들에 대한 차별적인 동포 정책을 해소하고 수정안에 근거하여 동포 지위에 상응한 구체적인 시행령을 시급히 제정하여야 할 것이다.

현재 많은 재한 조선족들이 하고 있는 말은 수정안이 통과되었는데도 단속할 때 잡혀 가는 사람들을 보면 거의 조선족들이라고 하면서 더욱 배신감을 느끼고 더 큰 반한 정서에 휩싸여 있는 것 같다. 한마디로 말하면 뜨겁게 대해 주지 못할망정 너무 슬프게 하지 않았으면 한다는 것이다.

셋째, 한국 사회와 시민 단체는 해외 동포 문제를 처리함에 있어서 상대방의 입장을 더욱 잘 파악하면서 운동을 펼쳐 나가야 한다.

위에서 한국 사회에서 해외 동포 문제에 전적으로 무관심하다고 할 정도라고 하였지만, 다른 한편 해당 시민 단체들의 동포에 대한 애정과 동포 문제 연구자들의 해외 동포 문제에 대한 관심은 아주 대단하였다. 해외 동포들은 이들에게 깊은 고마움을 간직하고 있을 것이고 또 때가 되면 꼭 보답하리라고 믿는다.

나는 서울에 체류하면서 재한 조선족들의 실제 문제를 해결해 주고 있는 시민 단체들에게 항상 고마운 마음을 품고 있다. 한국 정부의 불명확하고 심지어 시행착오적인 정책으로 조선족이 피해를 받고 있을 때 시민 단체들이 나서서 동포의 권익을 보호하기 위하여 정부와 적극적으로 대화하고 투쟁하였기에 일부의 성과나마 거둘 수가 있었다. 그리고 시민 단체들이 동포들의 임금 체불, 취직, 생활상의 애로 등 문제 해결에 많은 도움을 주었기에 동포들은 그런대로 한국 체류의 고달픔과 어려움을 달랠 수 있었다.

끝으로 몇 가지 바람을 전하고자 한다.

우선 재한 조선족을 대할 때 그들의 기반은 중국에 있다는 것을 잊지 말아 주었으면 한다. 여기에 세 가지 의미가 있는데 첫째는 조선족이 중국에 이미 뿌리를 깊게 내리고 떳떳한 중국 국민으로서, 한편으로 조선민족으로서의 긍지감을 갖고 생활하고 있으며 이제는 그 어디에도 떠날 가능성도 없고 떠날 수도 없다는 것이다. 둘째는 중국 조선족이 다민족·다문화 속에서 터득한 민족 공존의 지혜는 단일 민족 국가인 한국에 있어서 세계화를 대비하는 아주 유익한 자산으로 활용할 수 있다는 것이다. 셋째는 과거 중한 양국의 교류에서 조선족이 가교 역할을 해 왔으며 앞으로도 계속할 것이라는 것을 염두에 두어야 한다는 것이다.

둘째로는 조선족이 중국에서 민족 정체성을 지키면서 항상 떳떳하게 생활할 수 있도록 물심 양면으로 지원하는 것이 중요하다. 조선족은 지금까지도 중국 사회에서 비교적 우수한 민족으로 인정받고 있다. 현재 중국 조선족 사회는 인구 감소와 분산화, 농촌 피폐, 민족 교육 축소 등으로 어려움을 맞고 있지만 이것은 어디까지나 '진통'에 불과하다. 조선족 사회 내부에서 이 진통을 순조롭게 넘기 위하여 힘껏 노력하고 있을 때, 한국 사회의 적극적인 동참도 요구

된다. 조선족이 중국 내 기타 민족에게 없는 우세가 바로 한국이 있기 때문이라고 할 수 있다. 따라서 한국의 국력 신장은 조선족에게 많은 기회를 줄 수 있으며 조선족과 한국민과의 연대는 민족 동질성 회복과 조선족의 정체성 유지에도 도움이 될 것이다.

셋째로는 조선족을 도우면서 일방적인 부여만 말고 상생 또는 평형적인 안목에서 서로 무엇을 해야 하는지도 같이 고민하였으면 한다. 재한 조선족의 불법 체류자 모습만 보이지 말고 구체적인 조사를 통하여 사실과 숫자로 재한 조선족의 긍정적인 모습 및 그들이 한국 사회에 대한 기여를 부각시켰으면 한다.

넷째로는 중국 사회에서의 조선족 입지에 해가 되는 일은 삼갔으면 한다. 중국 실정과 조선족의 상황을 정확히 파악함으로써 조선족을 도우려는 좋은 출발점에서 시작한 일이 그들에게 불이익을 가져오는 일이 없도록 하는 것이 중요하다. 여기서 한국인들도 중국 조선족 사회 형성의 특수성, 그들이 처한 특수 환경과 처지를 이해하고 다같이 화합과 공존의 길을 모색하는 것이 필요하다.

결론적으로 한국의 정확하고 일관성 있는 해외 동포 정책과 그에 따른 시행령 등이 빨리 출현하기를 기대하고 한국인들의 해외 동포에 대한 애정과 이해를 다시 한번 더 호소해 보며 중국 조선족도 다시 한번 스스로를 반성해 보았으면 한다.

중국 조선족 인구 감소와
민족 사회 발전

현재 선진 국가에서는 전체적으로 인구 감소 추세를 보이고 있으며 이것은 사회 발전을 위한 한 과정이라고 할 수 있다. 문제는 중국은 아직도 발전 도상에 있으며 기타 민족 인구는 빠른 성장을 하고 있을 때 조선족 인구만의 급속한 감소는 정상적이 아니며 오히려 민족 사회 발전에 많은 지장을 주고 있다.

이 논문은 이러한 현상에 대한 문제의식에서 출발하여 중국 조선족 인구 현황과 발전 전망을 그려 보고, 조선족 인구의 마이너스 증가세가 민족 사회 발전에 가져다 준 부정적 영향과 그 대책에 관하여 다루어 보려 한다.

1. 중국 조선족이란?

조선족은 조선반도에서 중국에 이주해 온 조선민족의 한 갈래이다. 백여 년 전에 중국 조선족의 선조들은 인적이 드문 중국 동북 땅에 발을 붙이고 황무지를 옥토로 개간하면서 이곳에 뿌리를 내리기 시작하였다.

조선반도 주민들의 중국 동북으로의 연속적인 이주는 19세기 중반 이후부터였다. 20세기 초 일본 제국주의가 조선반도를 강점한 후 중국으로의 이주는 더욱 활발해졌으며 일본이 패한 1945년 8월 이전에 중국에 체류한 조선인은 200여 만 명에 달하였다. 광복 후 조선반도로 귀환과 더불어 중화인민공화국 성립 직후인 1953년 중국의 인구 센서스에 나타난 중국 조선족 인구는 1,111,275명이었다.

이후 조선족은 다민족 국가 중국의 일원으로 이 땅에 뿌리를 튼튼히 내리고 민족의 우수성과 강한 생명력을 과시하면서 생활하여 왔다. 현재 중국 조선족 인구는 200만 명에 달하며 주요하게 길림·흑룡강·요성 등 동북 3성에 집거하여 있으며 중국 사회 발전의 큰 테두리 안에서 정치·경제·문화 등 방면에서 빠른 발전을 취득하였다. 현재는 급속한 인구 이동으로 동북 지역의 조선족 인구 비례가 점차 내려가는 추세를 보이고 있는 것도 사실이다.

조선족은 백의민족의 후예로서 민족의 문화 전통에서 완전히 이탈하지는 않았다. 오히려 우리 민족이 자랑하는 근면성과 인내성, 지식과 교육을 중요시하는 문화 지향성과 의식주衣食住 생활에서의 청결성 등은 조선족 사회 발전의 뒷받침이 되어 주었고, 우수한 민족으로 조선족이 다민족 국가인 중국에서 비교적 우수한 민족으로 조선족이 인정받는 중요한 계기로 되었다. 개혁 개방 이후 중국 조선족 사회는 급속한 변화 속에 큰 진통을 겪고 있지만 여전히 중국 사회에서 우수한 민족으로 인정받고 있다.

중국 조선족이 자신의 전통 문화를 잘 살려 민족 발전에 기여할 수 있었던 이유는 무엇보다도 전통적인 집결 지역이 존재하였기 때문이다. 조선민족은 역사적으로 논농사를 계속하여 왔다. 밭농사와 다르게 논농사는 수리 시설이 꼭 필요하며, 강을 막고 물도랑을 내며 수전을 만들기에 상호적인 협력이 필요하므로 벼농사 지역에는 언제나 집단으로 모이게 되어 일정한 규모의 마을을 형성한다. 벼농사 위주인 조선족의 선조들도 마찬가지로, 이곳에 이주하면서 보통 여러 집이 같이 움직이거나 또는 먼저 마을의 뒤를 따라 한곳에 모여 사는 경우가 많았다.

조선인들의 조선반도로부터의 지속적인 이주는 중국에 수많은 조선인 촌락을 형성시켰다. 타향에서 민족적 촌락은 사향思鄕의 마음을 달래고 서로 협조하며 생활하는 기본 단위일 뿐만 아니라 다른 민족의 포위 속에서 민족 전통 문화를 유지하고 발전시키는 무대이기도 하였다. 조선족은 여기에서 민족 문화 발전의 관건인 문화 교육과 언어 교육을 진행할 수 있었고 전통 문화를 잃지 않고 대대로

물려주며 의식주 생활에서도 원래의 면모를 보존할 수가 있었다.

현재 중국 조선족은 한족漢族 인구가 절대 다수를 차지한 중국 사회에서 민족 문화 보존에도 힘을 기울이고 있다. 뿐만 아니라 중국 사회 진출 등에서도 많은 애로 사항을 극복하면서 민족의 우수성과 근면성을 잘 체현하고 있다. 다른 한편 중국 조선족의 지난 역사 과정을 돌이켜 보면 조선족이 응당 더 빨리, 더 건전하게 발전되어야 하였을 텐데 하는 아쉬움도 없지 않다. 이것은 그때 그때의 중국 사회 상황이 좋지 않았던 것이 주 원인으로 되겠지만 조선족 사회의 내부적 원인도 없지 않다.

2. 중국 조선족 인구의 현황

2000년 제5차 중국 인구 센서스에 의하면 중국 조선족 인구는 1,923,842명으로 이는 1990년 제4차 중국 인구 센서스에서 나타난 숫자 1,923,361명에 비하면 겨우 481명밖에 증가하지 않은 것이다.[1] 위에서 보다시피 인구가 거의 200만 명인 조선족이 10년 간 인구가 481명밖에 증가하지 않았다는 사실은 인구 문제가 우리 조선족 사회에서 얼마나 심각한지를 알 수 있게 해 준다.

---

1 중국 제4, 5차 전국 인구 조사 통계 자료에 근거.

사실 중국 조선족의 인구 발전 전망은 밝지 못하다. 중국에서 조선족 인구의 절대 증가수가 제일 적으며 인구 증가율도 가장 낮다. 1990년에서 2000년까지 100만 명 이상의 18개 민족 가운데 기타 민족 인구의 절대수 증가는 최소한 10만 명이 넘었고, 상가족土家族 같은 경우는 230여 만 명이 증가하였으며 묘족苗族, 포랑족布朗族도 140~150여 만 명이 증가하였다. 그러나 조선족은 겨우 400여 명밖에 증가하지 않았다. 이는 전국 55개 소수 민족 가운데 마이너스 증가에 처한 오자별극족烏孜別克族(총인구 1.24만 명), 탑탑이塔塔爾 족(총인구 0.49만 명)과 인구 증가 400명 미만의 혁철족赫哲族(총인구 0.46만 명, 그러나 연평균 증가율은 0.84%로 조선족보다 높다) 다음으로 제일 적다. 10년 기간의 인구 증가율은 중국 전체 평균이 9.92%이고 한족은 9.45%이며 소수 민족 평균은 14.42%인 데 비하여 조선족은 겨우 0.02%에 불과하였다. 그리고 연평균 증가율을 보면 중국 전체 평균이 0.91%이고, 한족은 0.87%이며 소수 민족 평균은 1.30%이나 조선족은 0.002%로 오자별극족과 탑탑이족에 이어서 제일 낮다.[2]

전국적으로 보면 중국 조선족 인구는 몇백 명이라도 증가하였지만 조선족이 집거한 길림, 흑룡강, 요성 및 내몽골 자치구 등 상황을 보면 조선족의 도시 진출 인구가 비교적 집중된 요녕성이 1990년의 230,719명에서 241,052명으로 10,333명 증가하였을 뿐 기타 지역은 모두 감소하였다. 길림성은 1,183,567명에서 1,145,688명으로

---

2 「각 민족 인구 증가 정황」, 《中國民族報》, 2003년 1월 7일.

37,897명 감소하였고, 흑룡강성은 454,091명에서 388,458명으로 65,633명 감소하였으며, 내몽골 자치구는 22,173명에서 21,859명으로 314명 감소하였다.[3]

위에서 보다시피 조선족 집거 지역의 인구는 점차 줄어드는 추세를 보이고 있다. 특히 연변 조선족 자치주의 경우 조선족 인구의 마이너스 증가는 우리의 우려를 자아내고 있다. 연변 조선족 자치주는 중국에서 조선족이 가장 많이 집거한 곳으로, 중국 조선족 총인구의 40%가 넘는 조선족이 이곳에서 생활하고 있다. 그런데 이곳 조선족 인구의 자연 증가율이 점차 내려가면서 1996년부터는 연속 마이너스 증가율을 보이고 있다. 이를 표로 보면 다음과 같다.

1990년 이후 연변 조선족 자치주 조선족 인구의 자연 증가율 변화

년도	총인구(만 명)	출생지(만 명)	출생률 %	사망률 %	자연 증가율 %
1990	83.90	1.16	13.83	6.74	7.09
1991	84.60	0.96	11.37	6.45	4.92
1992	84.94	0.84	9.88	6.15	3.73
1993	85.45	0.65	7.58	6.06	1.52
1994	85.49	0.58	6.79	6.02	0.74
1995	86.00	0.50	5.84	5.81	0.03
1996	85.92	0.42	5.06	6.13	-1.07
1997	85.56	0.38	4.52	5.61	-1.09
1998	85.05	0.37	4.42	5.74	-1.32
1999	84.71	0.32	4.42	6.82	-1.42
2000	84.21	0.41	5.16	6.91	-1.75
2001	84.01	0.32	3.81	5.02	-1.21

(자료출처: 梁玉今 蔡朱一《論延邊朝鮮族人口負增長所引發的朝鮮族敎育問題》, 《"延邊朝鮮族人口負增長問題硏討會" 論文集》, 연변조선족자치주계획생육위원회, 2002년 12월)

---

3 『中國民族人口資料』(1990年 人口普查數據), 중국통계출판사, 1994; 『中國 2000年 人口普查資料』(上), 중국통계출판사, 2002.

그리고 조선족 농촌의 경우 출산자 수가 줄어들고 사망자 수가 더 많은 것이 현재 아주 보편적인 현상이다. 2002년 인구가 5,500여 명 되는 용정시의 한 변경진邊境鎭의 경우를 보면 이 해 사망자 수가 50명인 데 비해 출산수는 14명에 불과하였다. 화룡시의 한 변경진에는 인구가 1만여 명이 되고 이 가운데 조선족 인구가 85%를 차지하나 2002년에 출생한 9명 중에서 한족이 6명이었다. 이에 비해 조선족 인구 사망은 해마다 20명 정도였다.[4]

3. 조선족 인구 감소의 주요한 원인

조선족 인구 감소에는 다음과 같은 주요한 원인이 있다.

첫째, 역사적 잔여로 산아 제한 정책의 철저한 집행과 관련이 있다. 중국은 1970년대부터 산아 제한 정책을 실시하기 시작하였으나 주요하게 도시에서 선행하였고, 기타 지역의 대부분은 80년대에 와서 공식적으로 실행하기 시작하였으며 소수 민족 지역에서는 산아 정책 실행 과정을 더욱 늦추었다. 그리고 중국 소수 민족 인구의 실제에 따라 한족과 다른 정책, 즉 1,000만 명 이하 인구의 소수 민족은 "아이 하나를 제창하고 둘째 아이까지 용허한다."는 정책을 실시

---

4 2003년 4월 필자의 현지 조사에 근거. 아래 각주를 달지 않은 자료는 이와 같음.

하였다.

그러나 연변 조선족 자치주 같은 경우 이미 70년대에 산아 제한 정책을 실시하였을 뿐만 아니라, 극좌적이라고 할 정도로 도시나 농촌 할 것 없이 '한 쌍의 부부가 아이 하나'라는 정책을 아주 철저하게 홍보하고 집행하여 상술의 정책은 완전히 무시되었으며, 심지어는 아이 하나밖에 없는 부녀들에게 절육 수술을 강요하는 현상도 있었다. 그때 낮아진 출산율이 지금에 와서 한 세대의 인구를 감소시켰다. 흑룡강성의 명성 조선족 촌은 거의 300가구가 되는 마을인데 촌의 부녀회장 말에 의하면 1981년 자기의 첫 아이가 출생한 해에는 마을에 모두 42명의 출생자가 있었지만 1996년에는 전 마을에 출생한 아이가 3명밖에 되지 않았다고 한다.

그리고 1970년대부터 실시한 산아 제한 정책은 조선족 지역에서 잘 실행되어 많은 조선족 농촌의 생육기 부녀들이 둘째 아이 낳기를 포기하였다. 1993년 필자가 용정시 조선족 농촌에 현지답사 갔을 때 생육기 부녀들이 '독생자녀증獨生子女證'을 신청한 비율이 70% 이상 차지하였다. 2002년 연변 자치주의 조사에 의하면 100명 생육기 부녀 가운데 두 아이를 가진 부녀는 20~30%밖에 되지 않고 496호 가정에서 둘째 아이를 가지려는 집은 두 집밖에 안 되었다.[5] 때문에 중국 기타 지역에서는 산아 정책을 아주 힘들게 실행하고 있지만

5 中共延邊朝鮮族自治州黨委 延邊朝鮮族自治州政府,「延邊朝鮮族人口負增長問題的現況」,『"延邊朝鮮族人口負增長問題硏討會"論文集』, 연변조선족자치주계획생육위원회, 2002년 12월.

조선족 지역에서는 산아 정책 낙실의 어려움은 전혀 없었다.

둘째, 결혼 생육관의 변화도 중요한 원인의 하나였다. 조선족은 중국 어느 민족보다 교육 보급률이 높아 문화 자질 등이 상대적으로 높다. 이것이 결혼 생육관生育觀에 반영되어 연변 조선족 지역의 경우 만혼율晚婚率이 80% 이상이고 만육률晚育率이 70%에 달하여 조선족의 출산 주기를 크게 연장시켰다.

셋째, 혼인 생육 적령기 부녀들의 대거 이동도 조선족 인구 감소의 주요한 원인으로 작용하고 있다. 조선족 인구 이동은 그 규모나 비중 면에서 중국에서 앞장서고 있다. 이 가운데 생육 적령기 부녀들의 도시 진출, 국외 이동이 더욱 심각하였다. 단적인 예로 조선족 부녀들의 국제 결혼을 보면, 1998년 1월 한국 법무부 발표에 의하면 위장 결혼을 통하여 한국 국적을 취득한 중국 조선족 부녀들의 수가 최근 3년간 매년 평균 6,000명에 달한다고 하였다.[6] 그리고 1993년부터 2001년까지 연변 조선족 자치주에서만 18,000명의 조선족 부녀들이 국제 결혼을 하였다고 한다.[7]

조선족 인구 가운데 출산 능력을 가진 부녀들의 국외 진출과 국제 결혼은 조선족 인구의 만성적인 증가와 집거 지역의 마이너스 증가에 직접적인 영향을 주고 있다. 서울대학교 권태환 교수 등의 연구에 따르면 지난 10년간 약 20%의 출산 감소가 조선족의 경우 여성

---

6 《한국일보》, 1998년 1월 3일.

7 朴春山, 「談一談涉外婚姻對延邊朝鮮族人口負增長的影響」, 『"延邊朝鮮族人口負增長問題研討會" 論文集』, 연변조선족자치주계획생육위원회, 2002년 12월.

들의 국제 결혼에 의해 발생한 것으로 추정하고 있다.[8] 90년대 이후 조선족 인구의 자연 증가율은 계속 최저 수준에 처하여 있고, 심지어 인구의 제로 증가 또는 마이너스 증가의 추세를 보였으며 이 경향은 농촌에 더욱 뚜렷하다.

상술한 여러 원인들의 작용하여 조선족 인구 발전 과정에서 출생률이 낮고 사망률이 상대적으로 높은 데서 비롯한 인구의 자연 증가율이 크게 낮은 현상을 초래하였다. 연변 조선족 자치주의 예로 1990년 연변 전체의 출생률은 16.71%이고 사망률은 6.42%이며 자연 증가율은 10.29%이었으며, 한족의 출생률은 17.46%이고 사망률은 5.61%이며 자연 증가율은 11.84%인데 이에 비해, 조선족의 출생률은 13.83%이고 사망률은 7.71%이며 자연 증가율은 7.12%이었다. 2000년도 역시 마찬가지로 연변 전체의 출생률은 7.14%이고 한족의 출생률은 8.25%인데 조선족의 출생률은 5.16%였으며, 연변 전체의 사망률은 5.76%이고 한족은 5.13%이며 조선족은 6.91%이었으며, 연변 전체의 자연 증가율은 1.38%이고 한족은 3.12%이며 조선족은 -1.75%로 한족에 비하여 4.87%이나 뒤졌다.[9]

---

8 권태환·박광성, 「가족의 분산과 해체」, 서울대학교 사회발전연구소, 『중국 조선족 사회의 변화—1990년 이후를 중심으로』, 2003.9, 53쪽 참조.
9 吳桂霞·梁學敏,「延邊朝鮮族人口負增長原因分析及對策研究」,『"延邊朝鮮族人口負增長問題硏討會"論文集』, 연변조선족자치주계획생육위원회, 2002년 12월.

4. 조선족 집거 지역 인구 감소가 끼친 부정적 영향

한 민족 공동체에 있어서 일정한 수량의 인구를 보유하는 것은 그 민족이 살아남는 기본적인 여건이다. 특히 한족漢族 인구가 절대 다수를 차지한 중국에서 소수 민족으로 자기 민족의 특성을 보존하고 장기간 생존하자면 반드시 일정한 인구량을 보유하고 민족 집거지를 지키며 상대적으로 민족의 연대성을 유지할 수 있는 계기가 있어야 한다. 그러나 현재 중국 조선족 사회는 인구의 감소와 민족 집거 지역의 약화 등으로 심한 갈등을 겪고 있다.

조선족 집거 지역 인구의 마이너스 증가는 민족 공동체 유지와 발전에 여러 부정적 영향을 끼치고 있다. 현재 조선족 인구는 중국 내 어느 민족보다 감소의 박차를 가하고 있다. 조선족 인구의 상대적 감소는 인구 감소에서 나타나고 있는 공동적인 문제, 즉 인구의 노령화와 젊은 인구층의 부담 증가, 후속 노동력의 결핍 외에 중국의 소수 민족으로서 특정된 여러 문제들이 더욱 민족 사회 발전에 부정적 영향을 끼치고 있다.

먼저, 정치적으로 볼 때 조선족은 연변이라는 집거 지역이 있기 때문에 민족 자치 지역을 설치하여 민족 내부의 사무를, 상대적지만 자아 관리를 할 수 있었다. 지금 조선족 자치 지역으로는 연변 조선족 자치주와 장백 조선족 자치현이 있고 몇십 개의 조선민족 향도 있다. 하지만 집거 지역 조선족 인구의 상대적 감소는 상술한 민족 집거 지역을 예전대로 유지할 수 있을지가 문제이다.

연변의 상황을 보면 자치주 건립 당시 조선족 인구가 자치주 전체의 62%를 차지하였으나 그 후 조선족 인구는 감소하고 한족 등 인구는 증가하여 1964년에는 조선족 인구가 48.1%로 내려갔으며(이때 한족 인구가 절대 다수인 敦化縣이 연변에 소속된 것이 주 원인이지만) 1982년 조선족 인구는 40.3%를 차지하였다. 조선족 인구 비중은 이후에도 계속 내려가는 조짐을 보여 1990년에는 39.5%로 내려갔으며 2000년에는 34.6%로 하락하였다.[10] 어떤 학자는 예측하기를 만약 연변의 조선족 인구가 현재의 속도로 감소된다면 2050년에 가서는 50만으로 감소되고 인구 비중은 17%로 내려가며 2090년에는 20만 명으로 인구 비중은 5%에 지나지 않게 된다고 말한다.[11] 이러한 추산이 꼭 맞을 것인지 현재 판단하기는 어려우나 민족 인구의 감소로 집거 지역이 약화되고 민족 자치 지역이 유명무실해질 가능성은 없는 것이 아니다.

둘째, 민족 집거 지역의 인구 감소는 민족 경제 발전에도 부정적인 영향이 클 것이다. 조선족은 원래 수전을 위주로 한 농경 민족이므로 민족 경제의 특색은 논농사였다. 개혁 개방 이후 도시에 진출한 조선족 농민들이 민족 특색 음식을 도시에서 경영하고 전파함으

---

10 정신철, 『중국 조선족사회의 변천과 전망』, 요녕민족출판사, 1999년, 195쪽. 2000년 숫자는 제5차 인구조사에 근거.
11 許桂玉, 「簡論延邊朝鮮族人口問題的特殊性」, 『"延邊朝鮮族人口負增長問題硏討會" 論文集』, 연변조선족자치주계획생육위원회, 2002년 12월.

로써 이 역시 민족 경제의 한 부분으로 되었다고 말할 수 있다. 그러나 현재 농업의 불경기로 논농사를 포기한 조선족 농민이 많아지고 그리고 도시에 진출한 자들은 각자 경영으로 농촌, 도시 등 어디에서도 진정한 민족 경제 기반이 결핍되어 있는 상황이다. 이러한 실정하에서 민족 집거 지역 조선족 인구의 감소는 민족 인구의 분산과 더불어 민족 경제 기반 구축에 더욱 불리한 영향을 가져다 주고 있는 것이다.

그리고 기타 조선족 집거 지역에도 인구의 감소로 집거지가 점차 축소되는 추세를 보이고 있다. 흑룡강성의 예를 보면 1982년 조선족 마을이 501개 있었으나 1990년에는 492개로 감소되고 2002년에는 392개로 감소되었다. 연수현에는 원래 조선족 행정촌이 14개 있었으나 현재는 6개로 줄어들었다.[12]

셋째, 조선족 집거 지역의 인구 감소는 사회 안정에도 불리하다. 조선족 인구의 감소, 특히 농촌 조선족 부녀들의 대량적인 유실은 남녀 비례의 차이를 크게 하였으며 농촌 총각들의 배우자를 찾기가 매우 힘들어졌다. 이로 인하여 많은 노총각들이 생활에 대한 심신을 잃고 자포자기도 하고 생산 노동에도 잘 참가하지 않는 경향을 보였다. 이는 민족 경제 발전과 사회 안정에도 영향을 주고 있다. 그리고 연변 같은 경우 조선족 농민들은 다수가 변강 지역에 집거하였는데 이 지역 조선족 인구의 감소는 변방 건설과 안전에도 문제가 되고

---

12 김병호, 「중국 조선족 인구유동의 현황과 당면한 문제」, 전남대학교, 『동북아 평화번영과 재외한인』, 국제학술회의 논문집, 2003.12. 118쪽.

있다.

넷째, 민족 교육 발전에 부정적 영향을 끼치고 있다. 조선족 집거 지역 인구의 감소는 민족 교육 장소의 축소를 초래하였으므로 조선족 학교 운영 문제가 심각하고 민족 교육 체계의 보존과 발전에 큰 저해를 주고 있다. 왜냐하면 조선족 학교 학생 내원이 날로 줄어들고 학교가 많이 무너지고 있기 때문이다. 그리고 도시에 진출한 사람들의 자녀들은 고향 친척들에게 의탁하여 학교에 다니는 경우에는 학습과 생활 단속이 결핍되고, 도시 거주지에서 공부하는 경우에는 경제적으로 아주 큰 부담이 되고 민족 언어와 민족 문화의 습득이 어렵게 되었다.

특히 조선족 농촌 학교의 대량적인 감소는 농촌 학령 아동들이 교육 받을 기회가 상대적으로 축소되었음을 의미한다. 이것은 조선족 적령기 소년 아동들의 교육 수준, 문화 소질 등이 점차 낮아지고 있다는 경향을 말해 준다. 중국 조선족에게 민족 교육은 민족성을 살리고 민족 언어·문자의 사용과 보존 및 발전 면에서 중요한 역할을 하고 있다. 민족 교육의 약화는 민족 정체성 약화와 맞물려 있다고 말해도 과언은 아니다.

이러한 시점에서 보면 현재 중국 조선족 인구의 상대적 감소와 집거 지역의 약화 등은 민족 공동체 유지와 발전에 부정적 영향을 끼치고 있으며 이는 앞으로 우리 민족 발전에 있어서 아주 큰 도전이 아닐 수 없다.

5. 시급히 해결하여야 할 과제

현재 중국 조선족 사회는 천지 개벽의 변화를 맞이하고 있으며 또한 심한 진통을 겪고 있다. 다민족 국가인 중국에서 조선족 인구의 때이른 감소에 따라 민족 사회 발전에 주는 영향은 긍정적인 면보다 부정적인 면이 더 많다고 생각된다. 그러면 조선족 인구의 감소를 막고 민족 사회의 정상적이고도 더 빠른 발전을 도모하려면 우리 전체가 어떻게 하여야 하는가? 필자는 다음과 같은 대안을 제시해 보고자 한다.

첫째, 조선족 집거 지역 인구의 마이너스 증가 추세를 역전시켜야 한다. 앞에서 언급했던 인구 통계 자료를 보면 1990~2000년 사이 10년간 조선족 인구가 400여 명밖에 증가하지 않았다. 한편 조선족 집거 지역의 인구는 급속히 줄어드는 추세를 보이고 있으므로 조선족 인구 문제는 민족 발전 과정에서 아주 심각하고 중요한 문제로 대두하고 있다. 우리가 해야 할 일은 문제의 심각성을 인식하고 갖은 방법을 취하여 민족 인구의 감소를 막아야 한다.

민족 인구의 급격한 감소를 막으려면 먼저 조선족 농촌 총각들이 제때에 결혼하고 생육을 하여야 하는데, 현실은 결혼 상대자조차 찾기가 어려운 상황에 처해 있다. 때문에 결혼 상대자 범위를 넓혀야 하는데 그 방법으로는 혼인을 민족 내부에만 제한하지 말고 타 지역, 타 민족의 여성들을 수용하는 것도 해결책의 하나가 되지 않을까 생각된다. 또한 조선족 농촌 총각들의 혼인 문제가 심각한 것은 그 자신들의 생존 기능이 약한 데서 비롯되기 때문에 그들의 사회 진출 능력을 키우는 것도 중요하다. 그리고 생육 적령기 부녀들의 생육 의식을 높이는 데 민족 모두가 일떠서야 한다.

둘째, 조선족의 상대적 집거지를 조성하는 데 노력해야 한다. 한족 인구가 절대 다수인 중국에서 인구 열세에 처한 소수 민족이 상대적인 집거 지역이 없고 모두 산재해 있으면 아주 빨리 민족성을 상실하게 되는 것은 아주 명백한 일이다. 때문에 민족의 일정한 집거 지역은 민족성과 민족을 보존·유지하는 실체라고 말할 수 있다. 현재 조선족 사회는 인구 감소에 따라 민족 집거 지역이 점차 축소되고 민족 교육이 위기에 직면하였으며 민족성 약화의 현상이 노출되어 민족성 유지와 발전에도 큰 제동이 걸렸다. 이러한 문제들을 해결하는 데 좋은 방법은 민족 집거 지역을 지키고 또 새로운 민족 집거 지역을 건설하는 것이다.

민족 집거 지역을 지키는 방법은 기존의 인구가 비교적 집중되어 있는 마을을 중심으로 인구가 많지 않고 산재한 조선족 마을 사람들을 그곳에 집결시키는 일을 참답게 추진하는 것이고, 새로운 민족 집거 지역을 만들어 주요하게 도시에서 도시로 진출한 조선족들을 될 수 있는 대로 함께 모여 살도록 민족 사회 내부에서 여론을 조성하고, 여건 마련에도 힘을 기울여야 한다. 지금 조선족 사회 내에서 이에 대한 인식을 높이고 민족 집거 지역인 집거촌 건설과 새로운

'코리아 타운' 등 건설에 노력하고 있다는 소식을 접할 때 필자는 약간의 안도감을 느끼기도 한다.

셋째, 경제 발전에 더욱 힘을 돌려야 한다. 현재 조선족 사회에 나타나고 있는 일련의 문제는 거의 경제 생활의 취약함에서 기인된다. 조선족 부녀들이 낳으라는 아이를 낳지 않는 것도 경제 문제가 주요한 원인이며 농민들이 민족 집거 지역을 떠나 타향 또는 타국으로 일하러 나가는 것도 경제 문제이고 심지어는 민족성 약화를 대비하여 민족 집거촌 건설 역시 경제 여건이 되면 잘 해 나가는 것이 아닐까? 때문에 우리는 민족이 살아남기 위해서는 꼭 경제를 빨리 발전시켜야 한다. 경제를 발전시킴으로써 조선족 사회에서 돌고 있는, "아이 공부를 제대로 못 시킬 바에는 아이를 더 낳지 않겠다."는 관념을 타파하고 또 둘째 아이의 교육 부담을 확실히 덜어 줄 수 있도록 경제력을 키우는 것이다.

사실 중국 조선족들은 도시 진출, 특히 해외 진출로 중국 기타 민족들보다 더욱 많은 돈을 만지고 있다. 만약 이러한 돈을 경제 기반 확대와 발전에 유용하게 쓰면 중국 어느 민족보다 경제적으로 더욱 발전하고 더욱 풍요하게 할 수 있는 계기가 될 수도 있다. 문제는 조선족들은 경제 생활에서 계획성이 부족하고 생산보다 소비가 앞선 경향이 심하여 밖에서 힘들게 번 돈을 거의 소비로 탕진해 버리는 경우가 적지 않다. 조선족의 이러한 불량 소비 경향은 민족 경제 발전에 아주 불리한 영향을 초래하였으며, 조선족 경제 발전을 저해하는 하나의 큰 장애가 되고 있다. 때문에 민족의 매개 성원이 있는 자금을 잘 살려 경제력을 키우게 되면 민족 경제력을 더욱 강화할 수 있으며 조선족 사회가 더욱 건실하게 발전하고 인구도 정상적인 증가 궤도에 오르게 하여 중국에서 흔들리지 않은 입지를 세우는 데 큰 힘을 발휘할 수 있을 것이다.

넷째, 적절한 인구 정책을 제정하여 민족 인구의 상대적 증가를 도모하여야 한다. 현재 해당 기관과 조선족 사회에서는 조선족 인구 감소와 이에 따른 일련의 문제를 파악하고 있다. 문제는 어떠한 정책과 조치를 취하여 조선족 부녀들의 생육 의욕을 높이고 조선족 인구 감소 추세를 막으며 조선족의 밝은 미래를 창조할 것인가에 있다. 때문에 민족 성원 전체가 한 힘이 되어 민족의 취약점을 해소하고 민족의 발전에 각자가 노력해야 한다.

먼저 민족 내부에서 '한 쌍의 부부가 두 아이 낳기'는 민족 발전관의 하나로 접수하도록 널리 홍보하여야 한다. 다음 조선족 인구 문제의 심각성을 해당 당국에 호소하여 인구 증가를 위한 적절한 정책, 예컨대 생육 부녀들의 건강 보증과 출산 비용 지원, 둘째 아이의 교육 비용 지원과 비용 공제, 출산 장려 등 정책을 제정하고 착실히 관철하도록 민족의 힘을 합쳐야 한다. 그리고 깊이 있는 조사를 통하여 조선족 인구 증가 문제를 정확히 해결할 수 있도록 대책 마련에도 모두의 지혜와 힘을 기울여야 한다.

중국과 북조선의 관계 및 전망

현재 중국과 북조선의 관계는 아주 복잡한 단계에 있다고 할 수 있다. 북조선은 북조선대로 중국의 개혁 개방에 대한 견해 차이가 있고 또 중국이 이전처럼 지지 또는 지원 등을 하지 않는다고 원망하는 정서가 있다. 중국 역시 북조선에 부담을 느끼고 마음 같으면 북조선을 내버려 두려고 하나 미국과의 관계, 국경 지역의 안정 등을 고려할 때 역시 북조선을 완전히 포기할 수 없기 때문에 북조선과의 관계를 궁지에 빠지게 하려고는 생각하지 않는다. 그리고 지금 치열하게 전개되고 있는 미국·북조선 간의 핵문제 해결에 있어서도 중국은 북조선의 현 체제의 급속한 붕괴를 바라지 않는다. 그러면 중국과 북조선의 관계는 현재 어떤 상황에 처해 있고, 앞으로는 어떻게 될 것인가에 대하여 간단히 서술하려 한다.

1. 중국과 북조선의 상호 협력 관계의 형성

중국과 북조선은 오랫동안 혈맹 관계를 유지하여 왔다. 이는 양국 건국 이후의 상호 연대 관계에서도 읽을 수 있다.

1948년 9월 9일 조선 북반부에서는 조선민주주의인민공화국(이하 북조선이라 약칭함)이 출현하였다. 이어서 1949년 10월 1일에는 중화인민공화국이 건립되었다. 1949년 10월 6일에는 중국과 북조선은 정식으로 수교하였는 바, 북조선은 신중국 건립 이후 가장 먼저 외교 관계를 수립한 국가 중 하나가 되었다.

1950년 6월 25일 전쟁의 불길이 조선반도를 휩쓸기 시작하였다. 이에 앞서 중국 공산당은 중국에서 무정을 중심으로 조직된 의용군을 조선반도의 사회주의 건설을 지원한다는 목적으로 북조선에 파견하였으며, 이를 수반한 후속 부대가 계속 증가되었다. 그리고 이들이 한국 전쟁이 발발하였을 당시 '38선'에 배치된 조선인민군 7개 사단 가운데 3개 사단의 병력을 충당하였다.[1] 이후 전쟁이 확대되면서 미국을 비롯한 유엔군의 개입과 더불어 전화戰火는 중국 국경까지 뻗었으며 이에 중국도 전쟁의 위험에 직면하게 되었다.

중국 정부는 소련과 손을 잡고 북조선의 항미 구국 투쟁을 지지하

---

1 와다 하루끼, 「동북아세아 공동의 집과 조선족 네트워크」, 《제1회 재일본 중국 조선족 국제심포지엄 논문집》, 동경, 2002. 3 참조.

고 전 중국 범위에서 항미원조 운동을 일으켰으며 인력·물력 등으로 북조선을 지원하였다. 이 해 10월 이후 중국 정부는 북조선 정부의 요청에 따라 '항미원조抗美援朝 보가위국保家衛國'의 기치하에 100만의 중국 인민 지원군을 조선에 파견하여 전쟁 쌍방의 힘의 형평을 잡았다. 1953년 7월 27일 결국에는 '휴전선'을 군사분계선으로 정전 협정을 체결하고 전쟁은 휴전에 들어갔다.

이때부터 조선반도는 남북으로 갈라져 서로 다른 사회 체제와 정치 제도에 따라 각기 부동한 국제 진영에 편입되면서 냉전의 서막을 열었다. 이 가운데 같은 진영에 속해 있는 중국과 북조선은 서로의 국가 이익과 지연地緣 전략을 위하여 '혈맹 관계'를 맺어갔다.

그리고 양국은 일찍이 경제 협력 관계를 수립하고 일련의 경제 합작 협정을 체결하면서 경제 협조에 힘을 기울였다. '6·25 전쟁' 중에 중국은 다량의 물자를 북조선에 지원하였고, 전후에는 또 경제 복구를 위해 많은 지원을 하였다. 1953년 11월 북조선 김일성 주석이 중국을 방문하였을 때 중국의 주은래 총리는 북조선의 경제 사정을 감안하여 1953년 12월 31일까지 중국 정부가 북조선에 지원한 모든 물자의 비용을 모두 면제한다는 결정을 전달하는 동시에 1954년~1957년의 4년간 인민폐 8만억 원(현재 8억원)을 무상으로 북조선에 기증하여 국민 경제 복구를 지원한다는 결정을 전달하였다.[2] 이와 동시에 중국과 북조선은 '중조 경제 및 문화합작협정'을 체결하

---

2 『中華人民共和國對外關係文件集』第2集. 世界知識出版社. 1958, 166쪽.

고 양국이 호혜 평등의 기초 위에서 경제·문화 관계를 공고히 발전
시키기 위해 서로 협력할 것을 보증하였다.

특히 1961년 7월 11일 양국은 '중조우호합작호조조약'을 체결하
고 아래와 같이 규정하였다. 즉 "체결 쌍방은 모든 조치를 취하여 다
른 국가가 체결국 쌍방의 일방에 대한 침략을 방지하는 것을 보증한
다. 일단 체결 쌍방의 일방이 어느 하나 또는 여러 국가의 연합적인
무력 진공을 받고 전쟁 상태에 처해 있을 때 체결 쌍방의 다른 일방
은 즉시 전적으로 군사 및 기타 원조를 주어야 한다." 또 "체결 쌍방
은 상대방을 반대하는 어떤 연맹도 맺지 않으며 상대방을 반대하는
집단 또는 행동과 조치에 참여하지 않는다."고 규정했다. 당시 중국
과 북조선과의 관계는 중국 주은래 총리가 강조한 "조선민주주의인
민공화국에 대한 침범은 중화인민공화국에 대한 침략이며 전체 사
회주의 진영에 대한 침범이기도 하다."는 말에서도 볼 수 있다.[3] 이
로써 중국과 북조선의 '혈맹 관계'는 더욱 돈독해졌다.

중국과 북조선 사이의 '혈맹 관계'를 잘 설명해 주는 내용으로,
1967년 10월 24일 주은래 총리가 중국의 '문화대혁명' 때 생겼던
중조 간의 갈등을 해소하고자 모리티니 공화국의 다다흐 대통령을
통해 북조선에 전달한 화해 의사에 대하여 김일성 주석이 보낸 다음
의 답변에서 잘 나타나고 있다.

① 북조선의 대중국 정책은 변함이 없으며 앞으로도 변하지 않을

---

3 劉金質 等 主編, 『中國對朝鮮和韓國政策文件匯編』, 中國社會科學出版社, 1994년, 1281쪽.

것이다. ② 나는 모택동, 주은래 동지와 깊은 우의를 나눈 바 있으며 공동 투쟁 속에서 쌓아온 우리의 우의를 매우 귀중히 여긴다. ③ 쌍방간 약간의 의견 차이는 존재하나 이는 엄중한 것이 아니며 서로 얼굴을 맞대고 토론하면 해결 방법을 찾을 수 있다. ④ 나는 만약 북조선이 침략을 당하면 중국이 과거 여러 차례 그러했던 것처럼 북조선을 도울 것으로 믿는다.[4]

중국과 북조선의 우호 관계는 양국의 중요한 지도자들의 상호 방문에서도 볼 수 있다. 북조선의 김일성 주석은 1989년까지 공식 또는 비공식적으로 30여 차례나 중국을 방문하였으며 중국 정부의 역대 주요 책임자들은 모두 북조선을 방문하였다. 양국 지도자들은 서로의 방문을 통하여 상호 이해를 추진하고 중조 친선과 협력 관계를 강화하였다.

더욱이 1980년대 중반 이후 소련의 개방 정책과 자본주의 국가와의 합작은 중조 양국의 관계를 더욱 밀접하게 하였다. 1989년 이후 동유럽 각국의 '민주화' 물결이 높아가고 사회주의 진영이 해체 위기에 처했으며 사회주의 진영의 '큰형님' 격인 소련마저 북조선을 멀리하고 한국과의 관계 개선을 착수하는 등 국제 정세가 급변하자 북조선은 외교적으로 고립되고 경제적으로는 정체 상태에 처하였다.

다른 한편 소련의 해체, 동유럽의 격변 및 국제 형세의 변화는 중국에도 직접적인 영향을 주었다. 1989년 중국의 '천안문 사건' 이후

---

4 이종석, 『북한-중국관계 1945-2000』, 도서출판 중심, 2000, 251쪽.

서방 국가들은 이를 구실로 삼아 정치·경제적으로 중국을 고립시키려 한 후, 중국 역시 고립무원 상태에 빠졌다. 고립에 처한 중국과 북조선은 양국의 협력을 더욱 강화할 필요가 느끼게 되었는데, 그 중요한 징표로 양국 정상들은 전보다 더 잦은 접촉을 시도하였다. 예컨대 1989년 북조선 김일성 주석의 중국 방문과 1990년 3월 중국 강택민 총서기의 방문, 그리고 그 해 11월 북조선 연형묵 총리의 방중과 1991년 5월 중국 리붕 총리의 방북 등이 이러한 것을 말해 준다.

중국과 북조선은 인접 국가이면서 모두 사회주의를 실시하는 국가이다. 중국은 북조선을 사회주의 형제 국가로 보고, 중국 국가 형성 과정에서 조선의 많은 지사들이 중국 혁명을 지원한 것을 잊지 않았으며, 북조선이 곤란에 처할 때마다 많은 협조와 도움을 주었다.

그리고 중국은 북조선을 동맹국이자 적대 세력과의 완충지대로 보고, '6·25 전쟁' 이후 늘 북조선과의 우호 관계와 상호 이해, 상호 협조 관계를 유지하면서 북조선 주도하의 조선반도 통일을 지지하고 북조선의 경제 건설을 지원하면서 정치·경제적으로 북조선의 뒷심이 되어 주었고, 북한의 안정과 양국 관계의 안정은 중국 국가 이익에도 큰 도움이 된다고 믿었다.

북조선 역시 중국을 형제 국가로 보고 국제 정치 무대에서 중국의 입장을 지지하였으며, 국제 문제나 국내 문제를 막론하고 중국과 많은 의견을 주고받았다. 특히 남북이 대립된 상황하에서 북조선은 중국을 든든한 후방으로 여겼으며 중국 또한 북조선을 정치적으로 지지하고 물질적으로 원조하였다. 북조선은 중국 정부의 이러한 우호적이고 국제주의적인 원조를 귀중히 여겼다.

물론 양국 관계의 발전은 순탄하지만은 않았다. 냉전 시기의 양국 관계 정립 가운데 소련은 최대의 변수 역할을 하였다. 다시 말하면 중국과 소련의 관계에서 모순이 폭발할 때면, 양국은 본국의 전략적 수요에 따라 북조선을 자국의 영향권에 넣으려고 신경을 썼다. 그리고 소련과 북조선의 관계가 밀접해지면 중국과 북조선 사이의 관계는 교착 상태에 처하곤 했으며, 소련과 북조선의 관계에 불화가 생길 때면 중국과 북조선의 관계는 윤활한 상태를 유지했다.[5] 북조선은 중·소 관계의 이러한 갈등을 이용하여 이른바 '곡선 외교'를 실행하면서 최대의 이익을 도모하는 데 주안점을 두었다.

다른 한편으로 양국 관계 처리에서 중국은 '대국우월주의', '노대가老大哥' 의식이 존재하였고 조선의 지속적인 원조 요구에 불만도 없지 않았다. 다른 한편 중조 양국이 호혜 기초 위에서 서로 교류한다고 하지만, 특히 경제적으로 북조선이 중국에 의존하는 측면이 더 강했기 때문에 중국의 원조가 적거나 또 국내 상황으로 돌봐 주지 못할 때는 중국에 대한 불만도 적지 않았다.

이 시기 중조 양국은 대체로 공동의 안보·정치 목적으로 서로 협조적인 친선 관계를 유지하였으나 60년대의 한 시기에 정치 관점의 이해 차이와 의견 충돌로 서로 '수정주의'라고 질책하며 관계가 멀어진 적도 있었다.

---

5 배명오, 『북한과 중공, 소련』, 학문사, 1983, 232-239쪽 참조.

2. 개혁 개방 이후 중국과 북조선의 관계

동서 냉전 시기에 중조 양국과 주변국들은 강한 이데올로기 대립의 상황하에 서로 소원하거나 밀착한 관계를 가졌고, 중조·중한·중미·조한 등의 관계는 영활성이 거의 없는 고정관념에 의해 유지되어 왔다. 그러나 70년대부터 해동하기 시작한 이들 국제 관계는 특히 80년대 말 소련의 해체와 더불어 다극화 방향으로 나아가면서 더욱 영활성과 실리성을 중시하게 되었다. 이에 따른 중국과 북조선의 상호 이해와 상호 인식도 많이 바뀌었다.

1970년대 이후 중국은 실용적 외교를 실시하면서 미국과 일본과의 관계 정상화를 실현하였다. 국내적으로도 과거 정치 운동 중심에서 경제 건설과 국민들의 생활 향상을 중요시하는 방향으로 정책을 전환하면서 70년대 말기부터는 개혁 개방 정책을 실천에 옮겼다.

중국의 개혁 개방 정책은 실시 이후 정치·경제·문화·외교·인민 생활 등 각 방면에서 눈에 띄는 성과를 취득하였다. 중국의 국제 이미지와 영향력은 전에 없이 향상되었고 국내의 경제 건설과 국민 생활 수준도 아주 빠른 속도로 발전하고 있다.

이러한 중국에 비해 북조선은 여전히 폐쇄적이고 고립적인 국외·국내 정책을 고수하고 있어 시대 흐름에 많이 떨어지게 되었다. 때문에 중조 양국 간의 상호 인식에 거리감이 생기게 되었다. 개혁

개방 정책에 따라 중국은 이전과 다른 다각적이고 실용적인 외교 정
책을 실시하고, 정치 체제와 사회 제도를 불문하고 많은 국가들과
다방면으로 접촉하고 협력적인 관계를 수립하는 데 역점을 두었다.
동시에 과거 무산 계급 국제주의 원칙하에 실행한 다량의 무상 원조
를 많이 줄이고 경제적 교류도 호혜 평등의 원칙을 더 강조함으로써
조선에 대한 이해가 많이 달라진 것도 사실이었다.

　중국의 대북 정책의 변화는 이념적 일치를 이루었던 동맹에서 실
용적·전략적 협력으로 전이되기 시작하였다. 물론 중국은 북조선을
아직도 우호적인 국가로 보고 국가 지도자들 사이의 내왕을 계속하
고 있으며, 조선반도의 안정에 주목하고, 도의적으로 북조선을 지지
하고 있으며, 필요할 때는 경제적 원조도 하였다. 하지만 과거처럼
항상 무조건이 아니었다. 그리고 북조선 정권의 부자 계승, 개인 숭
배, 핵무기 개발 등 문제에 대해서는 못마땅하게 보았다.

　이 시기 중국은 북조선과의 관계에서 1990년 전후의 국제 정세
변화로 비교적 밀접한 관계를 가진 것을 제외하며 많은 면에서 '전
통적인 우호 관계'만은 많이 강조하고 있었다. 물론 각종 지원은 계
속 있었다. 95년부터 99년 10월까지 중국 정부는 3,000만 인민폐에
달하는 긴급 지원 물자와 52만 톤의 식량, 8만 톤의 중유, 2만 톤의
화학 비료와 40만 톤의 초탄을 북조선에 무상 지원하였다.[6]

　그러나 북조선으로서는 중국이 개혁 개방 정책과 더불어 이전의

6　이종석, 『북한 – 중국관계 1945-2000』, 도서출판 중심, 2000, 279쪽.

'대립국'과도 협조적인 관계를 맺고, 국제주의 원조가 격감하였고, 유상으로 전환하여 전에 없었던 소외감을 느끼게 되었다. 또 북조선 은 중국이 개혁 개방 정책을 통해 자본주의 길로 가고 있다는 의문 도 없지 않았다. 더욱이 중국이 한국과 수교하고 각 방면의 교류를 활발히 진행하고 있는 점에 대하여 북조선은 불만도 대단히 많을 뿐 만 아니라 남다른 배신감도 느꼈다고 하겠다. 그래서 북조선은 한때 조총련 간행물에 익명으로 중국을 반대하는 글을 실으려고 시도한 적까지 있다고 한다.[7]

그러나 21세기를 맞이하면서 북조선 지도자들은 중국의 개혁 개 방 성과를 예의주시한 결과 중국을 본받아 국내 경제 발전을 위한 개혁 개방의 의지를 온양하기도 하였다. 개혁 개방의 물결이 북조선 에서도 서서히 일기 시작하면 중국과의 협력도 더욱 깊어지게 되었 다. 물론 현재 북조선의 정세는 아주 좋지 못하며 국제 사회에서 동 떨어진 상태에 있는 것도 사실이다.

3. 북조선 핵 문제와 중국

북조선 핵 문제는 세인들의 주목을 받는 세계적인 문제로 당사국

---

7 황장엽, 『나는 역사의 진리를 보았다』, 도서출판 한울, 1999년, 234쪽.

인 미국과 북조선은 물론, 북조선 주변의 국가 한국·중국·일본·러시아 등 나라들의 큰 관심을 자아내고 있다. 특히 북조선과 접경 지역인 중국은 북조선의 핵 위협을 직접적으로 받지는 않지만 만약 미국이 북조선에 대한 어떤 공격이라도 하면 중국은 간접적인 피해자가 될 가능성이 없지 않다. 다시 말하면 미국이 북조선의 핵 시설을 공격할 때 나타날 수 있는 오폭이나(북조선 핵 시설이 있는 곳으로 알려진 영변 등 지역은 중국 국경 지역과 그리 멀지 않다.) 공격 후 수많은 북조선 사람들이 중국 국경을 넘어오게 된다면 중국은 당연히 피해자가 될 것이다. 그리고 미국이 북조선 정권을 뒤엎어 그 세력 범위가 중국 국경 지역까지 미치는 것도 중국은 절대 바라지 않는다.

또 북조선 핵 문제가 일본 등 국가의 군비 경쟁과 핵 무장, 미국의 미사일 방어 체제 구축의 구실이 될 수 있기에 북조선의 핵 문제 지속도 바라지 않는다. 중국에서 볼 때 북조선은 전략적인 완충지대로 북조선 핵 문제는 중국 국가 이익과 국경 지역 안전에 밀접히 연계되어 있는 중대한 문제라고 할 수 있다. 이러한 각도에서 현재 중국은 북조선 핵 문제 해결에 보다 적극적인 자세를 보이고 있다.

북조선 핵 문제에 대한 중국의 입장은 첫째, 중국은 어디까지나 조선반도의 비핵화를 주장하고, 둘째, 북조선 핵 문제를 대화와 외교적 방식을 통하여 평화적으로 해결해야 하며, 셋째, 북조선 핵 문제 해결에 적극적으로 참여한다는 것이다. 이것은 중국의 국가 이익에도 부합되는 것이다. 이러한 각도에서 중국은 북조선을 설득하여 핵 문제 해결을 위한 담판 석상에 나오게 하고 북경의 '3자 회담'이나 '6자 회담'을 개최하는 데 심혈을 기울였다.

그러나 중국은 이러한 과정에서 북조선의 행동에 만족해 하지 않았고 심지어는 불만을 느낄 정도였다. 예컨대 북경 3자 회담에서 북조선이 3자 회담을 일방적으로 이끌어나갔고, 또 개최에 중요한 역할을 한 중국을 배제하고 미국과 직접 협상하려고 했던 행위는 중국의 불편한 심기를 자극하는 셈이 되었다. 이 일로 중국의 한 고위층 인사가 '북조선이 중국을 이렇게 무시할 수 있느냐'고 불만과 실망을 토로하는 경지에 이르기까지 하였다.

또 북핵 문제를 둘러싸고 중국의 일부 학자들은 중국에게 있어서 북조선은 이익보다 더 큰 부담이 되므로 북조선과의 관계를 새로 정리하고, 과거 중국이 북조선과 체결한 '중조우호합작호조조약'을 수정해야 한다면서 특히 조약 내용에서 군사 연맹 성격을 띤 조항들은 삭제해야 한다고 말하기도 한다. 이러한 견해는 핵 문제 해결에 있어서 대북조선 국제 제재에 직접 참여하기 보다는 독자적이고 비공개적인 방식을 선호하는 중국의 정책 선택과 많은 차이를 보이나, 중국과 북조선의 관계 변화에 모종의 시사점을 부여한 것으로도 볼 수 있다.

북조선은 중국의 대미국 정책을 비판적으로 보고 중국이 미국에 동조하여 북조선을 고립시키려 한다고 여기는 심기를 드러내기도 했다. 그리고 북조선 내부에서 어떤 선전을 하였는지 국경을 지키는 병사들도 중국 국경 지역 주민들에 대하여 예전처럼 우호적이 아니라고 현지 주민들이 말하기도 한다. 그러나 북조선은 여러 면에서 볼 때 중국의 영향을 받지 않을 수가 없다. 그래서 중국이 알선하여 진행한 북경 '3자 회담', '6자 회담' 참석에 수긍은 하였지만 회담 결과를 보면 북조선 역시 중국을 배제한 채 자기 나름대로의 입장을 견지한 것으로 보인다.

다른 한편 북조선 핵 문제 해결을 놓고 국제 사회에서는 중국에 큰 기대를 걸고 있다. 그런데 회담 석상에서 북한은 중국의 뜻대로 움직이지 않고 중국의 심기를 아주 불편하게 하였으므로 어쩌면 중국은 북조선에 부담을 느끼고 실망할 수도 있다. 북조선도 염두에 두어야 할 것은 중국은 북한의 입장을 최대한 지지하려고 한다는 점이다. 때문에 북조선이 어떠한 자세로 중국을 대하는가에 따라 쌍방의 관계는 회복 또는 악화되는 결과를 가져올 것이다.

물론 북핵 문제의 해결 고리는 미국과 북조선 간에 있다. 그러나 문제 해결에 앞서 북핵 문제의 산생 배경을 살펴보면 북조선의 핵 개발은 냉전 시기의 산물이고 미국이 북조선에 대한 장기적인 무력 위협을 해 온 결과라 할 수 있다. 다시 말하면 북핵 문제는 미국의 대북 강경 정책에 대한 북조선의 대책이라고 볼 수 있다. 사실 북조선이 핵과 미사일 등 대량 살상 무기를 개발하고 소유한다는 것은 국가의 기본적 안전 확보를 위한 가장 경제적이고도 불가피한 선택이라고도 하겠다. 때문에 핵 문제 해결에 있어서도 미국의 대북한 정책이 우선 북조선의 안보상 불안정과 취약점을 개선하고 북조선으로 하여금 위협으로 느끼지 않도록 하는 것이 중요하다. 그리고 사실 북조선이 핵 개발을 한다고 하여도 미국 및 동맹국에 비하면 너무 약소하고 그 대신 북조선 자국의 경제에는 엄청난 부담이었다. 만약 미국이 조선의 체제와 안전 방면의 이익을 어느 정도 존중해 주면, 북조선에게도 아주 큰 경제 부담인 핵 개발을 포기할 가능성도 없지 않다.

북핵 문제는 미국과 북조선이 서로 양보하지 않는 상황에서 해결의 결과가 보이지 않는다. 미국은 북조선이 먼저 핵무기 개발을 포기하지 않으면 그에 따른 어떠한 대응을 하겠다고 주장하며, 북조선은 법적 문건으로 미국이 북조선을 무력 진공하지 않는다고 서약하기를 바라고 있어 양자간에 타협이 없으면 북조선 핵 문제 해결은 아주 어려운 실정이다.

중국은 북핵 문제 해결을 위하여 적극적으로 주선하고 있다. 현재까지 중국의 주선하에 '6자 회담'도 이미 세 차례 진행되었으며 제3차 6자 회담에서는 미국과 북조선 쌍방이 서로 양해하고, 상대방에 대한 요구 수준을 낮추고 협의하는 기미도 보여, 앞으로 좋은 결과가 나오지 않을까 하고 기대해 본다.

4. 전 망

중국과 북조선과의 관계 발전 과정을 보면 전통적인 우호 국가 관계에서 점차 일반적인 국가 관계로 변화되어 왔다고 할 수 있다. 중국의 대북조선 관계를 보면 오랫동안 친선·협력 관계를 유지해 왔다. 모택동~주은래 시기와 등소평 시기는 물론, 강택민 시기까지만 해도 그러했다.

개혁 개방 이후 중국은 국제 관계에서 과거 모택동 시기의 유산을 점차 청산하기 시작하였으나, 다만 북조선과의 특수한 관계 처리에서 모택동 시기의 유산 청산이 쉽지 않아 강택민 시기까지 이어져 왔다. 그러나 후진타오 시기에 와서는 북조선과의 관계에서 모택동 시기의 유산을 확실히 청산하려는 의지가 보였고, 북핵 문제의 계기로 과거 유산과 거의 결별하였다고 할 수 있다. 현재 중국과 북조선과의 관계에서 과거 전통적인 친선 관계보다 실리적이고 타산적인 요소가 중요하게 작용하고 있고 앞으로 이러한 경향은 더욱 강화될 전망이다.

현재 탈북자 문제와 핵 문제는 중국의 신경을 예민하게 하고 있다. 중국으로서는 이는 어디까지나 중국의 국가 이익과 국경 지역의 안정과 연관되는 문제이다. 이에 중국은 적극적으로 북조선과 협의하고 해결하려고 한다. 따라서 탈북자 문제와 핵 문제의 원활한 처리는 양국 관계의 개선에 중요한 고리로도 된다.

중국은 북조선과의 관계 처리에서 현재 서방 세계에서 '중국 위협론'이 심심치 않게 논의되고 있는 상황을 감안하여 국내 건설과 국경 지역의 안전을 위하여 북조선이 중국과 특별히 맞서지 않는 한 북조선과 대립 관계로 나아가는 것을 억제할 것이다. 그리고 북조선도 어떤 특별한 계기가 없는 한 중국을 적대시하지 못할 것이다. 왜냐하면 북조선의 에너지와 식량의 중요한 공급국인 중국을 무시할 수 없기 때문이다. 중국과 북조선과의 관계를 윤활하게 하는 것은 북조선의 태도에 많이 달려 있다.

그리고 최근에 중국이 압록강·두만강 연안에 중국 인민 해방군을 배치하는 사실을 놓고 매스컴에서는 많은 추측을 하고 있는데 필자가 보기에는 미국의 북조선에 대한 공격을 대비하는 면은 없지 않으나, 더욱 중요한 것은 탈북자 등을 비롯한 국경 지역의 범죄를 막고 국경 지역 안전을 보장하는 데 있다고 본다. 그리고 현재 북조선 국경 지역에는 군부대를 배치하고 있으나 중국 측은 무장 경찰만 배치하고 북조선 병력이 중국 측보다 10배 이상 되는 점을 감안하면 북조선이 안보면에서 어떤 평형을 잡으려는 의도도 있는 것이 아닌가 생각해 본다.

조선반도 정세 변화가
동북아 지역에 주는 다각적 영향

1. 동북아 지역에서의 조선반도 위치

동북아 지역은 러시아 극동 지역, 중국의 동북 지역, 조선반도의 남북 양국, 일본 그리고 몽골 등 국가와 지역을 포함하고 있다. 이 지역은 다양한 민족과 다양한 문화, 그리고 서로 다른 정치 제도와 경제 발전 유형이 포함된 복잡한 지역일 뿐만 아니라 국제 관계 문제에서도 뜨거운 쟁점을 초래하고 있는 지역의 하나이다. 동북아 지역은 중국·미국·러시아·일본 등 세계 4대국 사이의 정치·경제·방위·안전 등 여러 방면에 중대한 이해 관계가 얽혀 있는 지역인데 조선반도 문제는 그들 사이의 관계 처리에 있어서 하나의 큰 변수 역할을 하고 있다.

조선반도는 동북아의 핵심 위치에 있고 유럽·아시아 대륙과 태평양 사이의 변연邊緣 지대이며 아시아 대륙과 일본 열도 사이의 교량

이었다. 동북아의 해상 교통 요충지를 장악하고 있는 조선 해협은
일찍부터 동북아의 문호라고 일컬어졌다. 지연地緣 정치 관계에서
조선반도는 중·미·러·일 등 4대국의 동북아 지역에서의 전략적 이
익과 안전의 교차점이었다.

조선반도는 중국과 강을 사이 두고 마주하고 있어 이곳의 안정 문
제는 중국 동북과 발해 연안 지역의 안전과 깊은 연계가 있으며 미
국은 조선반도를 유럽·아시아 대륙의 역량을 억제하는 '도서島嶼 사
슬'의 중요한 부분과 아시아·태평양 전략의 중요한 지탱점으로 보
고 있다. 일본은 조선반도를 본토 안전에 영향을 주는 전략적 요지
로 보고 있으며 러시아는 조선반도를 태평양으로 세력을 뻗는 중요
한 도경으로 여기고 있다. 때문에 반세기가 넘는 기간에 조선반도를
둘러싼 위기가 끊임없었으며 조선반도는 계속 대국들이 주목하고
쟁탈하는 대상으로 다국 관계, 이데올로기 및 변방 충돌 다발 지역
이었다.

20세기 40년대 말 미소 간의 패권 쟁탈과 이익 균등 분할로 조선
반도의 동일 민족이 이념 대립과 함께 남북으로 분열되었다. 냉전
시기 조선반도의 남북 양국은 부동한 사회 의식 형태와 부동한 정치
제도 및 경제 체제하에서 국가 정치와 경제 발전의 길이 완전히 대
립되었다. 뿐만 아니라 그들이 동북아 지역의 국제 관계에서 처한
위치와 주변 대국과의 관계도 각기 부동하여 적대 관계가 아주 분명
해졌다. 북조선은 소련을 비롯한 사회주의 진영에 속하여 동북아에
서 소련·몽골·중국과 한 진영을 이루었고 남한은 미국을 비롯한 자

본주의 진영에 속하여 미국·일본과 한 진영을 구성하였다.

　냉전시대의 전반 시기 이 양대 진영 사이는 서로 승인하지 않고 대립하였고, 각 진영 내부에는 서로 이러저러한 모순과 마찰이 있었지만 그들의 통일 전선을 거스르지는 못하였다. 냉전 후기 대립 쌍방 사이에 완화의 국면이 나타나고 점차 접촉과 대화를 시작하였으며 일부 대립 국가 사이에는, 예컨대 1970년대 중국은 미국·일본과 외교 관계 정상화를 실현하기도 하였다. 이 시기 조선반도 내의 남과 북 사이에도 접촉과 대화가 시작되었지만 반복적인 과정만 있을 뿐 그 이상의 진전은 보이지 않았다.

　1990년대 초 동유럽의 격변과 소련의 해체에 따라 국제 관계에서 냉전 국면이 막을 내렸다. 그 이후 부동한 정치 세력 간의 권력과 이익 다툼이 끊임없었으나 기본적으로 다극 세력의 병존 국면이 형성되었다. 동북아 지역에서 각종 세력이 서로 교차되었고 일부 국가 사이에는 서로의 관계 정상화를 실현하기 위해 외교 노력을 하였으며, 일부 국가 사이에는 이미 외교 정상화를 실현하기도 하였다.

　조선반도에서는 1991년 '남북 화해와 불침략 및 교류 합작 협의서'를 체결함으로써 서로 화해하려는 염원을 표명하였고, 남북 사이에 접촉과 대화가 빈도 높게 진행되기 시작하였다. 1994년에는 미국 전 대통령 카터의 알선하에 남북 정상 회담 계획을 추진하였는데 북조선 김일성 주석의 갑작스런 변고로 기회를 놓쳤다. 남한에서는 김대중이 대통령으로 당선된 후 적극적으로 '햇볕 정책'을 실행하고 남북 교류를 추진함으로써 남북 관계는 새로운 국면을 맞이하게 되었다. 하지만 조선반도의 긴장 국면은 크게 변함이 없었고 여전히 동북아 지역의 평화와 안정의 주요한 위협으로 남아 있었다. 중국·미국·러시아와 일본 등은 모두 조선반도를 주목하고 있었고 또 각 국의 국익과도 관련이 있어 조선반도의 정세 변화는 이러한 4대국의 동북아 정책에 깊은 영향을 주고 있다.

2. 조선반도 정세 변화가 끼친 다각적 영향

2000년에 접어들면서 조선반도의 정세 변화는 세인들의 주목을 끌었다. 이 해 6월 조선반도의 남북 정상 회담이 실현되었고 '남북 공동 선언'을 체결하여 쌍방의 전면적인 교류와 협력 의사를 세계에 알림으로써 조선반도의 정세가 점차 완화되고 한민족은 화해와 통일로 향한 새로운 전환기를 맞이하였다.

이에 따라 남북 양국 사이에는 서로의 대화와 교류, 경제 협력이 빈번하게 진행되었다. 북조선 예술 단체들은 서울을 연이어 방문하여 북쪽의 예술을 보여 주었고, 남한의 주요 매스컴의 책임자들로 구성된 방문단이 평양을 오갔으며 남북 이산가족들도 상봉의 기쁨을 나누게 되었다. 그리고 조선노동당 김용순 중앙비서가 김정일 위원장의 특사로 서울을 방문하였고, 시드니 올림픽 운동회의 개막식에서는 남북 대표단이 다같이 '조선반도기'를 들고 입장하였다. 또한 서울과 신의주를 연결하는 경의선 철도 공사가 시작되었고, 처음으로 남북 외교장관 회담과 국방장관 회담을 거행하였으며 평양과 서울 사이에 직통 전화를 개설하고 경제 협력을 추진하는 4개의 협의서를 체결하였으며 장기적으로 진행되어 온 상호간 '비방·선전'도 정지하게 되었다.

남북은 또 상대방의 사회 체제 승인, 군사 직통 전화 개설, 불침략 협의 등 사항에 대하여 협상을 진행하였다. 이 시기 남북 관계는 전에 없는 호전을 보였다.

국제 관계 면에서 북조선은 외교 정책을 전면적으로 조절하고 남한과 화해를 점차적으로 실현하는 동시에 미국 등 서방 국가와 관계 개선에 힘을 기울였다. 북조선의 3인자인 조명록 국방위원회 제1부위원장이 미국을 방문하여 클린턴 대통령을 만났고 미국의 올브라이트 국무장관이 북조선을 방문하여 김정일 국방위원장을 만났다. 동시에 북조선은 영국·이탈리아·네덜란드·캐나다 등 10여 개 서방 국가와 수교를 하였다. 그리고 일본과의 외교 정상화를 위하여 노력하는 기미도 보였다

반세기 이래 조선반도는 국제 관계 가운데서 줄곧 '열점' 지역의 하나로, 아시아·태평양 지역의 대국 안전 관계의 국면 형성과 변화는 모두 북조선 문제와 밀접한 관련이 있었다. 지금 조선반도 정세가 긴장 완화와 화해의 방향으로 적극적인 변화를 보이는데, 이는 국제 관계상 하나의 열점을 제거하는 데 도움이 될 뿐만 아니라 동북아 지역의 긴장 국면을 완화하고 이 지역의 정치 관계와 경제 관

계의 발전과 번영을 추진하는 데도 유리한 것이다. 현재 조선반도에
나타난 적극적인 변화는 해당 국가의 동북아 정책과 이 지역 안전
국면에 커다란 충격을 주는 것으로 그 영향은 아주 심원한 것이다.

앞에서 언급한 바와 같이 조선반도는 중국·미국·러시아·일본 등
대국 안전 이익의 교착점이었다. 조선반도의 남북 양국 사이의 긴장
완화, 화해와 통일을 향한 추세, 군비 경쟁의 감소 등은 해당 대국간
의 관계 처리와 안전과 이익 만족에 유리하게 작용함으로써 동북아
지역의 안정과 경제 협력에 적극적인 영향을 부여하여, 각 해당 대
국으로부터 보편적인 환영을 받았다. 물론 그들은 자국의 이익과 안
전 각도에서 출발하여 문제를 고려하기 때문에 각자가 부동한 생각
을 갖고 있는 것도 정상적인 것이다.

중국은 경제 건설 위주의 정책을 실시하고 있으므로 그 기본적인
외교 정책의 하나가 바로 경제 건설을 위하여 국제적인 평화 환경,
특히 주변의 평화적인 환경을 조성하는 데 있다. 중국은 조선반도와
강을 사이에 두고 있기 때문에 조선반도의 안정은 1,000여 킬로미
터의 변방 지역 안정과 직접적인 관계가 있다. 조선반도의 긴장 완
화와 화해 추세는 중국으로 하여금 외면할 수 없는 대규모 군사 충
돌로 지출해야 하는 막대한 대가를 피할 수 있게 하는 것이다. 그리
고 조선반도 남북 관계의 정상화 실현은 조선반도로 인한 외교 난점
을 피하게 한다. 때문에 중국은 남북 양국의 긴장 관계가 풀리고 화
해의 길로 나아가는 것을 바라고 있다. 남북 정상 회담 전에 북조선
김정일 국방위원장이 먼저 비공식적으로 중국을 방문하여 강택민

주석을 만나는 일에서도 북조선은 중국의 충분한 지지를 받고 있는 것을 감지할 수 있다.

러시아는 한동안 국내 정세 문제로 국력이 쇠약해져 동북아 지역의 관계 처리 방면에서 마음은 있지만 정치·군사 등 방면의 영향이 약할 수밖에 없었다. 그러나 러시아가 아시아·태평양 지역에서 잠시적 확장성 정책을 추진하는 힘이 없어졌다고는 하겠지만, 기타 대국이 이 틈을 타서 그 지역에 대한 영향을 더 확대할 가능성에 대해 두려움을 떨치지 못하였다. 따라서 러시아는 이 시기에도 조선반도에 대한 관심을 늦추지 않았다. 러시아 주한 대사관의 대변인은 다음과 같은 말을 하였다. 즉 "우리는 본국 변방 지역에서 전쟁이 일어나는 것을 바라지 않기 때문에 조선반도의 안정에 대해 깊은 흥취를 갖고 있다."[1] 여기서도 보다시피 러시아는 적어도 현시점에서는 조선반도와 전체 동북아 지역의 긴장 국면 완화를 바라고 있는 것을 알 수 있다.

미국에 있어서 북조선은 하나의 적대 국가인 것은 틀림없다. 미국은 북조선이 핵무기를 연구 개발하여 그들의 군사 역량을 강화하는 것은 미국과 그 동맹국의 안전을 엄중히 위협하는 행위라고 여기고 있다. 미국은 이 지역에서의 군사 위협 감소를 바라고 북조선에 일정한 보상을 제공하면서도 북조선이 핵무기 기술 개발과 판매 방면에서 자제하겠다는 언약을 받으려고 한다. 때문에 미국은 조선반도

---

1 「普京展開半島外交 俄韓朝聯合合作」, 南方網, 2001. 2. 27. 뉴스에서 재인용.

남북 관계의 완화와 상호 교류를 바라는 동시에 북조선의 대외 개방을 이용하여 경제적 수단으로 북조선에 대한 영향을 강화하려는 의도도 갖고 있다.

일본은 아시아에서 미국의 주요한 동맹국인 동시에 밀접한 파트너로, 북조선의 핵무기 개발에 대해 미국과 같은 태도와 목적을 갖고 있고, 자국에 대한 직접적인 위협으로 여기기 때문에 조선반도 정세가 완화와 화해의 길로 가는 것을 고무적인 변화로 생각하였다.

이처럼 주변 해당 대국들은 조선반도 대립하고 있는 양국의 관계가 점차 개선되고 있는 것을 환영하였다. 그러나 현재의 각종 정치 역량의 조합은 더욱 복잡하게 되었고, 남한·북조선·중국·미국·러시아·일본 등 국가 사이에 쌍무 또는 다변 관계 문제를 새롭게 조절하는 것과 연결되어 있다. 조선반도에서 남북 관계가 정말로 화해와 통일의 길로 나아가게 되면 조선반도와 해당 대국 사이뿐만 아니라 조선반도를 둘러싼 각 해당 대국 사이의 관계에도 커다란 영향을 끼칠 것이다.

남북 양국은 주변 대국의 깊은 영향을 피치 못하지만 모두 독립적인 주권 국가로 그들의 이익이 항상 동맹 대국의 이익과 일치할 수는 없다. 조선반도에서 남북 사이에 긴장 완화와 교류 증진의 국면이 나타나기 시작한 후 남한은 북조선에 대한 자극을 극소화하기 위하여 관례적인 한미 연합 군사 훈련의 규모를 축소하였다. 그리고 당시 김대중 대통령은 미국과 일본이 구상하고 있는 지역 미사일 방어 체계에 동참하지 않겠다는 의사를 피력한 데서 보면, 남북 양국이 정말로 우호적인 관계를 수립할 때에는 한미 동맹 관계는 필히 아주 깊은 영향을 받을 것이다. 북조선은 중국을 제일 밀접한 동맹으로 보고 있지만 남북 관계에서 화해가 실현되고 대외 개방이 진척되면 중국과의 관계도 반드시 변화를 가져올 것이다. 특히 조선반도가 통일을 실현하게 되면 중국의 안전에도 일정한 위협(중국에 대한 영토 요구, 중국 경내에서의 '독립 운동' 등)이 형성될 수도 있다.[2]

만약 조선반도에서 화해가 실현되고 북조선이 미국에 대해 적대적인 태도를 취하지 않을 때, 미국이 동북아 지역에서 소위 책임성 없는 '망나니 국가' 북조선의 위협에 대비한다는 구실(표면적인 구실에 지나지 않지만)로 군사력을 강화하고, 수많은 병력을 주둔시키며 지역 미사일 방어 체계를 수립하려고 하는 등 조치를 취하는 것은 더욱 설득력을 잃게 된다. 그때 가면 동북아 지역에서 미국의 군사 포치는 중국을 대비한다는 진짜 의도가 겉으로 드러나 중국과의 긴장 관계 국면을 초래할 수도 있다. 현재 미국의 부시 행정부는 여러 나라의 반대에도 불구하고 국가 미사일 방어 체계를 포치하려는 데에서도 미국의 주된 의도를 알아낼 수 있다.

마찬가지로 조선반도에서 화해 분위기가 조성되면 일본도 군비 강화의 이유에서 '북조선 위협'이라는 구실을 잃게 되어 자연히 미국과 한 길에 서게 된다. 일본은 오직 미국과의 동맹 관계를 유지하고 미국으로 하여금 동북아 사무에서 계속 역할을 하게 하면 중국은

---

2 劉江,「當代國際關係中的跨界民族問題」, 趙廷光 主編, 『中國跨界民族研究』, 中國世界民族學會, 雲南省民族理論學會, 1997, 496쪽.

이곳에서 지역 패권을 누리지 못할 것이라고 믿고 미국과의 군사 동맹 관계를 강화하고 있다(사실상 일본에서는 '중국위협'론에 일정한 시장이 있다). 하지만 일본과 미국과의 안전 합작 관계의 강화는 중국으로 하여금 일본의 군사력 팽창을 근심하게 하여 중·일 사이에 마찰과 잠재적 충돌도 예측할 수 있다.

러시아는 아직 역부족이나 동북아 지역에 대한 관심을 거두어 들인 적이 없다. 푸틴이 러시아 대통령에 당선된 후 주변 외교를 적극적으로 전개하여 2000년 2월에는 북조선과 '북러 우호인목합작조약'을 체결하고 7월에는 북조선을 방문하여 '북러 연합선언'을 체결하였다. 2001년 2월 26일 푸틴은 정상 회담 하루 전에 남한을 방문하고 시간도 하루 연장하였으며, 또 정상 회담에서는 조선반도 정세 문제를 중요한 화제로 논의하였다. 푸틴의 이러한 행선에서도 러시아의 동북아 지역에 대한 관심을 볼 수 있다. 27일 푸틴은 한국 대기업 총재들과의 회담에서 "러시아는 북조선과 한국 양국과의 관계를 아주 중요시한다. 왜냐하면 조선반도는 이 지역의 정치 안정에 연관되기 때문이다."라고 말하였다.[3]

이를 통해 러시아가 조선반도 남북 양국과의 쌍무 관계에 힘을 기울이려는 의도를 이해할 수 있다. 푸틴 대통령의 이러한 노력들은 모두 동북 아시아 지역에서 러시아의 영향력을 높이려는 의도이므로, 역시 해당 대국 사이의 관계에는 하나의 도전이라고 볼 수 있다

---

3 "普京訪韓: 大談經濟改革, 督促南北朝鮮和平相處", 中國日報網站, 2001.2.27.

고 일반적으로 이야기한다.

이와 같이 조선반도 정세의 긴장 완화 추세는 동북아 지역의 불안정을 조성하는 하나의 도화선을 제거하는 동시에 주변 대국 사이에 새로운 긴장 관계를 초래할 가능성도 완전히 배제하지 못한다.[4]

3. 조선반도 정세 발전의 예측

동북아 지역은 아시아 대륙에서 제일 복잡한 지역으로 중국·미국·러시아·일본 등 모두가 이 지역의 각축자이고 특히 조선반도는 4대국의 전략 이익과 안전 관계를 추구하는 중점이었다. 조선반도 정세가 긴장 완화와 화해의 방향으로 발전하고 있지만 불확실한 요소도 많이 남아 있어 미래 추세는 아직 정확하게 파악하기 힘들다.

첫째, 조선반도의 상황으로 볼 때 과거 몇십 년간의 이데올로기 대립과 사회 제도의 차이와 경제 발전 수준의 격차 등의 원인에서 조성된 두터운 벽은 단시일 내에 허물어지지 않을 것이고, 남북 사이의 피치 못할 모순과 마찰은 계속 서로의 관계 발전에 영향을 줄 것이다. 예컨대 2000년 10월 한국 적십자사 장충식 총재는 어느 한 담화에서 "남북 이산가족 상봉은 남북 쌍방의 이질성과 우열의 거울

---

4 秦家驄, 「朝鮮半島餘波與美中緊張關系」, 《参考消息》, 2000.9.20.

이며, 북방에는 자유가 없다."고 질책하였다. 이에 북조선 적십자 중앙위원회는 즉각 성명을 발표하여 반박함과 동시에 장 총재와의 합작을 거절함으로써 장 총재는 이에 대한 책임으로 사표를 내야 했다. 12월에는 한국 국방부가 『국방 백서』를 발표하였는데 여기서도 북조선을 역시 '주요한 적'으로 규정지어 북조선의 강한 반발을 샀고 이로 인하여, 북조선 최고인민회의 상임위원회 김영남 위원장의 연말 방한과 북조선 최고 영도자 김정일 국방 위원장의 답방에 관한 협상 계획이 잠정적으로 무산되었다. 그리고 북조선은 한국의 『2001년도 국방 백서』에 불만을 표시하고 일방적으로 남북 철도 연결 계획을 뒤로 미루었다.

둘째, 해당 대국들이 주목하고 있는 이익과 취향을 보면 그들은 조선반도의 긴장 완화 국면을 바라면서도 조선반도의 통일은 그다지 탐탁하게 보지 않을 수도 있다. 이것은 일부 대국에게 있어서 조선반도의 화해와 통일은 그들이 동북아 지역에서 군사 포치를 강화하려는 '구실'이 사라지게 하는 것이고, 또 일부 대국에게 있어서는 그들은 본국의 변방 지역이 여러 작은 인접국으로 구성되기를 희망하고 단일한 대국이 인접하는 것을 원치 않기 때문이다.[5]

조선반도가 해당 대국의 동북아 지역에서의 이익과 안전의 초점으로 되어 있으므로, 그들은 조선반도의 통일을 달가워 하지 않을 것이다. 세계 4대국의 이익과 안전을 고려할 때 그들은 조선반도가

---

5 〔美〕安德魯. 內森 羅伯特. 羅斯, 『長城與空城計: 中國對安全的尋求』, 新華出版社, 1997, 103쪽.

현상 유지, 즉 '싸우지도 않고 화해도 하지 않은 현재 상황을 유지'
하는 것을 더욱 바랄 수도 있다.

　결론적으로 말하면 2000년 이후 조선반도의 정세는 현저하게 변
화하고 있다. 소식에 의하면 북조선 김정일 국방위원장이 곧 남한을
방문하게 되며(2004년 현재까지 답방을 이루지 못하고 있다.), 그때는 처음
남북 정상 회담에서 체결한 '남북 공동 선언'보다 더욱 실제적인 협
의로 '조선반도 평화 선언'을 체결할 계획이라고 한다. 이 선언에는
남북 간의 신임을 다지고 조선반도의 긴장 정세를 완화하며 조선반
도의 장기적 평화를 유지하는 방안에 관한 일련의 내용이 포함될 것
이라고 한다.[6]

　이러한 조치는 틀림없이 조선반도 정세를 가일층 완화하고 화해
를 추진할 것이다. 물론 조선반도의 실제와 해당 대국의 역학 관계
의 작용을 보면 조선반도의 화해와 통일의 길은 순탄하지 않을 것이
고, 가까운 시일 내에 통일이 되지 않을 것이다. 남북 정상 회담 당
시 한국의 김대중 대통령은 "우리는 통일을 희망하나 급히 통일하려
고 서둘지는 않을 것이다. 중요한 것은 기초를 잘 다지는 것이다. 남
북은 적어도 20년 또는 30년의 준비를 하고 통일하여야 한다."고 말
하였다. 그리고 해당 대국이 조선반도 정세를 둘러싸고 제정한 어떠
한 정책과 그들 사이의 관계를 어떻게 조절하는가는 동북아 지역 정
세에 영향을 주는 하나의 중요한 변수일 것이다.(2001년 2월 말)

---

6 "金正日回訪時將簽署, 「韓半島和平宣言」", 한국 주중대사관, 《每周韓國》, 2001-
　4(2001.2.13).

한국 경제 성장의 문화 교육적 배경
- 중국 교육 현실을 겸하여

　1960년대 초부터 한국 경제는 신속하고도 지속적인 성장을 거듭하여 왔으며 그 성장 속도는 세계를 경악케 하였다. 1960년대 한국 경제의 연평균 성장률은 8.6%에 달하였는 바 이것은 일본·홍콩·대만·싱가폴 등을 뒤쫓는 속도였다. 1970년 초에 와서는 이미 위의 지역과 국가의 속도를 초월하였으며, 한국의 경제 성장률은 세계에서 제일 빠른 10.8%에 달하였다. 1970~1981년 사이 한국 경제의 연평균 성장률은 9.1%로 같은 시기 세계 34개 후진국가의 경제 성장률인 4.5%와 60개 중등 발전 국가의 5.6% 및 19개 선진국가의 3.0%를 훨씬 앞선 성장 속도를 과시하였다.[1] 1962년 한국의 매 인당 평균 국민 총생산은 87달러에 불과하였는데, 1980년에는 1,506

---

[1] 송병낙, 『한국경제론』, 박영사, 1985, 211~212쪽.

달러에 달하였고, 1994년에는 10,548달러에 이르러 1961년에 비해 121.2배나 증가하였다.

짧은 30여 년간에 한국은 1960년대 초의 빈곤한 국가로부터 신흥 공업국의 행렬에 가입하였고, 현재는 선진 국가의 문턱까지 도달하였다. 하지만 1960년 이전만 하여도 한국 경제 성장의 기초, 특히 물질적 기반은 아주 빈약하였다. 당시 한국은 인구가 많고 땅이 좁은(인구 밀도는 세계 3위인 반면 경작지는 11%밖에 되지 않음) 나라로 자연 자원 개발이 아주 미흡하고 공업은 낙후하였으며 정치는 불안정하고 민중 생활은 매우 가난한 경지에 있었다. 이러한 한국이 어떻게 30여 년 후인 현재에 와서 이렇게 놀라운 경제 성장을 이룩할 수 있었을까 하는 문제는 우리가 심사숙고할 과제이다. 한국 경제가 빠르고 지속적으로 성장할 수 있게 된 원인을 연구하고 탐구하는 것은 발전 도상국의 사회 경제 성장에 아주 좋은 계시로 될 것이다.

1. 한민족의 성격 구성

한국 경제가 1960년대부터 빠른 성장을 이룩할 수 있었던 것은 당시 정치의 상대적 안정, 경제 정책의 개변, 산업 구조의 조절 및 국외 지원 등 요소 외에도 문화적 배경도 무시할 수 없다.

경제 성장에서 구비되어야 할 몇 가지 기본적인 조건은 인력, 자연 자원, 일정한 물질적 기초와 기술 등이 있는데, 이 가운데 인력은 모든 경제 활동의 주체이고 경제 성장을 추진하는 결정적 요소이다. 이는 공업 기초가 빈약한 국가일수록 더욱 뚜렷하게 나타난다.

우리가 한국 경제의 고속 성장에 대한 심층 원리를 탐구할 때 한민족이 지닌 성격 특징 및 문화에 대하여 연구하지 않으면 안 된다.

한민족은 조선반도의 주체 민족으로, 반도적 지리 환경 특유의 자연·역사·문화 등 요소는 한민족이 타 민족과 다른 몇 가지 뚜렷한 특징을 조성하였다. 한민족은 농경 민족으로 그들의 기반은 경작지였는 바 조선반도는 다산 지역으로 평야가 적었으므로 좁은 땅에서 생존해 가자면 그 노력은 타인보다 몇 배 더 하지 않으면 안 되었다. 이러한 환경은 한민족의 근면성과 인내력을 양성하였다.

한민족은 유목 기마 민족의 용맹성과 농경 민족의 온화하면서 강인한 성격을 겸비하였다. 이러한 성격은 한민족의 기원에서 볼 수 있을 뿐만 아니라 그들이 처한 반도적 지리의 환경을 통해 알 수 있다. 2000여 년 동안 조선반도에서는 900여 차례의 해륙 양 방면의 이민족들의 침략을 감수해야만 했다. 반도의 3면이 바다이기 때문에 침략을 받았을 때 퇴로가 없어 오직 대항할 수밖에 없었다. 이러한 과정에서 한민족의 용감성과 불굴의 성격이 양성되었고, 민족의 동질성과 연대성은 더욱 강화되었다.

그리고 조선반도는 중국 대륙과 인접하고 있으므로 중국 문화를 일본으로 전파하는 중개 역할을 한 지역일 뿐만 아니라, 그들 역시 중국 고대 문화의 영향을 많이 받았으며 특히 공자의 유교 사상의 영향은 더욱 깊었다. 그러면서도 대륙 문화에 동화하지 않고 자신의 문화 독립성을 유지하였다. 다시 말하면 한민족은 반도적인 환경에서 민족의 단일성과 독창성을 비교적 완전히 보존하고 있었다.

한민족의 이러한 특징은 경제 활동 가운데서 높은 생산 적극성과 인내력으로 표현되었다. 그리고 민족 단일성은 문화 동질성과 사회 유동성을 제고시켜 경제 활동을 더욱 활발하게 진행할 수 있도록 추진하였고, 새로운 문화와 기술 및 새로운 생활 양식의 전파와 보급에도 유리하였다.

본문은 이러한 특징에 대하여 더 전개하지 않고 단지 한국 문화 교육의 전통이 경제 성장에 준 영향과 중국 교육의 현황을 검토하려고 한다.

2. 교육은 경제 성장의 날개

교육은 목적이 있고 의식적으로 인간을 양성하는 활동이다. 교육의 발전은 일정한 경제 발전을 기초로 하며, 반면에 교육은 사회 경제 발전을 더욱 촉진시킨다. 경제 성장의 과학 기술에 대한 의뢰도가 크면 클수록 교육이 경제 발전에 대한 작용은 갈수록 뚜렷해지기 마련이다. 교육의 보급과 발전 수준은 어떤 의미에서 보면 그 국가와 민족의 사회 경제 발전의 속도와 수준을 결정한다고 볼 수 있다.

사회 발전은 각종 기술 인재와 문화가 있는 노동자가 소요되며, 이러한 인재와 노동자의 양성은 주요하게 교육을 통하여 실현하게 된다. 세계 각국의 발전 상황을 보면 무릇 사회 경제·문화가 발전한 나라는 그 교육도 발달하였으며 반대로 교육이 발달하지 못한 국가는 그 사회 경제·문화의 발전도 상대적인 낙후성을 보였다.

현대 사회의 신속한 발전에 따라 교육의 중요성이 날로 강화되고 있다는 것을 현실은 우리에게 말하고 있다. 현재 세계에서 보편적이고 공인되는 말이 있는데 다음과 같은 말이다. 즉 기술 혁명 시대에 생산의 경쟁은 곧 과학 기술의 경쟁이며 과학 기술의 경쟁은 인재의 경쟁이다. 인재의 경쟁은 결국 교육의 경쟁이다. 어느 나라, 어느 민족이든 이러한 경쟁에서 패하지 않으려면 반드시 교육을 강화하여야 한다. 그렇지 않으면 경쟁에서 지고 말 것이다.

1) 한민족의 교육 전통

한민족은 오래 전부터 교육을 아주 중요시하면서 자녀 교육에 힘을 기울였다. 과거 농경 민족인 한민족에게 있어서 소는 없어서는 안 될 가축이었다. 하지만 농민들은 자신이 굶고 고생하여도 심지어 소를 팔아서까지 자녀를 공부시켰다. 이러한 전통이 면면히 계승되어 지금에도 빛을 내고 있다.

교육을 중요시하는 한민족 전통은 아래의 두 방면으로 설명할 수 있다.

첫째, 한민족 문화에 유교 문화의 영향이 비교적 깊은 바, 유교 문화의 중요한 유산의 하나가 교육을 중요시하는 것이다. 특히 공자의 "학이우칙사(學而優則仕: 공부 잘하면 벼슬한다.)"의 영향은 아주 깊다. 예컨대 중국 고대 사회와 같이 봉건 왕조 시대 조선반도에서도 공부는 벼슬하는 주요한 도경이었다. 남자들은 무인武人이 아닌 이상 유가의 경전을 공부하지 않으면 관직을 얻을 희망이 거의 없어 부귀영화와 높은 금전적 보수는 바라지도 못하였다. 그리고 역사적으로 볼 때 각 봉건 조대에서는 모두 문인을 중요시하고 문인이 무인들보다 더 높은 위치에 있었다.

특히 유교를 국교로 한 조선 시대에 와서 귀족 계층의 양반 가운데서도 '중문경무重文輕武'로 문관이 무관보다 더 대우를 받았다. 그때 공부할 여건이 있는 가정은 대부분 세습 귀족 계층이었고, 일반 백성들은 중국 고전 지식을 공부할 여지도 없었다. 하지만 1444년 세종대왕의 지시 아래 만든 '훈민정음'이 반포되면서 백성들의 문화 공부에 유리한 조건을 마련해 주어 백성들의 문화 보급에 큰 역할을 하였다.

둘째, 근대에 와서 조선반도는 외래 침략을 계속 받아왔다. 1910년 조선반도가 일본 제국주의에 의해 식민지로 된 후 수많은 민족 애국지사, 독립 운동가들이 세계 각 지역에 가서 독립 운동을 하면서 먼저 민족 교육에 힘을 기울이고 독립 구국 사상을 깨닫게 하는 동시에 서당과 학교를 세워 민족 교육에 여념이 없었다. 그리고 19세기 중엽 이후 파산된 농민들이 중국 동북 지역, 러시아, 연해주와 일본 등지로 이주하였다. 이들은 이국 타향에서 아무리 가난하고 힘이들어도 정착만 되면 제일 먼저 서숙書塾을 꾸려 자녀들 교육에 심혈을 기울였다. 예컨대 1914년 중국 연변 지역의 용정에만 하여도 당시 116개의 서숙이 있었다고 한다.[2] 여기서도 알 수 있는 바와 같이 한민족은 문화를 숭상하고 교육을 중요시하는 민족이다.

2) 한국 정부와 기업 및 민중들의 인력 개발

(1) 학교 교육의 발전

학교 교육은 인력 개발의 중요한 방면의 하나이다. 한국은 일찍부터 학교 교육에 심혈을 기울이고 교육에 많은 투자를 하였다. 40여 년간 교육 예산은 정부 재정 지출에서 줄곧 15~20%에 달하였으며 1996년에는 24%에 달하였다.[3] 그리고 세수와 차입으로 교육에 대한 투자를 증가하였다. 이러한 결과 한국은 1945~1960년의 15년 간 초등학교는 265%가 증가하였고 중학교는 181% 증가하였으며, 대학은 13배 증가하였고 대학생 수는 8,000명에서 10만 명으로 증가하였다.[4] 1995년에는 초등학교 취학률은 100.1%이고 중학교 진학률은 99.9%이며, 고등학교 진학률은 98.5%에 달하였고 대학 진학률은 51.4%에 달하였다.[5]

---

2 박규찬 외, 『연변조선족교육사』, 연변인민출판사, 1987, 17쪽.
3 한국교육개발원, 『통계로 본 한국교육의 발자취』, 1997, 229쪽.
4 「남조선경제발전의 몇 개 계단」, 『参考消息』, 1988년 2월 5일.
5 한국교육개발원, 위의 책, 54-55, 73, 89쪽.

현재 한국은 이미 9년제 의무 교육을 보급하였으며, 대학 재학생은 1950년대 말의 4만 명에서 1985년에는 145만여 명으로 증가하였고 1995년에는 279만여 명으로 증가하였다.[6]

한국이 교육을 중요시하는 또 하나의 지표는 인력 개발이 경제 발전보다 앞선 상태인 것이다. 예컨대 1960년 매 인당 국민 수입이 90달러가 되는 국가에서 5~14세 연령층의 취학률은 평균 22%이나 한국의 동 연령층의 취학률은 59%에 달하였고, 1965년에 매 인당 국민총생산치가 380달러인 국가의 학령 아동의 초등학교 취학률은 평균 62% 좌우인데 비하여 한국은 82%에 달하였다. 다시 말하면 한국이 1960년 매 인당 수입이 90달러지만 그 인력 개발 유형은 200달러 국가의 수준에 접근하였으며, 1965년 한국이 매 인당 수입이 107달러일 때 그 교육 부문의 발전 정도는 인당 380달러 되는 국가 수준을 넘어섰다는 것이다.[7] 30여년 간 한국 인구의 문화 구조는 이미 많은 변화를 겪었으며 총인구 가운데 학생 수가 1945년의 5.7%에서 1975년의 28.8%로 증가하였다.[8]

한국 국민의 학력 구조 변화를 보면 1970년 초등학교 졸업 이하가 73.4%이고 고등학교 졸업이 10.2%이며 대학 졸업은 4.9%인 데 비하여, 1995년에는 초등학교 졸업 이하가 26.6%로 하강하였고 고등학교 졸업은 38.0%로 증가하였으며 대학 졸업도 19.7%로 현저

6 위의 책, 1997, 17쪽.
7 김영봉·N.F.Mcginn, 『한국교육과 경제발전』, 한국개발연구원, 1984, 71쪽.
8 E.S.Aison·김만제 외, 『한국경제, 사회의 근대화』, 한국개발연구원, 1981, 359쪽.

하게 증가하였는 바, 고등학교 졸업 이상이 15.1%에서 57.7%로 증
가하였다.[9] 그리고 매 만 명 가운데 박사 학위 취득자가 1966년에는
0.35명이었으나 1997년에는 11.44명으로 대폭 증가하였다.[10]

이 외에 한국 경제 개발 계획의 추진에 따라 생산과 관련 있는 실
업 교육도 빠른 발전을 이룩했다. 실업계 고등학교의 경우 1965년
에는 312개였으나 1985년에는 479, 1995년에는 762개로 증가하였
다. 실업고등학교 학생 수와 교원 수, 그리고 취업률도 대폭 제고되
었다.

한국 실업고등학교의 발전   단위: 명

년도	학교 수	학생 수	교원 수	취업률 %
1965	312	172,436	6,214	43.4
1975	479	474,868	15,340	56.1
1985	635	885,962	29,506	60.4
1995	762	911,453	42,656	90.9

(자료출처: 한국교육개발원, 『통계로 본 한국 교육의 발자취』, 1997, 108~113, 121쪽)

(2) 기업 내 교육 사업

한국에서는 정규적인 학교 교육이 발전했을 뿐만 아니라 기업 내
교육도 발전하였다. 1974년부터 한국의 대기업에서는 기업 내 교육
에 투자하여 실업 고등학교 등을 설립하여 사원들의 실업 기술 교육
을 진행하였다. 예컨대 한일합섬 부속 한일여자실업고등학교는

---

9 한국교육개발원, 『한국의 교육지표』, 1997, 3쪽.
10 한국교육개발원, 『통계로 본 한국교육의 발자취』, 1997, 204쪽.

1984년까지 21,500명의 졸업생을 배출하였다.[11] 현대 그룹의 현대 울산 조선소는 일 년을 주기로 해마다 1,200명의 기술 노동자(공업고등학교 졸업생)들을 특별 훈련시키고, 회사가 노동자들의 개인 교육 비용을 50% 부담하면서 실업 교육을 시키기도 하였으며, 삼성 그룹은 소속 기업마다 고등학교를 졸업한 신입 사원들에게 3개월의 합숙 연수를 진행하면서 사원들의 연대감 강화에 심혈을 기울였다.[12]

'배우면서 일하는 것'을 목적으로 진행한 기업 내 교육은 성공을 하였다. 기업 내 교육을 통하여 사원들은 더 많은 문화 지식과 노동 기능을 연마할 뿐만 아니라 기업과 사원 사이의 연대감을 강화하고 사원들의 집단적 협력 정신도 양성할 수 있었다. 이것이 경제 생활에서 더욱 높은 노동 열정과 고도의 조직 규율성 및 인간 관계의 조절로 표현됨으로써 생산성을 높이는 데 크게 기여하였다.

이 외에 대다수 한국 가정에서는 자녀들의 대한 많은 교육 투자를 기꺼이 받아들였다. 특히 그들은 저소득에 비해 많은 돈을 자녀 교육 또는 자아 소질 제고에 사용하는 바 이것이 한국 교육열의 제일 큰 특징이라고 할 수 있겠다. 사람들은 개인 발전에 있어서 교육의 중요한 역할을 이해하고, 교육을 많이 받은 사람이 적게 받은 사람보다 더 많은 보수를 받을 수 있다는 점 때문에 더 많은 교육을 받으려고 노력한다. 실제로 높은 교육 수준은 교육 가치를 높이 평가하는 것이기 때문에 실력주의와 밀접한 연관성이 있다. 이것이 또 객

---

11 김일곤, 『한국, 그 문화와 경제 활력』, 한국경제신문사, 1985, 248쪽(일문)
12 大村浩, 『경이로운 한국』, 일간내외경제편집국 역간, 1978, 27, 217쪽.

관적으로는 사회 경제 발전에 크게 기여할 수 있다.

3. 한국 경제 발전에 대한 교육의 영향

한국 경제 발전의 원인을 탐구할 때 많은 학자와 전문가들은 교육이 경제 발전의 중요한 원인 중 하나라고 지적하였다. 예컨대 스웨덴의 기자 허얼만 허드버리는 고도의 교육열, 우수한 관리 능력, 그리고 부지런하고 생산 기술을 빨리 습득하는 한국이 머지않아 경제 대국으로 성장할 것이라고 말하였고, 미국 하버드 대학의 Perkins 교수와 Msen 교수는 한국 경제 발전을 언급할 때 한국 정부와 국민들의 교육에 대한 중시를 높게 평가하였다.[13] 그리고 Woronoff는 그의 저서 『한국경제 – 인간이 창조한 기적』에서, 오무라는 『경이로운 한국』에서 문화 교육의 한국 경제 발전에 대한 기여를 모두 언급하였다.

인력 자원과 자본 또는 자연 자원은 경제 발전의 기본 조건이나 이 가운데 인력 자원의 개발이 결정적 의미를 갖는다. 세계의 어떤 나라는 자연 자원이 비록 풍부하나 경제는 큰 발전을 못하고 역시 낙후한 수준에 처해 있으며, 어떤 나라는 자연 자원이 결핍하다 하

---

13 이만기, 『한국경제의 오늘과 내일』, 호암문화사, 1983, 200-201쪽.

여 그 경제가 낙후한 경지에 있는 것이 아니고 빠른 발전을 취득하는 경우도 있는데 일본이 여기 속한다. 때문에 경제 발전은 인간의 일이고 인력 자원 개발은 자본 또는 자연 자원의 풍부함보다 더욱 중요하며 교육은 인력 자원 개발의 중요한 도경이 될 수밖에 없다.

그러면 교육은 어떻게 한국 경제 발전에 기여하였는가? 설명할 것도 없이 교육은 인간의 각종 능력을 양성하고 제고함으로써 경제 발전에 이바지한다. 교육을 통하여 첫째, 노동자의 소질과 생산 숙련도 및 효율을 높여 생산성 제고에 기여하고, 둘째, 노동력의 이동을 강화하고 노동 전문성을 추진하며, 취업률을 제고시키고, 셋째, 기술 혁신과 기술 도입을 추진하며, 넷째, 경제 변화에 대한 국민들의 적응력을 제고하여 경제 발전을 저해하는 불리한 요소들을 제거하며, 다섯째, 우수한 기업가와 경영자를 양성하며 생산을 과학적으로 조직하고 발전시킨다. 한마디로 말하면 교육은 대중들의 사상 수양을 제고시키고 문화 발전의 기초를 수립하며 경제 발전을 추진하는 원동력이라고 할 수 있다.

한 국가의 경제 발전 수준은 그 나라의 실력을 의미한다. 한국 경제 발전 수준은 아직 선진국 수준에 미치지 못하였지만 벌써부터 세인들의 긍정을 받았다. 그 실질적인 예로 1986년 아시아 경기 대회, 1988년에는 제24기 세계 올림픽 대회를 성공리에 개최하고 올림픽에서는 금메달 순위 4등의 영예를 받았다. 그 당시 인구 4천여만 명에 국토 면적이 10만 평방킬로미터도 되지 않던 한국이 이러한 성공을 취득한 것을 '한강의 기적'이라고 하여도 과언이 아니다. 한국의 발전이 우리에게 제시한 경험과 계시는 심각하였다.

(1) 반드시 교육을 강화하고 노동자의 소질을 높여야 한다.

한국 경제 발전의 경험은 우리에게 문화 교육의 중요성을 다시 한 번 더 실감케 하였다. 하지만 중국의 교육은 어디까지 왔는지 아래의 숫자를 보면 가히 이해할 수 있다. 중국 제3차 인구 센서스 통계를 보면 전국의 문맹률은 33.7%이고, 25세 이상 인구 가운데 대학 수준의 인구가 차지한 비율은 중국은 1%(1982)밖에 되지 않으나 원소련은 7.2%(1978)이고 일본은 14.3%(1978)였다.[14]

중국은 25세 이상 인구의 평균 교육 연한은 초등학교 5학년 수준이고 1984년의 중학교 진학률은 66.2%이고 고등학교 진학률이 38.4%이었다는데[15] 한국에 비해 거리가 많다. 이 외에 보도에 의하면 1988년 호북성의 6~14세의 학령 아동의 재학률이 80.8%이고 약 150만 명의 학령 아동들이 실학하였으며 전국의 학령 아동 재학률은 76.7%로 전국에 얼마나 많은 학령 아동들이 실학하고 있는가 알 수 있다.[16] 복건성 복주시 시교에는 몇 년간 해마다 약 만 명의 중학생이 유실되고, 영태현에서는 1984년에 입학한 중학생이 3년 후 공고율이 58.8%밖에 되지 않았으며, 절강성 녕파시에는 1987년 중학생 유실률이 6.7%에 달하였다.[17] 오늘의 유실 학생은 내일의

14 중앙교육연구소, 『敎育硏究』, 1985년 제5기, 13쪽.
15 柳斌, 「加强宏觀管理 提高敎育質量」, 『人民敎育』, 1986-1.
16 《人民日報》, 1988년 5월 31일.
17 《北京日報》, 1988년 6월 24일.

새로운 문맹으로 될 수밖에 없을 것이다. 이러한 숫자로 볼 때 중국의 교육 형세는 아주 심각하였다.

옛날 화전 농사 시기의 사람들은 주요하게 세대 상습의 노동 경험으로 일을 하였기 때문에 진정한 의미의 문화 지식이 수요되지 않았다. 그러나 사회 분업에 따라 분업이 날로 세분화되는 시대에 각종 기술과 이에 상응한 지식이 출현하고 점점 복잡한 양상을 나타내고 있으므로 그것을 반드시 학습하고 장악하지 않고서는 각종 생산 활동을 순조롭게 완성하지 못한다.

특히 현재 과학 기술이 날로 달라지는 시대에 문화 지식이 없고 과학 기술 및 기능을 습득하지 않고는 한치도 나아갈 수 없다. 사회는 지식이 있고 문화가 있는 인재와 노동자를 필요로 하며 교육이 바로 이러한 인재와 노동자들을 양성하는 중임을 지니고 있다. 문화 지식을 보급하고 전체 노동자의 소질을 제고하는 것은 한 국가와 민족의 사회 경제가 발전하는 중요한 보장이다.

그러나 각종 원인으로 하여 근년에 사회상에서 교육을 중요시하지 않는 현상이 보편적으로 나타나고 있었다. 학령 아동의 실학, 중학생의 유실, 연구생과 대학생의 퇴학 및 박사 연구생의 내원 부족 등은 우리의 주의를 불러일으키고 있다. 우리는 사회가 얼마나 발전하든 간에 문화 교육의 발전 수준은 시종여일하게 하나의 사회 문명 수준을 평가하는 표준이라고 생각한다.

만약 어떤 나라와 민족이 문화 교육 수준의 제고를 무시하고 사람들로 하여금 공부가 무용하다고 생각하게 할 때, 이러한 국가와 민족은 출로가 없다. 각급 정부와 영도자들은 반드시 장기적인 타산을 세우고 교육을 참답게 틀어잡고 사회로 하여금 지식을 존중하고 교육을 중요시하도록 노력하여야 한다.

교육을 중요시하는 데는 반드시 기초 교육부터 틀어잡아야 한다. 기초 교육은 노동자의 과학 문화 소질을 높이는 필요한 전제일 뿐만 아니라 고급 인재를 양성하는 기초이기도 하다. 공업이 발달하지 않은 국가에서 그 생산 형식은 주요하게 노동 집약형에 속하므로 일반 노동자들은 약간의 교육을 받으면 앞의 일을 맡을 수 있을지도 모른다. 하지만 생산 발전에 따라 기술 집약성 생산이 많아지면서 일정한 문화 수준을 구비한 노동자가 대량으로 소요된다.

때문에 고급 문화를 지닌 많은 수의 노동자 양성도 반드시 기초 교육부터 참답게 잡아야 한다. 기초 교육은 노동 집약성 생산이나 기술 집약성 생산에 모두 없어서는 안 될 기본 조건이다. "만약 우리가 다시 기초 교육을 중요시하지 않으면 그 결과는 1950~60년대 인구 문제에서 초래한 실책에 못지않을 것이다."는 진단은 이 문제를 정확히 짚어 낸 것이다.[18] 사실 중국은 현재 2.2억 명의 문맹이 있고 또 해마다 새로운 문맹이 200만 명 이상 증가하고 있다.[19]

(2) 문화 교육을 보급하고 수준을 높이며 농촌의 낙후한 국면을 개변시켜야 한다.

---

18 《人民敎育》, 1986년 제1기, 5쪽.
19 《人民日報》, 1988년 11월 3일.

중국은 아직도 농업 대국에 속하며 농업 인구가 전체 인구의 80% 좌우를 차지한다. 다시 말하면 10억 인구 가운데 8억 명이 농업 인구에 속한다. 때문에 교육을 보급하고 농민들의 사상 문화 의식을 제고하며 농촌의 낙후 국면을 개변하는 것은 중국이란 농업 대국의 발전에 있어서 하나의 준엄한 임무이기도 하다.

중국의 농촌은 낙후하고 문맹이 많은데 전국 2.2억 명의 문맹 가운데 2.1억 명이 농촌에 있다. 농민들은 전통적인 소생산 의식이 농후하고 새로운 것을 접수하는 것이 늦으며, 미신 활동과 현상이 성행하여 어떤 때에는 재산과 생명의 피해마저 초래하였다. 개혁 개방 이후 농촌에서 생산 개인 책임제를 실시함에 따라 일부 농민들은 눈앞의 이익을 챙기기 위하여 학생을 중퇴시켜 일을 시키는 경향이 나타났으며 농촌 발전에도 많은 문제점을 안고 있다.

때문에 현재 진행하고 있는 농촌 개혁은 단지 경제 영역뿐만 아니라 정신 문화 영역의 개혁도 진행하여야 한다. 농촌에서 기초 교육을 보급하고 농민들의 문화 소질을 높이며 정신 구조를 개변하는 것은 농촌의 낙후한 면모를 개조하고 새 농촌을 건설할 수 있는 관건이자 중국 농촌 발전 과정에서 반드시 완수해야 할 임무이기도 하다.

농촌을 개조하고 농민들의 낙후한 의식을 개변하는 데 우리는 1970년대 한국에서 진행한 '새마을 운동'의 경험을 참조할 만하다. 농촌의 낙후한 면모를 개변하고 새 농촌을 건설하는 것을 출발점으로 한 한국의 '새마을 운동'은 농촌 사회의 경제·문화·교육 등 각 방면의 내용이 포함되어 있지만 그 주제는 '근면·자조·협동' 정신을 수립하고 발양하는 데 있다.

한국 '새마을 운동'의 성공은 농촌 사회의 발전을 추진하였을 뿐만 아니라, 그 영향이 농촌을 넘어 도시 각 부문까지 파급되어 국민들의 생활 태도에 변화를 가져왔다. 다시 말하면 '새마을 운동'의 성공은 대중들의 자신감을 높여 그들로 하여금 '하면 된다'는 의식을 심었다. 그리고 대중들의 낡은 의식 관념을 개변하고 그들의 정신 면모를 새롭게 하였다.

'새마을 운동'은 한국인의 정신 구조를 개변하는 하나의 정신 진흥 운동이고 한국 경제의 지속적인 발전의 중요한 원인의 하나이기도 하였다. 모든 나라는 모두 자기 나름의 특징이 있으므로 중국과 한국의 상황도 많이 다르지만 농촌 개조에 있어서 한국 '새마을 운동'의 경험은 우리에게 많은 시사점을 주고 있다.

(3) 근시안적인 행위를 피하고 장기적인 타산으로 중국 교육 사업을 발전시켜야 한다.

인류 사회에 있어서 교육은 영원히 끊이지 않는 활동이므로 국가의 교육 발전에도 장기적인 계획을 제정하여 교육의 안정적인 발전을 보장하여야 한다. 하지만 과거 10여 년의 중국 교육 상황을 보면 근시안적 행위도 적지 않았다.

예컨대 1977년 대학 입시 시험 제도가 회복된 후부터 1985년 9월까지 중국의 대학 수는 404개에서 1,027개로 급증하였는 바, 여기에는 유명무실한 대학도 있어 교원 결핍, 교학 질 하강과 전공 분야의 난립 등의 현상이 많이 나타났다. 대학이 일시적으로 급증하는 것도 거시적 계획이 결핍한 근시안적인 행위에 속한다. 이 외에 당시 대학 입시가 회복할 때 거국적인 학습열을 보였는 바 입시에 참가한 사람 가운데는 고등학교 졸업 학년의 학생뿐만 아니라 30세가 넘는 기혼 남녀도 있었다.

그러나 10년이 지난 현재 수많은 연구생과 대학생들이 상업 경영을 하거나 또는 출국하기 위하여 퇴학하는가 하면, 다수의 중학생과 초등학생들의 실학 현상도 끊임없었다. 여기에는 여러 이유가 있겠지만 중국의 현행 경제 일변도 정책과 교육 및 지식인에 대한 무관심 등과 연관되어 있다고 말할 수 있다. 다시 말하면 위의 현상은 중국이 문화 교육 문제와 지식인 문제에 관한 정책에도 근시안적인 경향이 존재하지 않는가 하는 의문을 품게 한다.

교육을 발전시키자면 우선 교육을 중요시해야 하는데, 지식을 존중하지 않고 지식인과 교원들의 지위가 상승되지 않은 현상은 한 국가에 있어서 그것이 일시적인 현상이라도 모두 비극적인 것이다. "연구생이 학과생보다 못하고 학과생은 단과 대학생보다 못하며 단과 대학생은 텔레비전 대학생(통신대학)보다 못하다."는 것이나 "원자탄 연구자가 삶은 계란 파는 사람보다 못하다."(研究原子彈的不如賣茶蛋的)는 말, 그리고 "교학하는 자가 신수리하는 자보다 못하다"(教學的不如掌鞋的)는 말처럼 사람들은 이러한 현상을 승인하기 싫지만 현실의 조명은 어찌할 수 없다.

이에 비하면 한국에서는 부동한 학력 사이 구별이 분명하여 대학

생과 고등학교 학생의 보수와 대우는 현저한 차이가 있으며 학력이
높을수록 대우도 더 높다. 그리고 한국에서 교원들의 월급은 그리
높지 않지만 그들의 사회적 지위는 높고, 또 과외 수업을 통하여 수
입을 추가할 수 있어 교육 사업에 열중하는 학식이 있는 교원은 매
우 많은 편이다. 하지만 중국의 현실은 많은 대학생 심지어 사범대
학 출신의 학생들도 교원을 하지 않으려는 경향이 심각한 편이다.

(4) 교육에 대한 투자를 증가시켜야 한다.

교육을 발전시키자면 투자가 필요하다. 형식적으로 교육이 아무
리 중요하다고 하더라도 실제 투자를 하지 않으면 교육의 발전은 탁
상공론에 불과하다. 여러 발달한 국가의 교육 경비 지출이 국가 예
산에서의 비율을 보면 상대적으로 높다. 예컨대 1971년 일본의 교
육 경비가 국가 예산의 39.2%에 달하고 미국은 33.5%에 달하며 원
소련은 13.1%에 달하나 중국은 6.26%(1976년)밖에 되지 않았다. 그
리고 1975년 매 인당 연평균 교육 경비는 미국이 966달러이고 캐나
다가 949달러이며, 프랑스는 584달러이고 일본이 555달러이며, 싱
가폴이 249달러인 데 비해 중국은 8달러밖에 되지 않았다.

우리는 종종 다음과 같은 말을 잘 한다. 즉 중국은 아직 경제적으
로 낙후하고 재력이 제한되어 있기 때문에 교육에 더 많이 신경 쓸
여유가 없다는 것이다. 그러나 기타 국가의 실제적인 예가 증명하다
시피 이러한 말은 사람들을 설득할 수 없다.

예컨대 일본이 19세기 중엽에 봉건 체제 후기에 처해 있었고

1860년대 명치유신 이후 얼마 되지 않는 1870년대에 초등 교육을 보급하였는데 그때 국력과 경제 발전은 현재의 중국과 비할 바가 되지 않는 상태였음은 분명한 것이다. 그리고 인도의 경우 경제 발전은 상대적으로 떨어져 있지만 1969년 국가 예산 중에 교육 경비가 20.8%(1970년 중국은 4.2%)에 달하였다. 1960년대 이전 한국은 정치적 불안정 속에 경제도 매우 힘든 상황이었지만, 1948년 교육 경비가 국가 예산의 8.7%였고, 1949년에는 11.4%였으며, 1960년에는 15.2%에 달하였고, 1970년에는 17.6%로 증가하였다.[20] 1980년대 이후부터는 20% 이상이었으며 1996년에는 24.0%에 달하였다.[21]

그러나 중국은 1950년에서 1980년 사이의 31년간 교육 경비가 국가 예산에서 5.9%밖에 되지 않았고 1950년에 5.5%, 1960년에 4.9%, 1970년에 4.2%이고 1980년에는 7.8%를 차지하였다.[22] 여기서 볼 수 있는 바와 같이 교육에 대한 투자는 완전히 경제 실력에 의거하는 것이 아니고, 더욱 중요한 것은 정책 제정자들의 교육에 대한 이해와 중시 정도와에 관련된다. 물론 여기서 말하는 것은 경제적 한계를 넘어 교육에 투자하라는 것이 아니고 경제가 가능한 정도에서 최대한으로 교육에 투자를 늘리자는 것이다. 중국은 지금까지 교육 투자를 제 위치에 두지 못하고 투자가 너무 적은 국면을 재빨리 전환시켜야 한다.

---

20 김영봉·N.F.Mcginn, 『한국교육과 경제발전』, 한국개발연구원, 1984, 57쪽.
21 한국교육개발원, 『통계로 본 한국교육의 발자취』, 1997, 229쪽.
22 『中國敎育年鑑』(1949~1981), 중국대백과전서출판사, 1981.

결론적으로 한국의 경제 성장은 경이로운 것이나 허공에서 떨어진 것이 아니다. 한국의 성과는 전체 한국 국민들의 피타는 노력에 의하여 취득한 것이다. 한국 경제 발전에서 아주 중요한 역할을 한 여러 가지 문화 요소 가운데 본문은 주요하게 한국 경제 발전의 문화 교육적 영향을 다루었다. 물론 기타 문화, 예컨대 사원들의 일체감과 연대감을 양성하는 '기업문화'의 역할이거나 전통 문화 가운데 '가족문화'의 연장선에서 형성된 기업에 대한 의무와 책임감 및 '애사여가愛社如家'의 풍격 등은 한국 경제 발전에 일정한 작용을 하였다. 총괄적으로 한국의 신속한 경제 발전은 우리들에게 심각한 계시를 주었고 그들의 경험은 중국 경제 발전에도 많은 시사점을 제시하고 있다.

(본문은 1980년대 말에 쓴 것으로 현재와는 많이 다를 수가 있다. 따라서 한국에 관한 통계자료는 새롭게 보완되었지만 중국에 관한 통계자료는 여건상 관계로 여전히 1980년대 중반의 것으로 나름대로 그때의 중국 교육 상황을 이해하는 데 도움이 될 것이다. 물론 중국도 10여년 후인 현재에 교육이 많이 발전하였다.)

대변혁 시기의 중국 조선족 사회
-도전과 기회

　　현재 조선족 사회는 심한 '진통'을 겪고 있다. 중국의 개방 개혁 정책은 조선족 사회에 커다란 변화를 초래하였다. 특히 개혁 개방의 심화와 더불어 나타난 급속한 인구 이동은 조선족 사회 발전의 적극적인 촉매제 역할을 하고 있는 동시에, 민족 사회의 동질성과 안정성 유지에 많은 장애를 낳고 있는 것도 사실이다. 때문에 민족 사회의 발전 현황을 정확히 파악하고 당면한 문제를 제때에 풀어 나아가는 것은 우리 민족 앞에 놓인 중대한 과제가 아닐 수가 없다. 필자는 이러한 문제의식에서 이 글을 써 나가고자 한다.

1. 개혁 개방과 조선족 사회의 중대한 발전

1978년 중국 공산당 제11기 3차 전체 회의에서 과거의 정치 위주, 계급투쟁 위주로부터 경제 건설와 국민 생활 제고 위주의 정책 대안을 마련하였다. 이로부터 중국 사회는 과거의 폐쇄로부터 개방의 사회로 거듭 태어남으로써 그가 실시한 정책도 전에 없는 영리성과 실제성을 보였다.

개혁 개방 정책의 힘을 입어 중국 사회의 정치·경제·문화 등은 신속한 발전기에 들어섰으며 조선족 사회도 개혁 개방과 더불어 중대한 변화·발전기를 맞이하여 몰라보게 변해 가고 있다.

1) 영농 방식이 집단 경영에서 개인 경영으로 변화

중국 조선족은 원래 벼농사에 능숙한 농업 민족이었다. 중화인민공화국 성립 이후 중국 농촌은 '호조조', '농업합작사'와 '인민공사'[1] 등 집단화 형식으로 조직되어 계획 경제 체제하에서 집단적으로 노

---

1 '호조조', '농업합작사'와 '인민공사'는 중화인민공화국 성립 이후 농촌 개혁의 세 개 단계이다. '호조조'는 초기 단계로 몇 가구로 구성하여 서로 돕는 형식으로 토지와 가축은 개인 소유이다. 호조조가 '농업합작사'로 발전하면서 토지와 가축은 집단 소유로 전환되었으며, '인민공사'는 더욱 확대된 집단 소유제 형식이었다. 호조조와 농업합작사는 한 마을 내에서 실행된 것이나 인민공사는 더욱 큰 범위의 집단 공유제였다.

동하고 수입도 균등 분배하였다. 그러나 이는 농민들의 생산 열성을 하락시킴으로써 노동 효율의 향상을 저해하였다.

개혁 개방과 더불어 중국 농촌에서는 보편적으로 '가구당 생산책임제'를 도입하여 토지 사용권과 생산 자주권을 농민들에게 부여함으로써 생산자 나름대로 생산하고 농산품을 자유롭게 처리할 수 있는 계기를 마련하였다. 이러한 정책은 농민들의 생산 적극성을 불러일으켰으며 노동 효율도 크게 높였다. 예컨대 과거 집단적으로 일을 할 때 모내기를 보통 20여 일씩 하던 것이 개인 영농 체제로 바뀐 후에는 일주일 이내에 모두 끝마쳤고 가을걷이도 마찬가지였다.

또한 가구당 생산 책임제를 실시한 후 농사는 각자의 경제 타산과 밀접히 연계되어 있기 때문에 농민들은 농사를 더욱 알뜰히 지어 알곡 산출을 높이는 데 힘을 기울였다. 현재 조선족 지역의 논농사에서 대부분 한 무(1000㎡)당 산출은 500킬로그램을 초과하였고, 헥타르당 산출은 750킬로그램 이상이 되었다. 알곡 산출이 많이 증가하고 여유 알곡이 많아짐에 따라 농민들의 수입도 많이 제고되었다. 즉 조선족 농촌의 매 인당 농업 수입은 대부분 2,000원을 초과하였고, 1996년 흑룡강성 조선족 농촌의 인당 평균 수입은 3,014원에 달하였다.[2]

---

2 필자의 현지 조사에서 얻은 숫자이다. 아래 특별히 각주를 달지 않은 것 역시 같은 경우에 속한다.

2) 농업 경영의 집약화 추세

가정 생산 책임제 정책을 실시한 후 농민들이 농업 생산의 경영자 주권을 장악함으로써 생산 적극성과 노동 효율을 크게 높이고 농업 생산 시간을 단축하였다. 농민들의 여유 시간이 많아짐에 따라 농촌 잉여 노동력이 많이 생겼고, 그 결과 농업 생산 이외의 다각 경제 경영을 할 수 있게 되었다. 많은 조선족 농민들은 전통적인 농업 생산에서 벗어나 상품 경제의 조류 속에 뛰어들기 시작하였다. 그들은 농산품, 소백화 및 민족 전통 음식 등 소매로부터 시작하였으며, 자금이 모이고 상품 경제에 익숙해지면서 음식점을 꾸리고 기업을 꾸리는 방향으로 차원을 한층 더 높였다.

현재 조선족 농촌의 노동력 가운데서 약 삼분의 일 이상이 농촌을 떠나 도시로 진출하여 각종 상업 활동에 종사하거나 또는 노무 수출로 해외에 진출하였다. 어떤 촌에서는 약 절반 이상의 노동력이 농촌을 떠나가고 집에서 농사짓고 있는 노동력이 절반이 채 되지 않는 경우도 있다. 예컨대 흑룡강성 해림시 조선족 농촌의 경우 1/3의 노동력이 집에서 농사를 짓고, 1/3은 도시에 진출하였으며 1/3은 해외 노무로 나갔다고 한다.

그 결과 조선족 지역의 농업 생산은 점차 규모화와 집약화 추세를 보이고 있다. 흑룡강성 조선족 농촌 벼농사의 약 20%가 전문적인 농업 대호에게 집중되고 그 산출과 국가 징수량은 각기 조선족 농촌 벼농사의 산출과 피징수량의 30%와 45%를 차지하고 있다. 그리고 목단강시의 6개 조선족 민족 향에는 100무 이상 논을 경영하고 있는 집이 300여 호나 된다고 한다.

보도에 따르면 흑룡강성 라북현 동명 조선족 향의 김일환은 1999년에 20헥타르의 논을 경영하고 헥타르당 9,500킬로그램의 높은 수확을 거두었고 수년간 자신의 영농 경험을 주변 촌민들에게 전수하기도 하여, 2004년 2월에 중국 국가 농업부로부터 '벼 재배 대왕'의 영예 칭호를 수여받았다.[3]

3) 민족 경제 구조의 변화

원래 조선족은 농업 민족으로 전 인구의 80% 이상이 농업 생산에 종사하였으며 그것도 단일한 벼농사에 제한되어 있었다. 개혁 개방 이후 수많은 조선족 농민들이 농업 생산에서 탈피하여 다각 경제 경영의 길을 개척하기 시작하였다. 그들은 시장 소매, 음식점 경영 및 기타 사업을 폭넓게 벌이는 동시에 국제 무역, 국제 노무 활동에도 적극적으로 참여하였다.

이 과정에서 그들은 시장 경제 법칙과 경영 방식을 습득하고 경영 영역과 규모를 넓히고 노동력 요소의 재구성을 추진하여 과거의 단일한 농업 경제 구조를 개변시켰다. 그 결과 과거 제1 산업의 비중과 수입이 절대적 우세를 차지한 국면이 점차 개변되고 제2, 제3 산

---

3 《흑룡강신문》, 2004년 3월 13일 보도.

업의 비중이 높아 감으로써 민족 경제 구조가 조절되고 또 합리적인
방향으로 변화·발전하기 시작하였다. 조선족이 제일 많이 집결된
연변 조선족 자치주의 경우를 보면 GDP에서 1차, 2차, 3차 산업이
차지한 비중은 1980년의 23.7%, 51.1%, 25.2%에서 1995년의
16.3%, 42.2%, 41.5%로 개변되었고, 2002년에는 13.6%, 46.2%,
40.2%로 변화되었다.[4]

그리고 수입 구성 요소를 보아도 농업 수입이 차지하는 비중이 점
차 저하되고 있는 실정이다. 예컨대 목단강시 조선족 민족 향의 농
촌 경제 총 수입 상황을 보면 1991년 농림 어업 수입이 89.1% 차지
하고 농업 이외 수입이 10.9%밖에 되지 않았는데, 1996년에는 농
림 어업 수입의 비중은 46.2%로 내려간 반면 농업 이외 수입이
53.8%로 상승되었다.

4) 생활 수준의 향상

개혁 개방 이후 조선족 사회의 큰 변화 중 하나는 조선족 농민들
의 생활 수준의 향상이다. 농민들이 다각 경제 경영에 뛰어들면서
집에 남은 사람들은 알뜰히 농사를 짓고 도시로 나간 사람들의 토지
몫을 더 경작함으로써 농사 수입을 높일 수 있었고, 고향을 떠난 사
람들은 상공업에 종사하거나 해외 노무로 수입을 올려 과거 벼농사

---

4 延邊朝鮮族自治州統計局 編, 『延邊統計年鑑』, 中國統計出版社, 2003.

수입에만 제한된 국면을 크게 개변하였다. 소개에 따르면 1996년 흑룡강성 영안시의 도시에 진출한 2,000여 명이 창출한 수입은 인민폐 2,000만원 이상이고, 같은 해 한국·일본 등 나라로 노무 나간 사람들이 은행으로 부친 돈만 하여도 미화 960만 달러와 일본 돈 1억엔이 되는 바, 인민폐로 환산하면 전 영안시 인구의 매 인당 350원 또는 전시 조선족 농민 인당 4,400원이나 된다.

또 한국에서 일을 하고 있는 해림시의 4,000여 명이 한 해에 창출하는 수입은 3,000만 달러가 되는데, 이것은 해림시 조선족의 매 인당 900달러에 달하며, 1996년 은행으로 부친 돈만 하여도 15,476차에 2,382만 달러가 되는 바, 이것만 하여도 전 시 조선족 인구의 인당 수입이 6,000원에 달한다.

조선족 농민들의 수입이 높아짐에 따라 생활의 질도 뚜렷한 변화를 가져 왔다. 비단 농민들의 의·식·주 등 기본 생활을 개선하였을 뿐만 아니라 현대적인 가전 제품과 전화 등도 농민들의 생활을 윤색하고 있다. 1996년 흑룡강성 흥화·민락·화평·해남 등 4개 조선족 향의 매 인당 수입은 3,300원(해외 노무 수입은 제외)이고, 텔레비전 보급률은 100%(케이블화 30%)이며, 전화 보급률은 45%에 달한다. 1996년 영안시 명성 조선족 촌의 인당 수입은 3,050원이고, 텔레비전 보급률은 100%(전부 케이블화)이며, 전화 보급률은 60%에 달한다. 강서 조선족 촌의 인당 수입은 3,200원에 달하고 100% 케이블 텔레비전이며, 전화 보급률은 97년 말에는 70%에 달하였다.

물론 개혁 개방 이후 조선족 지역 간 발전의 불형평성도 아주 뚜렷이 나타나고 있으며, 매 인당 수입이 1,000원도 채 되지 않은 편벽한 곳도 적지 않다는 것을 기억해야 한다.

5) 의식 구조의 심각한 변화

중국의 개혁 개방 정책은 조선족 농민들이 전통적 소농 경제의 속박에서 벗어날 수 있는 여건을 마련해 주었다. 조선족 농민들은 과거의 '자급자족적' 농촌 생활에 만족하지 않고 재빨리 상품 경제의 조류 속에 뛰어들어 2차, 3차 산업 개척을 서슴지 않았다.

조선족 농촌 인구의 분류는 조선족 분포 지역과 경제 다원성을 확대하였을 뿐만 아니라, 도시 문명과의 접촉을 다그치고 농민들로 하여금 전통적 관념을 개변하고 현대 의식을 수립할 수 있는 가능성을 제공하였다. 수많은 농촌 인구가 도시에 진출하여 시장을 개척하고 경쟁에 참여하는 과정에서 낡은 의식 관념을 제거하고 새로운 시장 경제 의식을 터득하게 되었다.

특히 중한 수교 이후 중한 간의 경제·문화 교류가 날로 확대됨에 따라 조선족들은 인연·언어 등의 우세로 대외 경제 영역에 많이 참여할 수 있게 되었다. 그들은 국내에서는 한국 독자, 합자 기업에 취직하거나 무역·관광 등 분야에서 한국 측 대리인을 담당하였으며, 또는 한국과 직접적인 경영 활동도 진행하였다.

다른 한편 많은 조선족들이 노무 또는 상업 활동으로 국외로 진출하기도 하였다. 조선족들은 이러한 경영 활동과 대외 접촉을 통하여

일정한 '자본 축적'을 함으로써 재생산 확대의 조건을 갖추었을 뿐
만 아니라, 자본주의 시장 체제와의 접촉에서 그들의 선진적인 경영
방식과 관리 방식을 배움으로써 시장 경쟁 의식을 크게 강화시켰다.
이 점은 중국 각 민족 가운데서 비교적 독특한 특점이다.

2. 조선족 사회의 급속한 인구 이동

개혁 개방 이후 조선족 사회 변화 가운데서 하나의 뚜렷한 현상은
급속한 인구 이동이다.

조선족은 벼 재배에 능숙한 민족으로 개혁 개방 이전에는 벼농사
의 높은 산출과 가격 우세에 힘을 입어 그 생활 수준이 주위 기타 민
족들보다 상대적으로 높았다. 조선족 농민들은 단일한 벼농사에 만
족감을 느끼고 비교적 안정한 생활을 영위하여 왔으며 다각 경영 의
식이 아주 결핍하였다.

개혁 개방 이후 주위 민족들이 상업 경제 생산에 투입하여 얻은
경제 수익으로 조선족의 생활 수준을 능가하고 있는 사실은 조선족
에게 큰 충격을 주었다. 그리고 도시 경제 체제 개혁과 도시의 문호
개방, 엄격한 호적 제도의 이완은 객관적으로 농촌 인구 이동의 조
건을 제공하였다. 많은 조선족 농민들은 과거 단일한 농업 생산에서
이탈하여 도시에 분분히 진출함으로써 인구 이동의 급속함을 과시

하고 있다. 조선족들은 향촌에서 도시로, 소도시에서 대·중 도시로, 동북 전통적인 집결 지역에서 산해관 이남 지역으로 그 이동은 끝이 없었다.

처음 조선족 여성들에 의해 전통 음식 난전, 시장 소매 등 자그마한 장사부터 시작한 것이 후에는 음식점 경영, 나아가서는 유흥업과 기타 사업 및 한국 기업 취직 등으로 조선족 농촌 인구는 급속히 줄어들고 대·중 도시로 향한 조선족 인구는 자꾸 많아지기만 하였다. 보도에 의하면 현재 동북 3성 조선족 집결 지역에서 산해관 이남으로 진출한 조선족 인구는 20만 명이 된다고 하는데 이 숫자는 중국 조선족 총인구의 1/10에 해당한다. 그리고 동북 지역 이내의 각 도시에 진출한 조선족 인구 이동 숫자도 적지 않다는 사실을 감안한다면 현재 조선족 인구 이동의 규모가 얼마나 큰 것인가 가히 짐작할 수 있을 것이다.

조선족 인구의 엄청난 이동은 조선족 지역, 특히 농촌 지역에 가 보면 더욱 실감이 난다. 예컨대 흑룡강성 영안시 조선족 향촌의 총 노동력 가운데 촌을 떠난 사람이 35%를 차지하고 명성 조선족 촌의 280여 호 가운데 온 가정이 몽땅 촌을 떠난 집이 79호나 된다. 길림성 구태시 홍광 조선족 촌의 387호 가운데 50호가 촌을 떠났고, 400여 명 노동력 가운데 촌을 떠난 사람이 절반을 차지한다. 그리고 길림성 연변 조선족 자치주의 80여 만 조선족 가운데 타 지역에 나간 인구가 7~8만 명 되고 자치주 내의 이동도 아주 빈번하였다.

조선족 인구 이동의 규모가 국내 각 민족의 앞장에 서 있는 사실은 아래의 숫자에서도 볼 수 있다. 1996년 흑룡강성의 924개 민족 촌의 총 노동력(소수 민족 노동력이 71.8%) 가운데 반년 이상 외지에 나 가 있는 노동력이 9.7%이지만, 전 성 491개 조선족 촌 총 노동력(소 수 민족 노동력이 96.1%) 가운데 반년 이상 외지에 나가 있는 노동력은 19.4%에 달한다. 이에 비해 283개 만족 촌(소수 민족 노동력 54.2%)은 4.2%이고 44개 다후얼족 촌(소수 민족 노동력 46.1%)은 2.5%밖에 되 지 않으며 13개 회족 촌(소수 민족 노동력 67.2%)은 6.1%밖에 되지 않 는다. 또한 전 성 924개 민족 촌에서 외지에 나간 노동력 30,001명 가운데 491개 조선족 촌의 노동력이 22,630명이므로 이 숫자는 전 체 수의 75.4%를 차지한다.

조선족 인구 이동에서 또 하나 현저한 특징은 한국을 비롯한 해외 진출이다. 80년대 중반 이후 중국의 개혁 개방이 날로 심화되고 국 제 정세가 날로 완화됨에 따라 조선족은 지연, 인연, 언어 등의 우세 를 활용하여 해외 진출을 하기 시작하였다. 처음에는 대부분이 친척 방문으로 한국에 간 기회를 빌어 약을 팔기 시작한 것이 후에는 점 차 일자리를 찾아 일을 하였다. 90년대에 와서는 해외 노무 수출이 확대되면서 조선족들이 해외에 많이 진출하였는데 현재 한국·러시 아·일본·리비아·사이판 등 10여 개 국가와 지역에서 노무에 종사 하고 있는 조선족이 10여 만 명이 된다고 한다.

소개에 따르면 흑룡강성에서 해외에 나가 노무 또는 경영 활동을 하는 조선족이 약 8만 명이 되고 1996년 말까지 목단강시에서 해외 노무로 간 사람들이 연인원 수 3만 명에 달하고 1996년에만 하여도

11,600여 명이 해외에서 노무에 종사하고 있다고 한다. 연변 조선족 자치주에서는 1997년 초까지 해외에 파견한 각종 노무 일꾼이 연인원 수 31,000여 명에 달하고 현재 해외에서 노무에 종사하고 있는 사람 6,500여 명 가운데 조선족이 81%를 차지한다고 한다. 그리고 구태시 홍광촌에는 한국에 갔다 온 사람이 200여 명이 되고 현재 한국에서 일하고 있는 사람이 78명이다. 요녕성 심양시 외곽의 만융 조선족 촌에는 한국에 간 적이 있는 사람이 연인원 수 100여 명에 달하고 현재 한국·미국·일본·독일 등 나라에서 일하고 있는 사람이 수백 명에 이른다고 한다.

이 외에 최근 몇 년 간 혼인 형식으로 출국한 조선족 부녀자들의 숫자도 많아지고 있다. 주중 한국 대사관 영사부가 조사한 데 의하면, 1993년 혼인 형식으로 한국에 간 조선족 부녀자가 1,463명이고, 1994년에는 1,995명이며, 1995년에는 7,693명으로 늘어났으며, 1996년에는 1만 명을 초과하였다고 한다. 여기서 볼 수 있는 바와 같이 해외로의 진출이 조선족 인구 이동의 하나의 큰 특징이 아닐 수 없다.

3. 조선족 인구 이동에 따른 부정적인 영향

조선족 인구의 급속한 이동은 조선족 사회 발전에 적극적인 공헌

을 하고 있다. 동시에 인구 이동에 따른 부정적인 영향도 무시할 수
는 없다.

1) 민족 기초 교육의 약화

빈번한 인구 이동은 조선족 농촌 인구의 대량 감소를 초래하였는
바 여기에는 학령 아동들도 포함되었다. 그리고 이동 인구 가운데
청장년, 특히 미혼자가 많이 포함되었다는 사실은 농촌 인구 생산의
주력이 감소되었다는 것과 같다. 이러한 상황은 또 원래 높지 않는
조선족 인구 증가율을 더욱 저하시키고 있다. 그 결과 조선족 농촌
지역의 조선족 학생 내원이 날로 줄어들고 농촌의 중·소학교는 규
모가 축소되어 갈 뿐만 아니라 많은 농촌 학교가 폐교의 운명을 면
치 못하였다.

예컨대 영안시 명성촌 소학교는 1972~1978년의 발전 시기에 학
생이 모두 320여 명이 되며 중학생 교육까지 맡아 하였다. 그러나
80년대에 들어서부터 학생 수가 점점 줄어들었으며, 1986년에 인근
의 2개 촌 소학교를 합병하였지만 학생 내원의 감소는 어찌할 수 없
었다. 1996~1997학년도 선교 학생 수는 170명 좌우이고 3~6학년
매 학년에는 30여 명이며 1~2학년은 각기 20명 좌우인데 그래도
괜찮은 편이다. 문제는 지금부터 심각해지는 바 1997년 새학기 입
학생은 낙제 학생 5명을 포함하여 모두 17명이고 1998년에는 입학
생이 10명 좌우이고 1999년에는 6명밖에 되지 않아 2000년에 가서

는 전교 학생이 70명 좌우밖에 되지 않을 것이라고 예측하고 있다. 구태시 홍광촌의 경우 80년대만 하여도 촌학교 학생이 240여 명이나 되는데 현재는 120명으로 감소되었고 또 날로 줄어드는 추세를 보이고 있다.

폐교 정황을 보면 1990년 흑룡강성에는 382개의 조선족 소학교와 77개 조선족 중학교가 있었는데, 1996년에는 소학교가 307개로 줄어들고 중학교는 58개로 줄어들었으며 금년에는(1997년) 소학교가 256개로, 중학교가 43개로 줄어들 것이라고 한다. 다시 말하면 1990~1997년 말까지 폐교된 소학교가 126개로 감소율이 33%이고 중학교가 34개로 감소율은 44%에 달한다는 것이다. 조선족 농촌 학교의 대량적인 감소 결과 농촌 학령 아동들이 교육 받을 기회가 상대적으로 줄었으며, 이는 농촌 소년 아동들의 교육 수준과 문화 소질 등이 낮아지는 것을 말한다.

그리고 농촌 학교 교원들의 이동도 조선족 농촌 교육 발전에 큰 영향을 주고 있다. 80년대 이후 농촌 학교 교원들의 이동도 비교적 뚜렷한 바 흑룡강성 조선족 중·소학교 교원들의 이직이 15%에 달한다고 한다. 영안시 조선족 학교 교원들 가운데 '하해' 또는 한국에 나간 사람이 57명에 이르고 명성촌 소학교에는 1995~1997년 간에 한국에 간 교원이 6명이고 '하해'한 교원이 3명이나 된다. 강서촌 소학교의 현임 교장 이전의 두 교장이 모두 한국에 나갔다.

연변 조선족 자치주 왕청현의 교육 분야의 간부들이 전근 또는 교육 분야를 떠나는 현상이 돌출한 바, 불완전한 통계에 의하면 2000

년 이후 전근·출국·상업 활동 종사 등으로 현지를 떠난 교육 분야
의 조선족들이 100여 명에 이른다고 한다.[5]

여기서 볼 수 있는 바와 같이 조선족 학교 교원의 유실이 비교적
엄중하며, 이 가운데 골간 교원들도 적지 않아 조선족 학교의 교육
질 향상에 많은 영향을 주었는 바, 이 역시 농촌 민족 교육의 엄중한
약화를 초래하는 중요한 원인 중 하나이다.

2) 농촌 총각들의 혼인 문제 날로 엄중

조선족 농촌 인구 이동 가운데 하나의 특징은 여성 인구, 특히 미
혼 여성들의 대량적인 이동이다. 현재 조선족 농촌에는 미혼 여성들
이 거의 보이지 않는다. 이러한 상황은 많은 조선족 농촌 성별 비례
의 불균형을 초래하였는 바, 보통 미혼 남녀 청년 비례가 20:1이며
어떤 곳은 예컨대 길림성 화룡시 숭선진의 경우 1996년에 남녀 청
년 비례가 40:1에 달하기도 하였다. 때문에 허다한 조선족 농촌에는
장가갈 나이에 대상자를 구하지 못한 노총각들이 많이 나타나고 있
다. 필자가 다녀온 명성촌에는 26세 이상의 총각들이 거의 70명이
되고 강서촌에는 70명이 넘었으며 홍광촌에도 50여 명이 되었다.

다시 말하면 경제 발전 상황이 비교적 괜찮은 앞의 촌(가계 수
300~400호)에도 수십 명의 노총각들이 있으니 그보다 더 낙후된 곳

---

5 《연변일보》, 2004년 3월 20일 보도.

은 더욱 문제가 아닐 수 없다. 조선족 농촌 청년들의 혼인 문제는 아직 엄중한 사회 문제를 초래하지 않았지만 문제의 엄중성은 이미 기미를 보이고 있다. 필자가 농촌에 갔을 때 장가를 못 간 총각들의 번뇌·초조감·불안감과 정서 발산욕 등을 감지할 수가 있었다. 만약 이러한 문제를 제때에 해결 또는 완화하지 못한 상태에서 일정한 시일이 지나면 우리 민족의 사회 안정에 아주 불리한 영향을 끼치게 될 뿐만 아니라 조선족 인구 성장에도 아주 불리할 것이다.

3) 농촌 기층 간부의 유실 엄중

농촌 인구의 이동 대군 가운데 원래 농촌 기층 간부를 담임한 청장년이 적지 않다. 이러한 사람들은 원래 머리가 비교적 영활하고 생각이 밝은 사람들로, 비교적 일찍이 도시 진출과 해외 진출에 참여한 부류에 속한다. 이러한 사람들이 원래 책임을 버리고 농촌을 떠남으로써 조선족 농촌 기층 간부 대오의 역량을 엄중히 약화시켰다. 소개에 의하면 어떤 조선족 촌에는 7명의 촌 간부 가운데 출국 또는 도시 진출한 사람이 4명이고 어떤 마을에는 26명의 공산당원 가운데 촌을 떠난 사람이 12명이나 된다고 한다. 때문에 좀 능력이 있다 하는 청장년들도 거의 집에 있지 않으므로 촌 간부 책임을 질 내원이 거의 없어졌다.

목단강시 조선족 농촌 간부의 경우를 보면 50세 이상 되는 촌 간부가 20% 이상 차지하고 있으며 이들 대부분이 문화 소질도 높지 않는 편이다. 어떤 마을의 촌 간부는 60세가 되었어도 직책을 맡겨 줄 사람이 없어서 계속 촌 간부를 담임하는 경우도 있으며, 더욱 심한 경우는 마을에서 적당한 간부 후보를 찾지 못하여 향진에서 기관 간부를 파견하여 촌 간부를 겸임하기도 하고, 또는 인근 한족 마을에 가서 간부를 데려다 쓰는 경우도 있다. 농촌 기층 간부의 유실과 그 후계자가 부족한 결과로 일부 조선족 마을의 운영이 문제로 되고 있다.

4) 인구 이동 가운데서 생기는 문제

조선족 인구의 대량적인 이동은 무질서한 성격도 없지 않아 이동 지역에서 일정한 사회 문제를 일으키고 있는 것도 사실이다. 인구 이동의 조류 속에 선 사람들 가운데 일을 참답게 하고 있는 사람들은 이미 안정기에 들어섰으나, 맹목적으로 도시에 진출하여 일자리를 구하지 못하든가, 한 곳에서 꾸준히 일을 하지 않고 마음만 들떠서 이곳 저곳을 헤매고 있는 자 가운데서 현지 사회 안정에 불리한 일들을 저질러 조선족 전체의 형상에 손상을 주는가 하면, 또 일부 사람들은 '금전주의', '향락주의', '한탕주의' 등의 영향하에 도덕적 퇴폐 현상, 즉 도박·기만·매음 등을 서슴지 않고 있는 등 우리 민족 사회에 부정적 영향을 적지 않게 끼치고 있다.

이 외에 노무 수출을 둘러싸고 발생한 일련의 문제, 인구 자연 증가율 하강 등도 현재 조선족 사회에 존재하는 심각한 문제들이다.

4. 조선족 발전 현황에 대한 정확한 파악

상술한 바와 같이 개혁 개방과 인구 이동은 조선족 사회에 커다란 변화와 발전을 가져왔으며 동시에 문제점도 적지 않게 노출하였다. 조선족 발전 현황을 정확히 파악하는 것은 이미 거둔 성과를 공고히 하고 노출된 문제점에 대하여 해결 대책을 세우며 우리 민족의 지속 적인 발전을 추진하는 기본적인 수요이며 출발점이라고 할 수 있다.

1) 조선족 사회 발전은 빠르나 노출된 문제도 엄중하다.

주지하다시피 개혁 개방과 인구 이동은 조선족의 경제·사회의 발 전을 추진시켰고 의식 관념의 갱신을 가져다 주었으며 생활 수준을 많이 제고시켰다. 이와 동시에 나타난 문제도 적지 않다. 다시 말하 면, 농촌 인구의 대량적인 이동은 농촌 민족 교육의 기초를 약화시 켰고 농촌 총각들의 혼인 문제를 심각한 지경으로 이끌었으며 해외 노무를 둘러싼 사기, 밀항 사건 등과 일부 사람들의 이동 지역에서 의 불법 행위 등은 조선족의 이미지를 크게 손상시켰다. 이러한 문 제들은 조선족의 정상적인 발전에 큰 영향을 주는 문제들이다.

2) 발전 과정의 불가피한 '진통'이다.

인구 이동은 현재 중국 사회의 보편적인 현상이고 또 사회 발전의 진보적인 현상이다. 중국의 개혁 개방, 도시화 과정에서 중국 소수 민족의 인구 이동도 필연적인 현상이다. 개혁 개방 이후 조선족은 다른 민족보다 앞장서 가고 있기 때문에 빠른 발전의 성과를 남보다 먼저 향유하는 동시에 문제점도 다른 민족에 비해 먼저 돌출하게 보일 따름이다. 가령 기타 민족들의 개혁 개방, 인구 이동이 일정한 수준에 도달하면 현재 조선족에게 존재하는 유사한 문제들이 그들에게도 나타나게 될 것이다. 때문에 조선족의 현존 문제는 현대화 과정에서 피치 못할 '진통'이라고 필자는 주장하고 싶다. 발전 과정에서 나타난 문제에 대하여 맹수와 같이 보는 것도, 너무 경솔하게 대하는 것도 옳지 않으며 적극적으로 대책을 탐구하여 문제 해결에 심혈을 기울이는 것이 바람직한 태도라고 하겠다.

3) 조선족 사회의 기반은 아직 튼튼하다.

현재 인구 이동과 더불어 조선족 사회에 나타난 비교적 엄중한 문제로 하여 일부 사람들 속에서 조선족 사회 '위기설', '해체설' 등이 제기되고 있지만 필자는 여기에 동감할 수 없다. 그 이유는 다음과 같다.

첫째, 발전 과정에서 문제의 노출은 피치 못하는 일이다.

둘째, 조선족 사회는 아직 튼튼히 살아 있다는 것이다. 현재 조선족 농촌 사회를 지키고 있는 세대는 40, 50대의 장년과 부녀자들이므로 기반이 아직 튼튼하고 현재 진행 중인 농업 경영의 집약성, 규모화 추세에 따라, 조선족의 농토는 조선족이 많이 농촌을 떠난다고 하여 다른 민족들에게 넘어가지 않을 것이다. 또 사실상 경제 발전 수준이 괜찮은 농촌에는 농촌의 황폐화와 민족 교육의 약화, 총각들의 혼인 문제 등이 존재하지 않거나 엄중하지 않는 것을 필자는 조사 과정에서 보았다.

셋째, 조선족 사회 발전에 따라 일정한 시간이 지나면 고향을 떠났던 사람들의 대량적인 회귀도 기대할 수 있다는 점이다.

넷째, 조선족의 많은 유지 인사들이 이미 문제의 심각성을 인식하고 해결 대책을 적극적으로 탐구하고 있다는 사실이다.

4) 조선족 지역 간 발전의 불형평성을 충분히 이해한다.

각 지역 조선족의 발전은 그가 처한 자연 조건, 교통 등 환경에 따라 많이 다르다. 조선족 인구의 대부분은 아직도 동북 3성에 집결되어 있으며, 지역 분포는 크게 평원 지대와 산간 지대로 나눌 수 있고, 농업 경영은 크게 논농사와 밭농사로 나눌 수 있다.

일반적으로 보면 수전 지대의 생활 수준이 한전 지대보다 좋았는바, 개혁 개방 이전에는 이 특징이 아주 뚜렷하였다. 개혁 개방 이후 제2, 제3 산업의 발전에 따라 이전의 수·한전 구분과 차원이 좀 달라졌다. 현재에는 농업보다 농업 이외 수입이 높은 곳의 생활 수준이 더 좋아졌고, 인구 이동이 빈번한 곳의 생활이 다른 곳보다 더 좋으며, 특히 노무 수출이 많은 곳의 생활 수준은 아주 높아졌다. 필자가 다녀온 몇 개 촌의 비교에서도 지역간의 불형평성을 볼 수 있다. 1998년 7~8월에 필자는 흑룡강성 영안시의 명성촌, 강서촌과 길림성 구태시의 홍광촌, 도문시의 석건촌, 화룡시의 고령촌 및 요녕성 심양시의 만융촌 등 농촌에 가 보았다. 이 몇 개 촌의 정황을 아래에서 간단히 소개하려 한다.

1996년의 인당 수입을 보면 명성촌은 3,050원, 강서촌은 3,200원, 홍광촌은 1,974원, 석건촌은 1,000원, 고령촌은 1,200원이고 만융촌은 2400원이다.

명성, 강서촌은 영안시에서 각기 5킬로미터와 45킬로미터 떨어진 곳에 위치한, 토지가 비옥하고 수원이 충족하며 벼농사가 잘 되는 곳으로, 농촌 기업이 없고 농사만 하지만 생활 수준은 비교적 높고, 많은 사람들이 현 상황에 만족하고 있다. 좀 다른 점은 명성촌의 사람들의 사회 진출 의식이 강서촌보다 강하고 인구 이동이 더 심한 편이라는 점이다. 한 가지 흥미로운 예로 명성촌과 강서촌에 모두 20~30%의 초가집이 남아 있는데 명성촌 사람들은 벽돌집을 지을 능력이 있으면서도 서둘지 않고 있는 이유는 언제라도 시내로 나가려는 마음에서이고, 강서촌에 필자가 갔을 때 눈에 보이는 것은 곳곳에서 집을 짓고 담벽을 쌓는 풍경이었는데 이것은 '안거낙업安居樂業'의 표현이라 하겠다.

석건촌과 고령촌은 연변 변방 지대의 마을로, 토지는 적고 수·한전을 겸하고 있는데 한전이 더 큰 비중을 점한다. 일상 생활에는 부족한 것이 없지만 약간의 부업 이외 기타 산업이 없으므로 발전성이 크게 보이지 않는다. 그리고 사람들의 의식이 비교적 보수적이고 많은 사람들은(특히 연세 있는 분) 과거 모택동 시대의 정책을 그리워하면서 현재의 일부 현상에 불만을 토로하고 진취적인 태도로 새로운 길을 개척하는 것보다 국가와 상급에 많이 의뢰하는 감을 준다.

홍광촌은 장춘시와 길림시 사이에 위치한 곳으로 교통은 아주 편리하다. 그러나 전체 길림성 농촌과 같이 제2, 제3 산업이 발달하지 못한 형편이다. 한편 도시 진출과 해외 진출은 괜찮은 편이다.

만융촌은 비교적 규모가 큰 마을이고 심양시 교구에 위치한 곳으로 생활 수준도 높고 개방 정도도 높은 곳이다. 거기에 가 보면 농촌 도시감을 주는데, 특점으로는 촌 기업이 많고 그 중 중한 합자 기업이 5개나 된다. 본 촌의 사람들은 거의 농사를 짓지 않고 다각 경영 활동에 참여하고 농사는 흑룡강, 길림 등지의 조선족들이 짓고 있다. 그리고 기타 조선족 농촌에 심각한 민족 교육의 약화, 총각들의 혼인 문제 등은 이곳에는 거의 존재하지 않는다. 현재는 도시 주변의 중국 조선족 농촌 집거지의 하나의 모델로 성장하고 있다.

5. 당면한 과제

현재 조선족 사회는 대전환 시기에 처해 있다. 발전하지 않으면 퇴보하는 이 시기에 민족성의 기초 위에 조선족 사회의 순조로운 발전을 도모하는 것은 우리 민족 앞에 놓인 중대한 과제라고 할 수 있다. 좀더 구체적으로 말하면,

첫째, 조선족 지역의 경제 토대를 튼튼히 닦아야 한다. 개혁 개방 이후 조선족 사회 발전 과정에서 생기고 있는 일련의 문제들은 거의 인구 이동에서 비롯되었다. 한족이 절대 다수를 차지한 중국에서 소수 민족들이 민족 집결 지역을 떠나 타 지역으로 떠난다는 것은 민족 동화의 길을 재촉하는 것과 같다. 그러나 본고장에서 수입을 높이고 풍요로운 생활을 누릴 수 있다면 누구도 낯설고 동포가 없는 타 민족 지역에 돈을 벌러 나가지 않을 것이다. 따라서 민족 경제를 발전시키고 조선족 지역의 경제 토대를 튼튼히 하는 것은 우리 선조들이 개척하고 민족의 생사고락을 간직한 민족의 전통적인 집결 지역에서 민족의 얼을 지키며 살아가는 유일한 방법이다.

둘째, 국민 의식과 민족의식을 정확히 수립하는 것이 중요하다. 중국 조선족에게는 지금도 고국이 있다. 그러나 조선족은 이주·정착하여 중화인민공화국의 일원으로 중국 땅에 뿌리내린 지도 이미 100여 년이 흘렀다. 이 기간 동안 중국 조선족은 참다운 삶과 피타

는 노력으로 중국 사회의 승인을 받았으며 현재는 중국에서 튼튼한
기반을 닦고 중국 국민으로서의 그 권리와 의무를 수행하고 있다.
그런데 점차 한국과의 교류가 잦아짐에 따라 일부 조선족 가운데 자
신이 한국인인 것처럼 착각하고 있는 사람들도 있다.

그러나 중국 조선족은 중국 국민이지 한국인으로는 될 수 없다.
이것은 중국 조선족이 뿌리 없는 민족이 될 수 없기 때문이다. 중국
조선족은 자기의 노력으로 중국 사회에 이미 뿌리를 깊이 박았으며,
중국 문화에 적응하면서 조선, 한국과 차이점이 선명한 민족 특징과
문화가 형성되었으므로 중국을 떠나면 곧 뿌리 없는 민족으로 될 수
밖에 없다.

그리고 비록 중국 조선족·한국인·조선인 등은 동일 민족이라 하
지만 정치 체제·사회 환경 및 경제 문화 발전이 다른 부동한 나라에
서 오랫동안 생활하였으므로 그들 사이의 민족 성격, 사고 방식, 가
치관 등도 자연히 변화되고 이질감도 깊어졌다. 중국 조선족과 한국
인의 접촉에서 이미 이 점을 증명하였다. 그러므로 중국 조선족은
민족과 국가 간의 관계를 정확히 처리함으로써 중국 국민이라는 입
장을 잊지 않는 동시에 동일 민족으로의 연대성을 강화하여 민족 발
전에 힘이 되도록 하는 것이 중요하다. 그리고 청소년들에게 민족
전통·역사·언어·문자·풍습 등에 대한 교양을 체계적으로 진행하여
민족의식, 민족정신을 전승·고수하도록 하여야 한다.

셋째, 민족 교육 구조를 합리적으로 조절하여야 한다. 이전에 우
리는 조선족이 교육을 중시하는 표현의 하나로 마을마다 학교를 꾸

리는 것을 이야기하였다. 그러나 국가의 산아 제한 정책과 개혁 개방 이후의 농촌 인구의 대량적인 이동으로 현재 농촌 학교의 운영이 문제로 되고 있다.

지금에 와서 우리는 관념을 개변하여야 한다. 다시 말하면 이전에는 우리는 학교의 학생이 얼마 되든지 교육질이 높든 낮든 간에 학교만 있으며 민족 교육을 중시하는 것으로 여겼지만, 기실 투입과 산출을 따져 보면 낭비가 많았고 또 교육의 질도 문제가 되었다. 우리는 과거의 전통적인 관념에서 벗어나 새로운 형세에 발을 맞추어 기업 경영과 같이 학교도 역량을 집중하여 규모적으로 꾸려야 교육의 질도 높이고 민족의 우수한 인재도 많이 양성할 수 있다.

이런 의미에서 우리는 학생 내원이 줄어들고 교육의 질이 낮은 향촌의 학교들을 대담하게 폐교시키고 몇 개 마을 또는 향진에 집중하여 학교를 규모 있게 꾸림으로써 교육의 질을 높여야 한다. 여러 가지 조건으로 현재는 불가능할지라도 이런 방향만은 꼭 설정해야 한다고 필자는 주장한다. 특히 농촌 학교의 교육의 질은 농촌의 부모들이 자식들의 공부를 위하여 시내에 들어오는 경우를 생각하여도 꼭 높여야 한다.

넷째, 인구 문제 의식이 있어야 한다. 인구 문제는 우리 민족의 미래 발전에 영향을 주는 중대한 문제이다. 다만 현재 조선족의 인구 문제는 인구가 너무 많아서가 아니라 점점 줄어드는 것이 문제이다. 일정한 인구 수량을 보유하는 것은 민족의 발전과 흥성의 기본 전제이다. 특히 한족 인구가 절대 다수인 다민족 국가에서 소수 민족의 인구가 줄어든다는 것은 민족 동화의 다그침을 의미한다. 지금 조선족 인구 형세는 어느 면에서 보나 심각성을 띠고 있다. 자연 인구 증가율은 결혼자와 생육자가 적어지고 사망자가 많아지는 등의 이유로 날로 내려가고 있다. 때문에 우리는 인구 의식을 강화해야 한다.

다섯째, 민족 성원들의 준법 의식과 도덕 의식을 키워야 한다. 조선족은 원래 교육이 보급되고 문명 정도가 높은 민족으로 칭찬을 받았다. 그러나 현재 일부 사람들의 비법 행위와 비도덕적 행위는 조선족의 얼굴에 먹칠을 하고 있다. 우리는 민족 사회에서 강대한 여론을 조성하여 민족 형상을 손상시키는 현상이 가능한 한 적게 생기거나 또는 발생하지 않도록 해야 한다.

여섯째, 민족 발전을 이끌 수 있는 단체 또는 모임이 필요하다. 민족감을 지니고 있는 사람들은 현재 조선족 사회 발전 과정에서 나타나고 있는 문제들에 대하여 안타까움과 문제 해결의 긴박감을 느끼고 있을 것이다. 그러나 이것만으로는 너무 부족하다. 지금 중국 실정은 단일 민족 단체 또는 모임의 형성에 많은 제한이 따르고 있는 형편이지만 가능한 한 단일 민족 단체, 예컨대 민족 지식 분자 단체, 민족 경제·문화 촉진 회의, 각 지역 조선족 향·촌장 회의 등을 조직하여 경상적으로 민족 발전 문제를 토론하고 발전 방향을 제시함으로써 민족 사회의 중심이 되어 단체의 호소력을 과시하며 민족 발전에 유리한 것을 권장하고 불리한 것을 제지하는 민족의 중추 역할을 해야 한다.

중국 조선족의 조국관·민족관 및 남북 조선관에 대한 설문조사

1992년 중한 수교 이후 양국의 접촉과 교류는 날로 증가세를 보였다. 중국 조선족은 동족성과 원활한 언어 소통으로 중국 내 어느 민족보다 한국과의 연계와 교류가 많았다. 그 와중에 국가와 민족, 조국과 동포 등의 관계 처리 문제에서 일부의 혼란도 초래하였다.

그러면 중국 조선족 사회에서 민족관·조국관 및 고국관 등이 어떻게 수립되어 가고 있는가? 이에 대한 답을 얻기란 쉽지 않지만 약간의 단서라도 파악하려는 동기에서 1997년 초 필자는 설문지를 작성하고 7~8월에는 북경과 동북 3성의 여러 도시와 농촌에서 설문조사를 진행하였다. 해당 지역으로는 북경시, 장춘시, 구태시, 하르빈시, 영안시, 도문시, 화룡시, 연길시, 심양시 등이다. 설문지는 모두 300부 좌우 발급하였고 그 가운데서 259부를 회수하였으며 유효 설문지는 214부였다. 대상자에는 대학생, 농민, 정부기관 간부, 교원, 기업가와 회사 직원 등이 포함되었다. 아래의 통계표에서 매 항목의 순차는 성별, 연령, 직업 및 문화 수준 등 기본 항목 이외 설문지의 순서가 아니고 비율이 높은 항목부터 배열하였다.

1. 응답자의 인구학적 특성

본 연구에 참여한 응답자들의 인구학적 특성은 다음과 같다.

첫째, 성별 분포에서 전체 응답자 214명 중 남성이 60.28%, 여성이 35.51%로 남성이 약 25% 높다. 둘째, 연령 분포에서 30대 이하가 48.13%로 가장 많고 40~50대가 26.64%, 30대가 13.55%, 60세 이상이 10.75%의 순서로 전체로는 40세 이하가 60% 이상으로 청년층이 주류로 표현되었다. 셋째, 직업 분포에서 대학생이 39.25%로 제일 많고 그 다음은 농민이 27.10%를 차지하였고 이외 기관 간부, 교원, 회사 직원 등 순서였다. 도농을 구분하면 농업 인구가 상대적으로 적었다. 넷째, 학력을 보면 대학 이상이 49.07%로 거의 절반을 차지하고, 중학교가 28.04%, 중등 전문학교와 고등학교가 15.89%, 초등학교가 4.21%의 순서로 고등학교 이상이 65%에 달하는 바 이를 통해 조선족의 교육 수준을 짐작할 수 있다.

① 성별

	남자	여자	무응답
인 수(명)	129	76	9
%	60.28	35.51	4.21

② 연령

	60세 이상	59~41세	40~31세	30세 이하	무응답
인 수(명)	23	57	29	103	2
%	10.75	26.64	13.55	48.13	0.73

③ 직업

	기관 간부	회사 직원	기업가	교 원	대학생	농 민	기 타	무응답
인수(명)	22	13	4	15	84	58	3	15
%	10.28	6.07	1.87	7.01	39.25	27.10	1.40	7.01

④ 문화 수준

	대학 이상	중등전업학교와 고증	초 중	소학교 및 이하	무응답
인 수(명)	105	34	60	9	10
%	49.07	15.89	28.04	4.21	2.80

2. 조국관

① 조국이란 개념에 대한 이해

조국에 대한 이해에서 조국은 '국적을 가진 나라'라고 답한 사람은 61.21%이고 '현재 살고 있는 나라'라고 응답한 사람이 25.23%로 양자를 합하면 86.44%로 중국 조선족의 대부분은 중국을 자기의 조국으로 여기고 있다고 말할 수 있다.

	국적을 가진 나라	현재 살고 있는 나라	조상의 나라	무응답
인수	131	54	24	5
%	61.21	25.23	11.21	2.34

② 현재 당신의 조국은?

중국 조선족은 이민해 온 민족이지만 중국에 뿌리를 이미 내렸으며 중국의 한 민족 공동체로 자리를 굳혔다. 응답자의 96.73%가 조국은 '중국'이라고 한 데에서도 이 점을 감안할 수 있다.

	중국	한국	조선
인수	207	4	3
%	96.73	1.87	1.40

③ '한국인' 또는 '조선인'으로 자처하는 자에 대한 견해

중국 조선족은 이주 민족으로서 아직도 조선반도와 깊은 연대성을 갖고 있다. 중한 교류가 깊어짐에 따라 일부 조선족 가운데서 자신을 '한국인'처럼 착각하는 경향도 없지 않았다. 하지만 설문 조사에서는 83.18%에 달하는 사람들이 중국 조선족을 '한국인' 또는 '조선인'과 동일시하는 것을 틀리다고 여기고 있다. 물론 옳다는 의견도 응답자의 17%에 달하였는 바 이 문제에 대한 시각차가 있는

것도 사실이다.

	틀리다	옳다
인수	178	36
%	83.18	16.82

④ 중국 조선족의 귀속은?

중국 조선족의 귀속은 역시 중국이라고 응답한 자가 72.9%로 다수를 차지함으로써 하나의 민족 공동체로 조선족은 이미 중국에서 자리를 잡고 삶을 영위하고 있다는 점을 말한다. 그리고 한국, 조선보다도 통일된 조선반도를 중국 조선족의 귀속이라고 여기는 사람들이 22.9%로 상상 밖으로 많은 바, 네 사람 가운데 한 사람은 이렇게 여긴다. 이것은 조선민족이란 자아 민족의 연대성과 관련이 깊다는 점을 볼 수 있다.

	중국	통일된 조선반도	한국	조선	무응답
인수	156	49	2	2	5
%	72.90	22.90	0.93	0.93	2.34

⑤ 부동한 국가에 사는 조선민족의 민족성을 볼 때

조상을 같이 한 민족으로 어디에서 생활하든지 민족성을 망각하지 않은 사람이 많다는 사실을 응답에서 볼 수 있다. 또 살고 있는 나라의 사회 체제, 문화와 경제 성장 수준 등 생활 환경의 차이로 인해 민족의 이질성이 많아지고 있는 사실도 부인할 수 없다.

	인수	%
차이점이 있지만 같은 점이 더 많다.	118	55.14
같은 점이 있기는 하지만 차이점이 더 많다.	55	25.79
동포 의식, 언어 문자 이 외에 같은 점이 거의 없다.	34	15.89
무응답	7	3.27

⑥ 중국과 한국이 대응하는 체육 경기에서 어느 쪽이 우승하기를 바랍니까?

이 물음에서 3분의 2 이상이 중국이 이기기를 바란다는 응답을 했다. 이 점도 중국 조선족은 이미 중국 국민으로서의 귀속 의식이 강하다는 점을 설명한다. 다른 한편 한국과의 교류가 많아지면서 민족의 동질성도 어느 정도 회복해 가고 있다는 점도 볼 수 있다.

	중국	한국	누가 이기든 관계없다	무응답
인수	151	34	24	5
%	70.56	15.89	11.21	2.34

⑦ 내용이 비슷한 중국 영화와 한국 영화 중 보고 싶은 영화는?

절반 이상이 한국 영화를 선호하는 사실은 약간의 호기심도 있겠지만 오랫동안 내왕이 없었던 동일 민족에 대한 그리움과 인동감認同感에서 더 우러나온 것이 아닌가고 생각하고 싶다.

	한국 영화	중국 영화	무응답
인수	123	77	14
%	57.48	35.98	6.54

⑧ 한국 영화를 볼 경우 당신의 이유?

응답자 3분의 2가 동일 민족의 영화, 또 언어가 통하기 때문이라
는 응답한 것은 한 민족의 성원이 어느 나라에 거주하고 또 그 나라
의 국민으로 되었음에도 불구하고 민족의식과 민족 감정은 일반적
으로 무시할 수 없다는 것을 말한다. 그리고 이전에 교류가 적었던
사실도 역력히 읽을 수가 있다.

	동일 민족의 영화이기에	언어가 통하여	많이 보지 않아서	무응답
인수	83	58	58	15
%	38.78	27.10	27.10	7.01

3. 민족관

① 중국 조선족의 제일 돌출한 특징?

민족이 형성되고 발전하는 과정에 여러 가지 중요한 요소가 작용
하고 있다. 중국 조선족이 지닌 주요한 민족 특징으로 응답자의 절
대 다수(94%)가 네 가지 요소에 집중되었으며 그 순차로는 언어·문
자가 제일이고 다음은 생활 습관이며 세 번째와 네 번째는 민족 역
사와 민족 자아의식을 꼽았다.

	언어·문자	생활 습관	민족 역사	민족 자아의식	공동한 지역	기타	무응답
인수	55	52	51	43	6	2	5
%	25.70	24.30	23.83	20.09	2.80	0.93	2.34

② 학생들에게 민족 역사와 전통 문화 교육의 필요에 대해

절대 다수가 필요하다고 응답한 사실은 민족 역사와 전통 문화가 한 민족의 존속과 발전에 얼마나 중요한 역할을 하고 있는가를 여실히 증명한다.

	필요하다	필요없다	상관없다	무응답
인수	202	5	4	3
%	94.39	2.34	1.87	1.40

③ 기타 민족과의 결혼에 대한 당신의 견해

타 민족과의 통혼에 대하여 비판적 태도를 지닌 사람들이 적지 않지만 긍정도 부정도 하지 않는 사람이 제일 많은 사실은 한족이 절대 다수를 차지한 다민족의 중국에서 어쩔 수 없다는 심정의 발로일 수도 있다. 그리고 10분의 1의 응답자가 통혼을 지지한다고 대답했다. 이렇게 많은 비율을 차지하는 사실은 생각 밖의 일이며 민족 정체성 유지의 문제를 생각하게 된다.

	긍정도 부정도 하지 않는다	반대한다	지지한다	무응답
인수	101	89	23	1
%	47.20	41.59	10.75	0.47

④ 기타 민족과의 교류에서 자신을 조선족이라는 점을 표명하는가?

대다수 조선족은 자기가 조선족이라는 사실을 떳떳이 밝히고 있

다. 그러나 필요에 의해 밝힐 때도 있고 안 밝힐 때도 있다는 상황이 거의 5분의 1이나 된다. 만약 조선족의 발전이 모든 민족이 부러워하는 경지에 도달하였다면 조선족의 매 개인은 어디서나 자신이 조선족이라는 점을 더욱 명확히 밝힐 수 있는 자긍심을 지니게 될 것이다. 그러나 현재 이런 수준에 이르지 못하였기 때문에 아직도 어떠한 위축감을 갖고 있는 것도 분명하다. 또한 극소수이나 밝히고 싶지 않다는 응답에 대해서는 가히 간과해서는 안 될 것이다.

	떳떳히 밝힌다	밝힐 때도 있고 안 밝힐 때도 있다	밝히고 싶지 않다
인수	169	42	3
%	78.91	19.63	1.40

⑤ 신문 매체에서 기타 민족이 조선족의 우수성을 언급할 때 당신의 느낌

자긍심을 느낀다는 응답이 97.66%로 어디 민족이나 할 것 없이 자기 민족의 우수성이 다른 민족에 의해 화제가 될 때 긍지심을 느끼는 것은 조선족도 마찬가지다.

	자긍심을 느낀다	아무런 느낌도 없다	무응답
인수	209	3	2
%	97.66	1.40	0.93

⑥ 국가 또는 기타 민족에 의한 차별 의식의 느낌

각 민족마다 그 민족이 가진 특징으로 타 민족과 구별된다. 때문

에 사회적 환경이 아무리 동등하다고 하여도 차별 의식을 느끼지 못할 때에는 민족의식의 유무 또는 강약 및 민족의 존재가 문제될 가능성이 깊어지고 말 것이다. 차별을 느낀다는 응답이 80% 이상 차지하는 사실에서도 이를 알 수 있다.

	느낀다	느끼지 않는다	무응답
인수	173	38	3
%	80.84	17.70	1.40

⑦ 느끼는 차별 의식 가운데 제일 주요한 점

응답 중 습관에서 차별을 느낀다는 사람이 34.11%이고 정치면에서 차별을 느낀다는 사람이 29.44%라는 데서 볼 수 있듯이 민족의 여러 특징 가운데 오래 전부터 몸에 배인 전 민족적인 습관은 단시일 내에 사라지지 않는다. 또 정치적인 차별 의식은 그 나라의 불평등한 민족 정책 이외에 정책 실행 가운데서 많이 나타나게 된다.

	습관	정치	언어	경제	기타	무응답
인수	73	63	42	20	8	8
%	34.11	29.44	19.63	9.35	3.74	3.74

⑧ 인구 이동이 조선족 발전에 끼치는 영향

현재 중국 조선족은 국내 어느 민족보다 빠른 인구 이동을 하고 있다. 인구 이동은 경제적인 이익 획득, 관념 의식의 변화를 추구하고 있지만 다민족 국가에서 소수 민족의 민족성 보존에는 많은 불리한 요소들을 낳고 있다. 인구 이동에서 이득과 폐단이 동시에 존재한다고 답한 비율이 제일 높은 것을 보면 인구 이동에 따르는 문제점에 많은 관심을 갖고 있다는 것을 말해 주고 있다.

	이익과 폐단이 다 있다	아주 유리하다	유리하다	불리하다	무응답
인수	120	43	33	17	1
%	56.07	20.09	15.42	7.94	0.48

⑨ 조선족 인구 이동의 주요 원인

일반적으로 인구 이동의 흐름은 저개발 지역에서 더 나은 곳으로의 이동으로 그 주요한 추진력은 경제 이익의 추구라고 볼 수 있다.

	경제 이익	한번 노력해 보자고	새로운 것을 배우려고	아무런 희망이 없어서
인수	169	24	11	10
%	78.97	11.21	5.14	4.67

4. 남북 조선관

① '한국' 하면 제일 먼저 떠오르는 점

동일 민족의 나라, 그리고 조상들이 살던 고장이라는 점을 망각하지 않았지만 그래도 '빠른 경제 발전'이 제일 많이 떠오르는 점을 보면 경제가 얼마나 중요한지 다시 한번 느끼게 된다.

	빠른 경제 발전	동일 민족의 나라	조상들이 살던 고장	서울 올림픽	거짓말, 날치기	무응답
인수	89	56	29	11	6	23
%	41.59	26.17	13.55	5.14	2.89	9.81

② 한국인에 대한 인상

사실 조기에 중국에 진출한 한국인들의 모습은 보이고 있으나 '저 잘난 체한다' 또는 '믿음성 없다'는 응답률은 소질이 낮은 한국 인들의 진출이 더 많았다는 점을 실감케 한다.

	저 잘난 체한다	믿음성 없다	동포애 많다	의리 지킨다	기타	무응답
인수	75	49	37	15	10	28
%	35.05	22.90	17.29	7.01	4.63	13.08

③ 한국에 가 보거나 살고 싶은 마음

절대 다수의 응답 결과는 고국이라는 점이 큰 작용을 했겠지만 그 전에 해외 진출이 드물었다는 점을 배제할 수 없을 것이다. 한국에 가 살 생각이 없다는 것은 본인이 자란 중국에 애착을 갖고 있다는 것과 한국에 대해 많이 알지 못하는 점도 작용했을 것으로 본다.

	가 보고 싶지만 살 생각 없다	가 보고 싶지 않다	평생 가 살고 싶다	기타	무응답
인수	201	7	3	2	1
%	93.93	3.27	1.40	0.93	0.47

④ 현재 한국에 많이 가는 원인

고국이고 조상들이 살던 곳이기도 하지만 현재까지 한국에 가는 것은 역시 경제 이익을 추구하는 것이 주요 목적으로 다수가 '돈을 더 벌려고' 라는 답을 한 데서 알 수 있다.

	돈을 더 벌려고	가기 편리해서	친척 방문	관광	무응답
인수	175	29	6	2	2
%	81.78	13.55	2.89	0.93	0.93

⑤ 한국에 갔다 온 경험

한국에 가 본 적이 없는 사람들이 대부분으로 한국에 대한 이해는 현지에서 듣고 일부 한국인과의 접촉에서 얻은 것이어서 깊다고 말할 수 없을 것이다.

	한 번도 없다	한 번	두 번	세 번 이상
인수	188	19	3	4
%	87.85	8.88	1.40	1.87

⑥ '북조선' 하면 제일 먼저 떠오르는 점

'경제가 곤란' 하다는 답이 한국의 '빠른 경제 성장' 보다 더 큰 비율을 차지한 것을 보면 조선의 경제 상황이 얼마나 어려운지를 가히 상상할 수가 있을 것이다.

	경제가 곤란	동일 민족의 나라	조상들이 살던 고장	기타	무응답
인수	143	47	19	1	11
%	66.82	21.96	8.88	0.47	1.87

⑦ 지금 조선 인민들의 생활이 아주 어려운데

'동포로 도와 주어야' 한다는 답도 30%에 가까우나 더 많은 사람
들은 북조선 자체의 개방을 통하여 경제를 회복하고 발전하는 것이
바람직하다고 보고 있는 것이다.

	자체가 개혁 개방해야	동포로 도와주어야	도와주어도 무용	기타
인수	151	59	2	2
%	70.56	27.57	0.93	0.93

⑧ 북조선과 한국 가운데 선호하는 나라

한국 또는 북조선 한쪽만 선호하는 수는 비슷하여 어느 일방에만
기울어지지 않은 것과 조선반도 전체를 선호한다는 답이 50% 이상
인 데서 보여 주듯이 중국 조선족은 어느 한쪽을 특별히 선호하지
않는 것을 알 수 있다.

	다 좋다	한국	조선	통일된 반도	무응답
인수	120	53	36	2	3
%	56.07	24.77	16.82	0.93	1.40

⑨ 조선과 한국이 체육 경기를 할 때 어느 쪽을 응원?

답하기 어려운 문제로 '보기만 한다'는 답이 60%에 가깝고 '조

'선' 또는 '한국'을 응원한다는 답은 비슷하여 역시 형평성이 잡혔다
고 말할 수 있다.

	보기만 한다	조 선	한 국	무응답
인수	126	41	31	16
%	58.85	19.16	14.49	7.48

⑩ 조선과 한국이 동등하게 환영할 때

위의 질문과 비슷한 차원이어서 이에 대한 답도 위와 비슷하다.

	아무데도 가지 않음	한 국	조 선	무응답
인수	72	69	61	12
%	33.64	32.24	28.50	5.61

5. 결 론

본 설문지를 통하여 아래와 같은 몇 가지 결론을 얻을 수 있다고
생각한다

첫째, 중국 조선족은 하나의 민족 공동체로서 중국에서 이미 뿌리
를 내리고 중국이 자신들의 삶의 터전이라고 생각하고 있다는 것을
잘 알고 있다.

둘째, 조선족은 비록 중국에서 살고 있지만 고국을 잊지 않고 있

으며, 고국과의 교류 과정에서 일부 혼란은 있었지만 고국은 중국 조선족의 민족의식과 민족 연대성을 강화하는 데 중요한 역할을 하고 있다.

셋째, 중국 조선족은 남북 어느 한쪽만 편향하는 것이 아니라 남북이 다 잘 되기를 바라고 빨리 통일되기를 기대한다. 남북 분열은 중국 조선족에게도 많은 아픔과 안타까움을 주고 있는 것도 알 수 있었다.

중국 조선족 문화의 발전과 민족 정체성

1. 서언

우리의 선조들이 인적이 드문 중국 동북 땅에 발을 붙이기 시작한 지도 벌써 백 수십 년이 지나갔다. 당시 그들은 '월경죄'로 극형에 당할 위협도 무릅쓰고 압록강, 두만강을 넘나들면서 화전을 일구어 호구양가糊口養家의 방편을 마련하였고, 후에는 떼를 지어 중국 땅에 이주·정착하게 되었다. 지금은 다민족 국가 중국의 일원으로 이 땅에 뿌리를 튼튼히 내리고 민족의 우수성과 강한 생명력을 과시하면서 생활하고 있다.

"십 년이면 강산도 변한다."고, 백 수십 년의 세월을 보낸 중국 조선족의 변화도 지금은 아주 엄청나다. 조선족은 중국에서의 생활 역사 과정에서 사실상 이미 조선반도의 지리적 개념에서 벗어나 중국에서 하나의 민족 공동체를 이루었으며 그 민족 성격에도 이제는 중국적인 것이 많이 있어 조선반도의 주민과 차이 있는 부분이 적지 않다. 물론 그렇다 하여 조선족이 백의민족의 후예로서 민족의 문화 전통에서 완전히 이탈한 것은 아니다. 그리고 세월의 흐름과 사회의 변천 속에서 조선족 사회도 많은 변화를 초래하였지만 그 전통적인 경제 구조, 생존 공간과 민족 문화는 개혁 개방 이전까지는 큰 변동이 없었다.

다른 한편 중국의 개혁 개방 정책은 중국의 경제·사회 발전에 강·유력한 활력소를 부여하였을 뿐만 아니라 소수 민족 사회가 원래의 폐쇄를 극복하고 개방의 방향으로 나아가는 좋은 계기를 마련하였다. 중국 조선족도 개혁 개방의 힘을 입어 전에 없던 변화와 발전을 하고 있다. 조선족의 경제 생활은 단일한 논농사로부터 다각경영의 산업으로 나아갔고, 1차 산업의 절대적 우세에서 2차 산업, 나아가 3차 산업이 신속히 발전하는 시기를 맞았으며 민족 사회 문화에도 엄청난 발전과 변화가 일어나고 있다. 조선족 사회의 탈농업화, 도시화 수준은 국내 어느 민족보다 빨랐으며 이는 또 민족 전통 문화나 민족의식, 민족 정체성 등에 아주 깊은 영향을 주었다.

현재 우리는 급변하는 시대에 처해 있다. 치열한 경쟁 속에 민족이 살아 발전하는 전략을 마련하는 사업에서 민족 문화 발전을 점검하고 우수한 민족 전통을 전승하며 새로운 민족 문화를 창출하는 것도 중요한 내용이라고 할 수 있다.

2. 중국 조선족 문화의 형성과 변화

중국 조선족은 이주 민족으로 현재는 다민족 국가 중국의 과계민
族跨界民族의 하나이다. 조선족은 중국에 이주·정착과 더불어 촌락
공동체를 비롯한 조선족 사회를 형성하였고 민족 전통 문화를 전승
하여 왔다. 그 과정을 보면 이주 당시는 조선반도의 문화 전통을 고
스란히 지녔고, 중국에 정착하면서 현지 사회에 적응하고 그 문화를
받아들였으며, 현재는 조선반도와 구별되는 중국 조선족 사회·문화
가 형성되었다.

중화인민공화국 성립 이후 상대적 안정 가운데서 조선족 사회는
비교적 많은 발전을 이루었고 민족 문화도 뿌리를 내렸다. 물론 소
수 민족으로 현지 사회와 문화에 대한 동화 현상도 없지 않으며 문
화적 갈등도 적지 않았다.

현재는 인구 이동과 도시화, 인구 증가율 격하, 민족 교육 축소 등
의 원인으로 조선족 사회의 지역 기반 – 촌락 공동체와 민족의 정체
의식이 약화되어 가고 있는 실정이다.

1) 조선족 전통 문화의 보존과 변천

'문화'는 아주 복잡하고 복합적인 개념이며 연구자에 따라 개념에

대한 이해가 다르다. Keesing은 "문화란 학습을 통하여 누적한 경험을 말하며 하나의 문화는 어떤 특정 사회 군체群體의 행위 특징의 사회 전달 양식을 가르친다."고 하고 Linton은 문화를 '하나의 특정 사회의 성원들이 공동으로 향유하고 상호 전달하는 지식, 태도, 습관성 행위 양식 등의 총화'라고 규정하였다.[1]

인간은 태어나서부터 그가 처한 문화의 영향 속에서 자란다. 단일 민족의 환경 속에서는 그가 속한 민족의 문화를 고스란히 전승할 수 있었으나, 다민족 국가에서는 자기 민족 문화 이외에 기타 민족 문화의 영향도 크게 받는다. 특히 주체 민족이 아닌 경우에는 주체 민족 문화의 영향을 깊이 받을 수밖에 없다.

(1) 다민족 국가의 주류 문화 속에서

중국은 다민족 국가이다. 현재 약 56개 민족이 모여 생활하고 있으며, 그 인구는 12억이 넘는다. 이 가운데 한족漢族이 전체 인구의 92%를 차지하고 나머지 55개 민족의 인구는 8%밖에 되지 않는다. 때문에 중국에서는 습관적으로 한족을 제외한 기타 민족을 소수 민족이라고 부른다. 한족이 절대 다수를 차지한 중국에서는 한족 문화가 주류를 이룬다. 한족 문화의 영향은 그 어디에서나 감지할 수가 있다. 이러한 환경 속에 기타 민족은 자기 생존을 위해서도 주류 문화에 적응하지 않으면 안 되었다.

---

1 (미)R.M.Keesing, 『문화·사회·개인』(중역본), 요녕인민출판사, 1988, 30쪽.

(2) 이주 민족인 조선족

조선족은 조선반도에서 이주해 온 지 백 수십 년이 된다. 이 역사 과정에서 중국 조선족은 이미 조선반도의 지리적 개념에서 벗어나 중국에서 하나의 민족 공동체를 이루었으며 그 민족 성격도 이제는 조선반도의 거주민과 차이 있는 부분이 적지 않다. 물론 그런 가운데서도 중국 조선족은 백의민족의 후예로서 민족의 문화 전통을 줄곧 전승(傳承)하여 왔다. 오히려 근면성과 인내성, 지식과 교육을 중시하는 문화 지향과 의식주 생활에서의 청결성 등은 중국 조선족의 발전을 뒷받침하였고, 다민족 국가인 중국에서 비교적 우수한 민족으로 인정받는 중요한 계기가 되었다.

(3) 민족 전통 문화의 유지와 보존

조선족은 그들의 선민들이 국경을 넘어 이주해 온 초기부터 대부분 민족 마을을 세워 생활하였으므로 언어·문자·풍속·전통적인 생활양식 등 민족의 특성에는 큰 변화가 없었다. 이러한 상황은 개혁 개방 이전까지 뚜렷한 변화가 없이 대부분이 농촌에서 이전과 같이 농업 민족으로서 민족의 특성이 농후한 생활을 영위하였다.

조선족은 중국 문화와 환경에 적응하는 동시에 자기 민족의 문화와 전통을 보전하려고 노력하였다. 대부분 조선족은 자기가 조선족임을 잊지 않았고 조선족 학교 교육에서도 민족성을 많이 부각시켰다. 조선족 학교의 수업 언어는 조선말이고 교과서는 조선글로 되어 있어 민족 교육, 민족 문화의 발전에 크게 기여하였다. 혼인에서 당

사자와 그들의 부모 형제들은 배우자를 조선족 가운데서 찾는 일을 당연하게 여겼고 타 민족과의 통혼은 대체로 비난하였다. 식생활에서 조선족들은 여전히 전통 음식을 즐겼고, 김치라든가 고추장과 된장국 등은 조선족 가정의 밥상에 없어서는 안 되는 반찬이었다.

(4) 한족 문화 적응에 따른 부담

정치면에서 한 개 국가의 테두리 안에서 주류 문화를 이룬 민족이 자연히 그 나라를 주도하기 마련이다. 일반적으로 중국에서 기타 민족이 한족 문화에 잘 적응하면 정치적 혜택을 더 받았고 또 무난히 보냈다.

언어·문자상에서 중국의 통용 언어와 문자는 한어와 한문이다. 중국 어느 지역에 가도 한어와 한문은 통한다. 기타 민족 지역에서도 마찬가지이다. 한족 문화 적응의 입문이자 중요한 내용이 바로 한어와 한문의 습득이다.

기타 민족이 한문화 적응에서 부담도 크다. 민족의 언어와 문자를 갖고 있는 민족의 성원은 어려서 먼저 민족의 언어·문자부터 배우게 된다. 그러나 학교에 입학하고 학년 수가 높아지면서 한어와 한문을 배워야 하며 중학교에 가서는 외국어까지 배워야 한다. 다시 말하면 소수 민족 학생의 학업 부담이 한족 학생보다 과중하다. 조선족 학교의 경우 학생들이 소학교에서 고등학교까지 어문과를 배우는 시간이 한족 학생보다 1,000여 수업 시간이 더 드는 데 이는 한 개 학년의 수업 시간과 맞먹는다.

조선족 전통 문화도 한漢문화의 영향 속에서 심하게 변모되고 있다. 민족 복장을 입은 정경은 농촌의 노인들에게서나 명절이 되어서야 볼 수 있을 정도로 적어졌다. 민족 언어에는 한어 단어가 많이 섞이고 말에도 가끔 한어 단어가 튀어나오고 있다. 심지어 사고에서도 한어식 사고가 나타나고 있다.

2) 중국의 개혁 개방과 조선족 사회·문화의 발전

(1) 중국의 개혁 개방 정책

1978년 중국 공산당 제11기 3차 전체 회의 이후 중국은 개혁 개방의 서막을 열었다. 개혁 개방은 우선 사상 해방이었다. 농촌 체제 개혁부터 시작한 중국의 개혁은 이후 도시 체제 개혁, 정치 체제 개혁 등 일련의 개혁을 추진하였다. 지금 보는 바와 같이 개혁 개방 정책은 중국 사회 전체에 크다란 변화를 가져왔으며 민족 경제 발전과 민족 문화 변동에도 아주 심각한 영향을 주었다.

(2) 중국 조선족 사회와 문화의 중대한 발전

1978년 중공 제11기 3차 중앙위원회 전체 회의에서 과거의 계급 투쟁 위주의 정책을 부정하고 경제 건설 위주의 정책 대안을 내 놓았다. 이후 중국 사회는 과거의 폐쇄로부터 이탈하고 개방의 사회로 나아가기 시작하였다. 이때로부터 중국 사회는 신속한 발전기에 들어섰으며 조선족 사회도 예외가 아니었다.

현재 중국 조선족 사회는 몰라보게 변해 가고 있다. 농촌에서는 원래의 '인민공사' 체제하에 농민들이 일정한 생산 집단을 이루고 집단적으로 토지 경영을 하며 집단 노동을 실행하면서 수입도 균등 분배하는 영농 체제를 개변하고, 농민 개개인에게 토지 경영권을 직접 부여하는 정책을 실시하여 농촌 사회 발전에 큰 기여를 하였다. 그리고 다각 경제 경영은 민족 경제 구조를 변화시키고 농민들의 생활 수준을 높였다.

원래 중국 조선족은 농업 민족으로 농경문화, 특히 벼 재배 문화에 깊이 뿌리 내려 있어 성격이 온화하고 안정적이며, 조용하고 전원적인 문화 색채를 많이 띠고 있었다.

그러나 개혁 개방을 통하여 조선족 농민들은 안일한 생활 관념을 타파하고 경쟁 의식을 강화하였으며 그들의 문화는 농경문화의 틀을 깨고 현대적인 도시 문화, 시장 문화에 접목되기 시작하였다. 그리고 대량적인 시장 진출에서 조선족들의 전통 의식과 민족 문화도 크게 변화·발전하였다.

3. 조선족의 민족 정체성

중국 조선족의 민족 정체성에는 두 가지 뜻이 포함되어 있다. 하나는 조선민족의 한 갈래로 탈조선반도적인 중국 조선족이라는 의식이다. 또 하나는 중국 다민족 국가에서 자아 민족의식, 즉 "나는 조선족이다."라는 의식이다. 다시 말하면 중국 조선족은 원래의 조선민족 전통 문화를 유지하면서 또 중국 문화에 적응하는 과정에서 조선반도 문화와 구별이 있는 독특한 문화를 만들어 가고 있다는 것이다.

1) 중국의 민족 정책과 조선족의 민족 정체성

새 중국 건립 이후 중국 정부는 민족 평등 정책을 실행하였다. 민족 지역 자치 제도를 비롯한 민족 평등 정책은 민족 정체성 유지와 발전에 중대한 의의를 갖고 있다.

1949년 9월 중국정치협상회의에서 통과한, 당시 헌법 역할을 했던 '중국인민정치협상회의 공동강령'의 제50조에서 "중화인민공화국 경내의 각 민족은 똑같이 평등하고 단결과 협조를 실행하고, 제국주의와 각 민족 내부의 인민의 공동한 적을 반대하며 중화인민공화국을 각 민족의 우애와 합작의 대가정으로 건설한다."고 규정하고 제53조에서는 "각 소수 민족은 모두 자기의 언어·문자를 발전시키고 풍속과 습관을 보존 또는 개혁하며 종교·신앙의 자유가 있다."고 규정하였다.[2]

민족 평등 정책 가운데 민족 지역 자치 제도는 민족 전통 문화 보

---

2 『民族政策文件匯編』 제1편, 人民出版社, 1958, 1쪽.

존과 발전에 중대한 의의를 갖고 있는 중요한 정책의 하나이다. 민족 지역 자치 정책은 중국 민족 문제 해결의 기본 정책으로 한족 이외 기타 민족이 집결한 지역에 해당 민족 자치 지역을 설치하는 정책이다. 중국 정부는 이 정책을 실시하기 위하여 일찍이 '공동강령'에서 "각 소수 민족의 집거 지역에는 응당 민족의 지역 자치를 실행하여야 한다."고 규정하고 1952년에는 '중화인민공화국민족구역자치실시강요'를 반포하였다. 1984년에는 '중화인민공화국민족구역자치법'을 제정, 공포하고 국가에서 하나의 기본법으로 취급하였다.

민족 지역 자치 정책에 근거하여 중국 조선족 집결 지역에도 민족 자치 정부를 건립하였다. 1952년 연변 조선족 자치주를 건립하고 1958년에는 장백 조선족 자치현을 건립하였다. 민족 자치 지역에서는 자치 정부 기관을 세우고 자치 권리를 행사하였다. 그리고 조선족이 비교적 많이 집결한 곳에 민족향을 건립하였다. 민족향 정부는 민족 자치 정부에 속하지는 않지만 민족이 상대적으로 많이 모여 있기 때문에 역시 일반 향과는 다른 특수 정책을 실시하였다.

민족 자치 지역의 특징은 자치 민족의 민족화이다. 민족 자치 정책에서는 민족 자치 정부의 인원은 자치 민족 인원을 위주로 구성하고 정부 기관의 직권 행사에는 주요하게 지역 내에서 통용하는 민족어를 사용하며 자기 민족의 언어·문자를 사용하여 민족의 문화 교육 사업을 발전시켜야 한다고 규정하였다.[3] 이 외에 민족 자치 지역

---

3 「中華人民共和國民族區域自治實施綱要」, 『民族政策文件匯編』제1편, 人民出版社, 1958년, 68~69쪽.

의 자치 기관에서는 자주적으로 민족 교육을 발전시킬 수 있고 자주
적으로 민족 형식과 민족 특징이 있는 문학·예술·신문·출판·방송·
영화·텔레비전 등 민족 문화 사업을 발전시킬 수 있다고 자치법에
서 명확히 규정하였다.[4] 이러한 민족 지역 자치 정책은 민족 문화의
전승과 발전에 큰 기여를 하였고, 민족 정체성 유지에도 큰 역할을
하였다.

현재 우리 민족의 언어와 문자로 업무를 집행할 수 있는 연변 조
선족 자치주와 장백 조선족 자치현에서는 우리 민족의 언어로 수업
하고 민족의 언어를 배우는 조선족 유치원으로부터 대학교까지 보
유하고 있다. 그리고 우리말 잡지·신문·출판·방송 등이 있다. 이러
한 여건들은 우리가 민족 문화와 민족 특징을 보존하고 발전시키는
데 아주 중요한 역할을 하고 있다. 조선족의 민족 정체성은 민족 전
통 문화의 보존과 발전 속에서 고스란히 이어가고 있다. 우리는 전
통 문화를 통하여 깊은 민족의식을 키웠고 동질성을 더욱 자각하게
하였으며 연대감을 강화시켰다.

2) 조선족의 민족 정체성 정립과 유지

신 중국 건립 이후 중국 조선족의 민족 정체성은 과거 '범민족적
성격'에서 탈피하여 조선민족적이면서 중국적으로 점차 정립되었

---

4 「中華人民共和國民族區域自治法」, 國家民族事務委員會 中共中央文獻研究室 編, 『新時期
民族工作文獻選編』, 中央文獻出版社, 1990, 244~245쪽 참조.

다. 민족 정체성 특징의 하나는 다민족 국가 중국의 일원이라는 의식의 정착이다. 다시 말하면 현재 중국 국민인 조선족은 '한국인'도 아니고 '조선인'도 아닌 중국의 조선족이다. 또 조선족은 중국의 기타 민족과 접촉하고 비교하면서 '나는 조선족이다'라는 의식도 깊게 뿌리를 내렸다.

중국 조선족의 민족 정체성의 정립에는 여러 가지 요소가 작용하고 있다. 먼저 중국의 각 민족 가운데서 역사가 제일 짧지만 새 중국 이후 기타 민족과 동등한 사회적 지위를 누리고 있음을 긍정적으로 인식하고 있다. 둘째, 조선족은 자신의 근면과 교육열로 이룩한 경제 생활의 상대적 윤택을 자랑스럽게 생각하고 있다. 셋째, 조선족들은 중국에서 정치나 사회에 진출하여 얻은 성과에 만족을 느끼고 있다. 넷째 조선족은 민족의 동질성을 자각하고 민족 문화의 우수성에서 민족적 자긍심을 갖고 있다.[5]

민족 정체성 유지에 전통 문화의 역할은 아주 중요하다. 모든 민족은 자기가 보유한 여러 특징으로 타 민족과 구별된다. 중국 조선족의 특징은 주요하게 언어·문자와 역사에 기초한 전통 문화에서 주로 표현되어 있다고 할 수 있다. 지금까지 조선족은 한문화의 겹겹 포위 속에서 비교적 완전하게 민족 전통 문화를 보존해 왔다. 조선족 전통 문화를 보존하고 발전할 수 있는 주요한 원인은 조선족의 집거 분포 특징과 민족 교육의 발전 및 중국의 민족 평등 정책에서

---

5 황유복, 『중국 조선족사회와 문화의 연구』, 민족출판사, 1996, 105~106쪽 참조.

찾아볼 수 있다.

중국 조선족은 상대적으로 집단 촌락에 집거하고 있다. 논농사 위주인 조선족은 이주할 때부터 모여 살면서 일정한 규모의 민족 촌락 공동체를 형성시켰다. 촌락 공동체 내의 민족의 단일성과 자급자족적인 농경생활 등은 주위 타 민족과의 연계를 적게 하였다. 민족 촌락 공동체는 민족 전통 문화의 순수성을 유지하고 외래 문화의 침식을 방지하는 중요한 토대였다.

민족 촌락 공동체는 민족 교육의 장소이기도 하였다. 조선족은 문화를 숭상하고 교육을 중요시하는 우수한 전통을 갖고 있다. 그 어려운 이주와 정착 시기에도 우리의 선조들은 이 전통은 잊지 않고 마을이 생기는 대로 자기들의 말과 글을 배우고 민족 문화를 터득하는 민족 교육을 게을리 하지 않았다. 새 중국 건립 이후 상대적인 안정 속에서 조선족 교육은 신속한 발전기를 맞이하였다. 민족 교육이 민족 전통 문화의 보존과 발전에 끼친 기여는 아무리 높게 평가하여도 과분하지 않다.

조선족의 민족 정체성은 고국 의식에서도 나타나고 있다. 조선족은 중국의 국민이지만 선인들이 조선반도에서 왔고, 지금도 고국이 존재하고 있다는 점을 잊지 않고 있다. 그리하여 중국 정치가 불안정하고 조선반도와의 관계가 좋지 않을 때나 교류가 밀접할 때나 조선족의 고국 의식은 자극을 깊게 받기 마련이다. 고국 의식은 조선족이라는 자각과 민족 공동체 의식을 더 깊게 하였으며 특히 현재 한국과의 밀접한 경제·문화의 내왕은 민족의 긍지감을 더 느끼게 하였다.

그리고 조선족의 도시 진출은 민족의식을 강화시켰다. 과거 농촌 마을에서 농사만 짓고 있을 때 외계와의 연계가 적었으며 타 민족과의 접촉도 많지 않았다. 이러한 시기 민족의식이 표면에 강하게 나타나지 않고 매 개인의 마음속에 잠재하였다. 그러나 민족 집결 지역을 떠나 타 민족과 잡거하면서 자 민족과 타 민족과의 차이를 느끼게 되고, 길에서 조선말을 듣기만 하여도 친밀감을 느끼는 정도로 자기 민족이 그리워졌으며, 민족의식이 점차 강화되기 시작하였다. 일본의 한 학자는 다음과 같이 말하였다.

"이동자들은 타향으로의 여행과 정착을 통하여 문화의 다양성을 몸으로 터득할 뿐만 아니라 도시 생활에서의 고독과 허탈감을 덜기 위하여 같은 언어와 습관과 신앙을 공유하면서 서로의 연계를 유지하려는 경향이 많다. 다시 말하면 자기가 소속되어 있는 '민족'과의 유대를 끊으려고 하지 않는다."[6]

3) 전통 문화 소실과 민족 정체성의 약화

(1) 민족 전통 문화의 소실

조선족 사회의 탈농업화, 도시화 수준은 국내 어느 민족보다 빨랐으나 이에 따른 문제점도 적지 않게 노출되었다. 조선족 농촌 인구

---

6 야마우찌, 『신나쇼나리즘의 세기』, 일본PNP연구소, 1992, 36쪽.

의 대량적인 도시 진출은 조선족 집결 지역의 인구를 감소시키고 민
족 인구의 분산을 초래하였다. 이것은 또 조선족 농촌이 과거에 담
당하여 온 민족 문화의 보존 기능과 교육의 주요한 현장이 줄어들고
동질성의 약화를 초래하게 된다는 것을 말해 준다. 따라서 민족 문
화의 존재 기반이 약화되면서 민족 문화가 점차 소실되는 경향을 보
이고 있다. 이러한 문제들은 단지 조선족에게만 존재하는 문제가 아
니지만 문제의 심각성을 느껴야 한다.

(2) 민족 정체성의 약화

민족 전통 문화와 민족의 언어·문자의 소실이 심각해지고, 도시
거주 조선족 가운데서의 한족화가 날로 심해 가는 현상은 민족 정체
성의 약화를 초래하고 있다. 특히 조선족 학교 교육도 한문화의 우
세 와중에 심각한 고통을 겪고 있다.

조선족 학교 교육은 전통적으로 민족의 언어·문자와 문화 전통을
전승하는 중요한 터전이다. 하지만 민족 언어·문자의 사용 범위는
민족 사회를 벗어나지 못하였으며 조선족 학교에서 배운 한어문 수
준으로는 중국 사회 진출에 너무 어려움을 받았다. 그리고 민족 학
교 출신의 학생이 사회 진출에서 한문화 적응, 인맥, 승급 등 방면에
서 한족 학교 출신의 학생보다 많이 뒤떨어진 것도 사실이다. 개혁
개방 이후 이러한 차별은 더욱 뚜렷하게 노출되었다.

이러한 상황 때문에 현재 많은 조선족 가정에서 자녀들을 한족 학
교에 보내고 있다. 90년대 초기 흑룡강성 조선족 중·소학생 81,072

명(소학생 50,834명, 중학생 22,061명, 고등학생 8,177명) 가운데 한족학교에 다니는 학생이 29,925명(소학생 18,475명, 중학생 8,436명, 고등학생 3,014명)으로 전체 수의 36.91%에 달하였다.[7] 연변 조선족 자치주의 상황을 보면 역시 이러한 추세였다. 1998년 조선족 소학교에 입학한 학생은 2,493명이고, 한족 소학교에 입학한 조선족 학생은 1,651명에 달한다. 2003년에는 조선족 소학교에 입학한 학생이 1,271명인데 이에 비해 한족 소학교에 입학한 조선족 학생은 1,900명이나 된다.[8] 조선족 학생이 한족 학교에 많이 다니는 경향은 조선족 학교 학생 내원이 점점 줄어드는 하나의 중요한 원인이 되었다.

조선족에게 있어서 민족 언어·문자는 민족의 중요한 특징이다. 민족 교육은 민족성을 살리고 민족 언어와 문자의 사용, 보존과 발전에 제일 중요한 역할을 하였다. 이러한 민족 교육이 조선족 인구의 낮은 증가율과 대량 이동에 의하여 점차 약화되고 있다. 민족 교육의 약화는 민족 정체성의 약화를 부추기고 있다.

조선족 도시 인구의 증가에 따른 한족화도 날로 심해져 가고 있다. 먼저 일상 용어의 한어화 현상은 흑룡강성의 경우 80년대 말 도시 조선족(이 성 조선족 인구의 19% 이상 차지) 가운데서 한어를 일상 용어로 사용하는 자가 적지 않는 비율을 차지하고 하르빈 시내의 20세 이하의 조선족 인구 가운데 약 70%가 조선 언어와 문자를 장악하지

---

7 리병철, 『21세기 전반기 흑룡강성 조선족교육 발전전망』, 조룡호·박문일 주필, 『21세기로 매진하는 중국 조선족 발전방략연구』, 요녕민족출판사, 1997, 제644쪽.

8 《연변일보》, 2003년 9월 1일.

못하였다.[9] 다음으로 도시 조선족의 혼인 상황을 볼 때 북경의 경우 1세의 타 민족과의 통혼 현상은 3%를 초과하지 않고 2세의 통혼은 10%를 초과하지 않지만 북경에서 자란 3세는 80% 이상 차지하였다.[10] 내몽골 훅호트 시에 거주하는 113명의 50~60년대 홀로 이곳으로 온 조선족에 대한 조사에서 그들은 61개 가정을 이루었고, 이 가운데 9명이 기타 민족과 통혼하여 전체의 7.96%를 차지하였다. 또 위에서 조사한 가정에서 38개 가정의 결혼한 자녀 118명이 77개 가정을 이뤘으며 이 가운데 36개 가정이 기타 민족과 통혼하여 전체 수의 46.8%를 차지하였다. 기타 민족과의 통혼률은 2세가 1세를 훨씬 초과하였다. 이곳 포두시의 상황도 마찬가지었다.[11] 도시에서 자란 조선족 가정의 자녀들은 민족 언어·문자를 장악하지 못했을 뿐만 아니라 일상생활도 한족 속에서 해야 했기 때문에 풍속·습관까지 한족화되어 가고 있다.

(3) '과계민족'의 딜레마

조선족은 조선민족의 한 갈래로 이미 다민족 국가 중국의 일원이 되었다. 그러나 조선반도에는 조선민주주의 인민공화국과 대한민국이 있다. 때문에 중국 조선족은 고국이 있는 과계민족에 속한다.

조선족은 기타 민족과 같이 중국에서 사회 각 방면의 평등권을 누

---

9 박태수, 「흑룡강성조선어 사용 현황 및 몇 가지 사고」, 『흑룡강민족론총』, 1990년 제1기.
10 오상순, 「가치 의식의 심각한 변화, 변화되고 있는 여성들의 삶」, 중앙민족대학한국문화연구소: 『한국문화연구』(1994년), 흑룡강조선민족출판사, 1995, 375쪽.
11 내몽골조선족연구회 편, 『내몽골조선민족』, 내몽골대학출판사, 1995, 107~108쪽.

리고 있다. 하지만 과계민족, 특히 고국이 있는 민족으로 중국의 자생민족들보다 갈등이 심하다. 과거에 중국이 한국과 불접촉 관계에 처하여 있고 한때 조선을 '수정주의'라고 비난하였을 때 중국 조선족은 자생민족보다 신임을 받지 못하였다.[12] 뿐만 아니라 여러 차례 정치 운동에서 더욱 심한 피해를 받았다. 문화대혁명 시기 수많은 조선족이 '조선특무'요, '외국간첩'이란 누명하에 큰 재난을 당하였다. 이 모두가 과계민족에게 고국이 있다는 선입견에서 비롯되었다. 현재 중국 조선족이 한국과의 사이와 교류가 날로 밀접해짐에 따라 조선족에 대한 신임이 이전보다 못하고 경계심을 모으고 있는 사실 역시 과계민족으로서의 고민의 하나이다.

이러한 사회 환경은 조선족의 문화 전통에 많은 영향을 주었다. 먼저 조선족은 이주 민족으로 중국의 자생민족보다 역사가 매우 짧으므로 소속국 문화에 대한 적응이 아주 빠른 한편 민족 문화의 상실도 빠르다. 둘째 조선족은 어느 시기에서도 중국의 정치, 사회 운동에 더 적극적으로 참가하였다. 그 결과 그릇된 운동에서 더 심한 타격을 감수해야 했고, 민족 문화는 누구보다도 엄중한 파괴를 당했다. 셋째 주류 문화에 적응과 습득 속에서 민족 문화의 순수성이 날로 희박해지고 있다.

이와 같이 과계민족은 심한 고민에 시달리고 있지만 또 희망 속에서 산다. 과학과 교통의 신속한 발전에 따라 세계는 날로 작아지고

---

12 60년대 중국이 소련의 수정주의 노선을 비판할 때 소련과 친한 조선도 중국의 비난을 받았다.

서로의 접촉은 밀접해지며 서로의 공통성은 더욱 많아지고 있다. 때
문에 과계민족은 소속 국가의 사회 정치가 더욱 민주화되고 평등화
되기를 기대할 수 있다. 그리고 한국의 발전이 중국 조선족에게 제
시해 주듯이 모국의 경제 발전과 국제 영향 확대는 과계민족이 소속
국 내에서의 위상과 영향을 과시할 수 있는 계기로도 된다.

4. 우리의 대응

개혁 개방 이전 계획 경제 체제하에서 조선족은 농촌에 집결하여
전통적인 농업에 종사하였으므로 민족 문화와 민족 정체성을 고스
란히 유지할 수 있었다. 그러나 개혁 개방 이후 점차 심입해가는 시
장 경제 체제하에서 인구의 빈번한 이동과 도시화 과정은 조선족의
민족 특성과 전통 문화의 약화를 초래하고 있다.

한漢문화의 포위 속에서 소수 민족 집단의 민족 정체성의 해체를
방지하고 민족 문화를 발전시키며 존재할 수 있는 조건은 민족의 전
통적인 집거 지역이 무너지지 않는 것이다. 특히 도시화 과정에서
도시에 새로운 민족 집거지 형성이 더욱 중요하다. 또 이러한 양성
순환의 생활권을 형성하는 조건으로는 일정한 민족 인구가 집결되
고 민족 경제 토대가 있어야 하며 민족의 문화 교육을 실시할 수 있
는 현장이 있어야 한다.

개혁 개방 이후 조선족 사회 발전 과정에서 생긴 일련의 문제들은 거의 인구 이동에서 비롯되었다. 조선족들이 전통적인 집결 지역을 떠나 중국 각지로 진출하게 된 원인은 더 큰 경제 이익이나 삶의 질을 높이는 데 있다.

때문에 경제를 발전시켜 조선족 집결 지역의 기반을 더욱 튼튼하게 닦아야 한다. 조선족은 이주·정착 과정에서 동북 지역을 개척하고 동북 지역의 주인으로 뿌리를 박고 민족 전체가 생사고락을 같이 하였다. 만약 본고장에서 풍요한 생활을 누릴 수 있다면 누구도 고향을 등지고 돈 벌러 외지에 나가려고 하지 않을 것이다. 경제는 모든 것의 기초이다.

현재 조선족 사회 발전 과정에서 해결해야 할 문제들이 아주 많다. 이 가운데 허다한 문제의 해결은 경제력이 뒷받침되어야 한다. 때문에 조선족 지역의 경제를, 특히 공업 경제를 발전시켜 민족 경제 실력을 강화하는 일이 무엇보다 중요하다. 민족 경제를 발전시키고 조선족 지역의 경제 토대를 튼튼히 하여야 우리 선조들이 개척하고 민족의 생사고락을 간직한 민족의 전통적인 집결 지역에서 민족의 얼을 지키며 살아갈 수 있다.

다음으로 민족 교육을 강화하고 민족 문화를 발전시켜야 한다. 조선민족은 오래 전부터 자녀 교육을 중요시하였으며 가정이 아무리 가난하여도 자녀를 학교에 보내는 우수한 전통이 있다. 이 전통은 중국 조선족으로 하여금 지금까지 중국 각 민족 가운데서 교육 수준이 으뜸으로 되게 하였다. 현재 민족 교육의 약화로 계속 앞선 수준을 유지할 수 있겠는가 하는 것도 문제지만 민족 교육의 약화가 민족의 언어·문자, 민족 문화 등의 소실과 인과 관계를 갖고 있는 점이 더욱 중요하다.

현재 새로운 인구 분포로 보아 민족 교육의 확대와 강화는 도시의 민족 학교 규모와 분포를 넓히고 농촌에서는 중심을 잡고 규모적으로 학교를 꾸려 교육의 질을 높여야 한다. 그리고 민족 문화와 전통을 보존하기 위해서는 조선족 이동 인구가 많은 도시에서는 '주말 조선어학교' 등을 적극적으로 꾸려 민족 언어와 민족 문화 교육을 강화하는 대책도 필요하다. 그리고 민족 교육에 있어서 청소년들에게 민족 전통·역사·언어와 문자·풍습 등에 대한 교양을 체계적으로 진행하여 민족의식, 민족정신을 전승·고수하도록 하는 노력도 필요하다.

셋째, 새로운 민족 문화의 창출도 시급하다. 현재 세계 경제의 급속한 발전과 변화에 따라 문화 발전에도 현대적인 감각이 필요하게 되었다. 우수한 전통 문화도 시대에 적응하여 더욱 합리적인 발전을 이루어야 민족 발전의 밑거름으로 될 수 있다. 때문에 우리는 민족의 전통 문화만 우수한 것으로 여기지 말고 사회 발전에 동조하는 새로운 민족 문화의 창출에도 힘을 기울어야 한다.

세계는 이미 21세기에 들어섰다. 미래 학자들이 21세기를 아시아·태평양 시대라고 점치고 있는 이때 동양의 한 민족인 조선민족도 자기 앞에 놓인 역할을 잘 이행하여야 선진 민족으로 부상할 수 있다. 조선민족의 한 부분인 중국 조선족도 우선 중국에서의 토대를 튼튼히 다지고, 발전 과정에서 나타난 문제들을 착실히 해결하며, 전체가 민족 정체성 정립과 민족 공동체 구축에 심혈을 기울이고 꾸준히 노력한다면, 수많은 민족 가운데서 어엿하게 돋보이는 민족으로 자리매김을 할 수 있을 것이다. 또 조선반도의 국제 위상의 상승과 민족적인 도움도 중국 조선족의 미래 발전에 크게 기여하리라고 기대해 본다.

중국 조선족의 애국주의 정감

중국 조선족은 과계민족의 하나로 조선반도에서 중국 동북 지역으로 이주·정착하는 과정에서 점차 중국 각 민족 대가정의 일원으로 되었으며, 다민족 국가 중국에 대한 깊은 애국적인 정감情感을 수립하고 중국 각 민족의 해방을 위해 민족의 힘을 기울여 기여하였다.

그러나 중국 조선족이 조선반도의 '고국 정감'에서 현실적인 거주국인 중국에 대한 애착심, 그리고 애국주의 정감으로 전환하는 데는 일정한 과정을 겪었다. 현재 중국 조선족의 이러한 감정의 발전 맥락을 검토함으로써 민족 자긍심과 역사 사명감을 높이고, 그들이 개혁 개방의 물결 속에서 어려움을 극복하고 재도약의 시도하는 데 많은 도움이 될 것이라고 생각한다.

1. 중국 조선족의 애국주의 정감의 '이중적 표현'

'애국주의'란 오래 전부터 누적된 자신의 조국에 대한 제일 깊은 감정 발로의 하나이다. 사람들의 자기 국가에 대한 애국주의 감정은 오랜 역사 과정에서 쌓아 온 것으로 단시일에 형성된 것이 아니다. 과계민족인 조선족이 자신의 거주국에 대한 애정 역시 이러한 바, 그들의 애국주의 정감도 거주국에서 생활 터전을 닦는 과정에서 비롯된 것이다.

중국 조선족은 과계민족으로 처음부터 이중 신분의 소유자로 어느 한 민족 공동체의 성원인 동시에 어느 한 국가의 거주민인 것이다. 이러한 과계민족의 이중성은 각각의 시기에 그 표현의 각도도 같지 않다. 그들이 중국 대륙으로 이주·정착하는 과정의 초기 단계에서는 원적지에 대한 애정을 더 많이 품고 있기 마련이었다. 후에 와서는 이주국의 생존 환경에 적응하면서 현지 건설에 적극적으로 참여하고 자기의 운명을 거주국과 밀접히 연계하게 되면서 국민 의식을 더 많이 발로하게 되었다.

중국 조선족의 역사는 명말 청초까지 올라가지만 조선족 선조들의 중국으로의 대량적인 이주는 대체로 1860년대에 시작한 것이다. 이주 초기 조선족들은 몸은 중국에 있지만 거의 모두가 자신을 중국인으로 생각하지 않았으며 중국을 단지 임시 거주지로밖에 여기지 않았다. 그때 그들은 고향에 대한 깊은 정감을 버릴 수가 없었고 그 민족의식이나 애국주의 의식이 모두 조선반도와 밀접한 관련이 있었으며, 중국 사정에 대하여서는 '밖의 사람'의 각도로 방관하기만 하였다.

하지만 다른 한편 조선족 선조들이 어떠한 마음을 품고 있든지 간에 사실상 그들이 중국으로 이주·정착하는 과정에서 점차 중국이란 새로운 거주지에 대한 애착심이 생기기 마련이었다. 그리고 새로운 정착지를 건설하는 과정에서 잠재의식적으로 또는 몽롱하게 '중국 국민'으로서의 중국에 대한 애착심을 보이기도 하였다. 그 주요한 표현은 아래와 같다.

첫째, 조선족은 중국 동북 변방 지역을 개척하고 새로운 정착지로 확정하였다.

애초에 조선족 선조들이 중국 동북 지역으로의 이주는 부득이한 상황에서 시작되었지만 그들이 중국 동북 지역을 개발하는 과정에서 새로운 정착지에 대한 애착심이 깊어 갔다. 조선족의 이주 당시 동북 지역은 인적이 드문 '봉금' 지역으로 관헌의 눈을 피해 잠입하여 황무지를 개간하는 것은 생명을 걸고 하는 일이었다.

그러나 조선족 선조들은 위험을 무릅쓰고 월강하여 황무지를 개척하면서 동북 지역 개발과 건설을 위하여 큰 기여를 하였다. 훈춘초간총국琿春招墾總局의 조사에 의하면 1881년 조선족 집거 지역인 연변의 개간 토지가 27,815 헥타르에 달하였다고 한다.[1] 1907년 연변의 화룡욕和龍峪 관할 지역에는 한족, 만족이 264가구밖에 없었으

나 조선족은 5,990개 가구에 달하였다.[2]

조선족들은 가시덤불을 헤치고 중국 동북 지역을 개척하여 새로운 정착지로 건설하는 동시에 벼 재배 실험에 성공하여 수전 경작 기술을 보급함으로써 중국 북방 지역 벼농사 발전 역사의 빛나는 한 페이지를 적어 놓았다. 통계에 의하면 20세기 20년대 길림성의 연변 지역, 길림 지역의 수전은 100%, 통화 지역의 85%가 조선족이 경작하였고, 흑룡강성 수전의 100%, 요녕성 개원 지역의 90%, 홍경 지역과 심양 지역의 85%, 무순 지역의 80%와 단동 지역의 70% 수전은 모두 조선족들이 개발하고 경작하였다고 한다.[3]

둘째, 반제·반봉건 투쟁에 적극 참여하여 중국의 주권을 수호하고 자기의 정착지를 보호하였다.

이주 당시 조선족들은 절대 부분이 중국 국적을 취득하지 않았으므로 그들의 지위도 법적 보장을 받지 못하였다. 하지만 그들은 자신들의 새로운 정착지가 침해를 받지 않도록 생명으로 지켰으며 이 과정에서 자연히 자신들의 운명을 중국과 연결하게 되었다.

20세기 초기 러·일 전쟁 이후 날로 팽창해 가는 일본 제국주의 세력은 중국 동북 지역을 넘겨 보고 동북 지역에 대한 침략을 다그치고 있을 때 조선족 민중들은 자각적으로 반항의 기치를 들고 기타 민족과 함께 중국의 주권과 자신들의 정착지를 수호하였다. 1907년

---

1 『吉林通志』, 吉林文史出版社, 1986, 505쪽.
2 『長白叢書 - 光緒丁未延吉邊務報告』, 吉林文史出版社, 1986, 68쪽.
3 牛丸潤亮等編, 『最近間島事情』, 朝鮮及朝鮮人社, 1926, 369쪽.

8월 일본은 조선인을 '보호한다'는 미명하에 공공연히 연변 지역의 용정에 소위 '통감부 간도파출소'를 설립하고 중국의 내정을 간섭하려고 하였다.

'통감부 간도파출소'는 불법으로 연변 지역 조선족 인구를 조사하고 향약鄕約을 기초로 한 중국 행정제를 취소하였으며, '도사장제都社長制'를 강제적으로 실행하고 13개 중요한 촌과 진에 각기 '헌병파출분소'를 설립하여 67명의 헌병과 경찰을 주둔시켜 조선족 거주민들을 감시하고 탄압하려고 하였다. 일본의 도전에 대응하여 연변 조선족 민중(현지 인구의 76.6% 차지)들은 일제히 떨쳐나서 반항하였다. 그들은 '길림변무공서'에 의거하여 각 지역에서 친일 앞잡이와 특무를 처단하였고 '도사장제'를 반대하였으며 납세를 거부하는 등 형식으로 일본 제국주의와 완강하게 투쟁을 벌였다.

동시에 조선족들은 일본의 소위 '보호'를 벗어나기 위하여 중국 국적 가입 운동을 하였다. 1909년 일본은 중국 청나라와 '간도 협약'을 체결하고 연변 지역에 대한 '영사재판권'을 얻을 때 조선족들은 또 '간도 협약'을 반대하는 투쟁을 진행하였다. 국자가(지금의 '연길')의 조선족 반일 인사들은 길림변무공서에 연합 상서하여 "현 간도 지역은 중화의 땅으로 간도의 주민들은 중화의 주민이다."고 말하면서 일본 침략자가 조선족에게 강박한 '영사재판권'을 강렬히 성토하였다.[4]

---

4 "今墾島之地乃中華之地, 墾島之民乃中華之民", 《金鼎奎日記》(手抄本, 延邊大學民族硏究所藏), 16쪽.

그리고 조선족 독립지사들은 반일 단체와 의병 부대를 조직하여 조선족의 '귀화입적'을 추진하는 동시에 무장 투쟁을 전개하면서 일본 제국주의의 침략을 반대하였다. 1918년 북양 군벌 정부와 일본이 '길회吉會(길림-회령) 철로수축대관합동鐵路修築貸款合同'을 체결하자 연변과 길림 지역의 조선족 학생들은 기타 민족 학생들과 함께 매국적인 협정을 반대하는 집회와 시위 활동을 전개하였다. 1922년 조선족은 기타 민족과 함께 일본이 천보산-도문 철도의 가설을 반대하는 '호로보권護路保權' 운동을 진행하였으며 1928년에는 일본의 돈화-노투구 철도가설과 천보산-도문 철도의 수축을 반대하는 투쟁을 진행하여 일본 제국주의가 길회 철도를 가설하려는 음모를 오랫동안 저지하였다.

셋째, 민족자구民族自救 운동을 적극적으로 전개하면서 민족의 응집력을 강화하였다.

조선족의 초기 이민자 가운데 대부분은 조선반도가 일본에 합병된 후 일본의 식민 통치에 못 견디거나 일본의 통치를 반대하기 위하여 중국으로 이주하였기 때문에 그들의 반일 의식은 아주 농후하였다. 그들은 중국에 온 후 각종 학교를 세워서 민족 계몽 교육에 힘을 기울였으며, 한편으로는 각종 반일 단체를 조직하여 일본 침략자들과 피어린 투쟁을 전개하였다.

1919년 3월 동북 지역 조선족들은 연변 지역 용정의 '3.13' 반일 시위 투쟁을 중심으로 대규모의 반일 운동을 전개하였으며 동시에 반일 무장 단체를 조직하여 무장 투쟁을 진행하였다. 1920년 조선족 반일 무장 단체들이 취득한 유명한 '봉오동 전투'와 '청산리 전투'의 승리는 연변 지역을 침범하여 조선족 반일 무장 부대를 '토벌'하려는 일본 침략군에게 큰 타격을 주었다.

이후 각 지역의 조선족 반일 무장들은 선후로 '정의부', '참의부'와 '신민부' 등을 설립하고 일본 침략자들과 끊임없는 투쟁을 벌였다. 그러나 그 당시 조선족 민중들의 반일 투쟁은 자신의 처지와 시대의 제한을 받아 입각점을 단지 조선족의 자구自救와 조선의 독립에 머물러 같은 운명에 처한 중국의 각 민족 대중들과 연합하여 투쟁하지 못하였다.

물론 우리가 긍정할 것은 조선족 대중들의 반일 투쟁은 민족의 응집력을 강화하여 전체 민족의 단합된 역량으로 중국의 반제·반봉건의 혁명 투쟁에 참여하였다는 점이다. 뿐만 아니라 더 중요한 것은 객관적으로 동북 각 민족의 반일 각오를 제고하고 일본 제국주의의 동북에 대한 침략을 견제하였으며 조선족 집거 지역으로 하여금 동북 항일 전쟁의 주요한 근거지가 되게 하였다.

2. 애국주의 대상이 이중에서 단일로 전환

조선족 대중들은 이민 초기의 민족 생존 투쟁과 반일 민족 독립 운동의 세례를 통하여 특히 1920년대 말 조선족의 반제·반봉건 운

동이 중국 공산당의 직접적인 영향하에 진행되기 시작한 후 그들의
계급 의식과 민족의식은 재빨리 승화하였고, 조선족이 중화민족의
일원이라는 의식이 뚜렷하게 강화되었으며, 조선족의 애국주의 대
상도 이중성에서 점차 단일성으로 전환하기 시작하였다.

　(1) 조선족은 반제·반봉건 투쟁 중에서 자각적으로 민족의 운명
과 전도를 중화민족의 민족의 운명과 전도에 연결시켰다.
　장기적이고 강건한 반제·반봉건 투쟁의 실천 가운데서 조선족 대
중들은 중국 조선족이 국내외 반동파의 압박과 착취를 받고 있는 원
인은 단지 조선족이라는 것보다 그들이 식민지·반식민지와 반봉건
제도하에 혹독한 압박과 착취를 받는 노동자·농민 대중이기 때문이
라는 것을 알았다. 조선족 대중들은 해방을 취득하려면 반드시 외국
침략자를 몰아내야 할 뿐만 아니라 자신들을 직접적으로 압박하고
착취하는 동북 군벌 세력 및 그 사회적 기초인 봉건 제도를 뒤엎어
야 하였다.
　하지만 이러한 투쟁은 조선족 자신의 힘과 '조선민족의 독립'에만
의거해서는 성공할 수 없었다. 조선족은 오직 같은 운명에 처한 중
국 각 민족과 밀접히 단합하고 공동으로 투쟁하여야만 민족의 완전
한 해방을 성취할 수 있었다. 조선족들은 이러한 공동 투쟁의 의식
하에 자각적으로 민족의 내부 관계를 조절하고 중국 각 민족의 전체
적 이익 보호에 노력하며 중국 공산당이 영도하는 반제·반봉건 운
동에 적극적으로 참여함으로써 조선족의 중국에 대한 애착심은 점

차 강화되었다.

(2) 중국 혁명과 조선 혁명의 관계를 정확히 처리하고 자각적으로 '이중 사명'을 짊어졌다.

조선족은 조선반도에서 이주한 민족으로 처음에는 조선민족 애국 지사들의 조직하에 중국 경내에서 반제·반봉건 투쟁을 진행하였다. 하지만 그 목적이 민족의 해방과 조선의 독립에 제한되어 있어 그들 은 왕왕 고군분투하고 기타 민족의 지지와 도움을 받지 못하므로 항 상 피동의 국면에 처하게 되었다.

1920년대 말부터 조선족의 반제·반봉건 투쟁은 중국 공산당의 영향하에 점차 정확한 궤도에 들어섰다. 동북을 근거지로 삼고 민족 독립 운동을 진행한 조선의 민족 애국지사와 대중들은 투쟁 과정에 서 다음과 같은 것을 인식하였다.

즉 일본 제국주의 침략과 국내 반동파의 압박과 착취하에 중국 각 민족은 공동한 운명과 공동한 투쟁 목표가 있고, 조선 혁명은 중국 혁명과 밀접한 관계가 있으며, 조선민족의 해방과 조선 독립은 중국 혁명의 승리 없이는 불가능하다는 것이다.

때문에 조선족 대중들은 더욱 철저하게 "중국 혁명을 위하여 투 쟁한다."는 기치를 들고 중국의 반제·반봉건 투쟁에 적극적으로 참 여하고 이것을 민족 해방과 조선 혁명 승리를 취득하는 정확한 길이 라고 보았다. 동북 지역에서 조선족 대중들의 '혁명 열정, 특히 반일 감정은 특별히 농후하며', '일본 제국주의자를 반대하는 주요한 혁명 요소일 뿐만 아니라, 현 단계 토지 혁명의 주요한 동력'이기도 하였다.[5] 조선족의 혁명 투쟁은 다시는 협소한 민족주의에 좌우되지 않고 중화 애국주의를 전제로 중국 공산당이 영도하는 신민주주의 혁명의 각 단계 투쟁에 적극적으로 참여하였다.

(3) 조선족은 중국 혁명을 위하여 큰 기여를 하였다.

중국 공산당의 영도하에 조선족은 중국의 반제·반봉건 투쟁에 적극 참여하였을 뿐만 아니라 각 혁명 시기에 큰 기여를 하였다.

토지 혁명 시기 조선족 중에서 혁명의 적극 분자들은 중국 공산당에 많이 가입하였고 반봉건적인 감조감식減租減息 투쟁에도 적극적으로 참여하였다. 1920년대 말까지 동북 지역의 중국 공산당 조직은 아직 건전하지 못하였는데 1928년 중국 공산당 만주성 위원회가 정식으로 설립되고 특히 공산국제의 '일국 일당 원칙하에 조선족 중의 초기 공산주의자들은 중국 공산당에 많이 가입하여 동북 지역에서 공산당의 역량을 신속히 강화하였다.

1930년 전후 동북 지역의 중국 공산당 당원은 원래의 300여 명에서 2,000여 명으로 증가하였고 그 가운데 조선족이 90% 이상을 차지하였다.[6] 당시 동북의 남만 지역 농촌에 중국 공산당 당원 200명 가운데 조선족이 193명이고, 동만 지역 농촌에 당원은 636명인데

---

5 「滿洲省委關于省委少數民族運動委員會對滿·韓國工農群家運動的決議案草案」(1930.5. 24), 楊昭全, 『東北地區朝鮮人民革命斗爭資料匯編』, 遼寧民族出版社, 1992, 703쪽.

6 徐學新, 「試論滿洲省委實行的民族政策和國際主義原則」, 韓俊光等 主編, 『中國朝鮮族歷史研究論叢』2, 黑龍江朝鮮民族出版社, 1992, 90쪽.

618명이 조선족이었으며 북만의 탕원현에는 50명 당원 가운데 조선족이 45명에 달하였다.[7]

중국 공산당의 영도하에 조선족들은 적극적으로 토지 혁명에 참가하였고, 동만 지역에서는 선후로 '붉은 5월 투쟁', '5·30 폭동', '8·1 길돈吉敦 봉기' 등을 일으켰으며 동북 지역에서 첫 번째 소비에트 정권인 약수동 소비에트 정부를 수립하였다. 남만과 북만 지역에서도 조선족 대중들은 성세호대한 감조감식 투쟁을 전개하였다.

항일 전쟁 시기 조선족 대중들은 모든 험난을 무릅쓰고 일본 침략자들과 피어린 투쟁을 진행하였다. 1931년 일본 제국주의 세력이 '9·18 사변'을 발동하고 중국의 동북 지역을 무장 침략하였을 때 조선족 대중들은 동북 각 민족들과 함께 일본 침략군을 반대하는 앞장에 서서 불굴의 투쟁을 진행하였다.

조선족 지역의 항일 정서는 높았으며 각 지역에서는 반일 유격대를 조직하여 일본 침략자들과 싸웠다. 이 유격대들이 후에 발전하여 '동북항일연군'의 제일 중요한 구성 부분으로 되었다. 동북항일연군의 주요 책임자이었던 주보중周保中이 말한 바와 같이 "1932년에 건립한 굳센 동만 유격대와 1933년에 건립한 강대한 반석 유격대, 주하 유격대, 밀산 유격대, 탕원 유격대, 요하 유격대 등은 모두 혁명적인 조선족 동지들이 창건하였다. 후에 이들은 항일연군 제1, 제2, 제3, 제4, 제6, 제7군으로 성장하였으며 제5군에도 우수한 조선족

---

7 《中共满洲省委主要文件匯編》, 462쪽.

동지들이 적지 않았다."[8]

동북의 항일 유격 근거지들은 최초에 주요하게 조선족 집거 지역에 건립되었으며 근거지의 조선족 대중들은 인력·물자 등 방면에서 모든 힘으로 항일 유격대를 지원하였을 뿐만 아니라, 유격대와 어깨 걸고 함께 싸워 일본 침략군의 끊임없는 '토벌'을 힘있게 저지하였으며, 동북 항일 유격대의 튼튼한 뒷심이 되었다.

장장 14년의 동북 항일 전쟁 중에서 조선족 대중들은 피어린 투쟁을 전개하였다. 그들은 화약내 나는 전쟁터에서 또는 피비린 형장에서 모두 불굴의 정신과 애국주의 정감을 아낌없이 표현하였으며 중화민족의 해방을 쟁취하기 위하여 중대한 희생을 하였다. 예컨대 항일 전쟁 시기 연변 지역에서만 혁명 열사가 2,726명인데 이 가운데 조선족이 2,560명이었고,[9] 길림성에서 희생한 여성 열사 398명 중에 조선족이 397명에 달하였다.[10]

해방 전쟁 시기 조선족들은 군대에 가입하고 전쟁에 참가하여 신중국의 해방 사업에 적극적으로 뛰어들었다. 1945년 일본이 항복하고 조선반도가 광복을 맞자, 중국에서 반일 투쟁에 참가했거나 혹은 거주한 일부 조선인들은 조선반도로 귀환하기 시작하였다. 하지만 다수의 조선족들은 그들이 중국 각 민족과 함께 공동으로 동북 지역을 개척하고, 외래 침략자를 반대하는 투쟁 과정에서 자신들의 삶을

8　周保中,《吉林省委民族工作會議上的報告》(1946.12),《승리》, 민족출판사, 1992, 704쪽.

9　韓俊光, 『朝鮮族』, 民族出版社, 1996, 93쪽.

10　崔洪彬, 「朝鮮民族在中國革命中的貢獻」, 魯朱哲 主編, 『朝鮮民族文化硏究』, 遼寧民族出版社, 1997, 193쪽.

지켜 온 이 땅에 대한 애착을 쉽게 버리지 못하였으며, 더욱이 그 땅이 생존의 땅으로 변함에 따라 그들은 자신들의 운명을 중국과 깊게 연결시켰다.

때문에 그들은 중국 혁명의 운명이 갈림길에서 선택을 원할 때 조금도 주저하지 않고 중국 공산당이 영도하는 인민 해방 전쟁에 뛰어들었다. 3년 해방 전쟁 시기 조선족 대중들은 한 방면으로는 중국 공산당의 공고한 동북 근거지 건립에 관한 지시에 호응하여 공고한 동만·남만 근거지를 건립하였고 근거지 내에서 토지 개혁 운동을 기세 높게 전개하여 해방 전쟁을 적극적으로 지원하였다. 다른 한 방면 조선족 집거 지역에서는 군대 가입에도 열정을 보이고 아들과 남편을 군에 보내고 형제 자매들이 군에 서로 가겠다는 열렬한 장면이 도처에서 나타났다.

통계에 의하면 당시 동북 해방 구역에서 참군한 조선족 청장년이 모두 62,924명으로 조선족 전체 인구의 5%를 차지하였고,[11] 인구가 60여 만 명인 연변 지역에서 참군한 조선족 청장년이 3만 5천 명에 달하는 바 이는 현지 참군 숫자의 85%에 달하였고, 이 외에 10여 만 명의 조선족 청장년이 지방의 공안부대, 무장 민병 대오 등에 참가하였다.

참군하고 전쟁에 참여한 조선족 장병들은 기타 민족 장병들과 함께 장춘 해방 전투, 요심 전투 등 동북 지역의 전투뿐만 아니라 평진

---

11 『朝鮮族簡史』, 延邊人民出版社, 1986, 186쪽 참조.

전투와 중국 중남 지역, 서남 지역 및 해남도의 해방 전투까지 참가하여 혁혁한 전공을 이루었다. 예컨대 조선족 장병 가운데 '강철 8중대', '김성범 중대', '김동원 분대'와 '독담獨膽 영웅 김천덕', '특등공신 한국화', '특대공 취득자 박용운' 등은 전군에서도 저명한 전투 단체와 전투 영웅이었다. 조선족은 이처럼 신중국의 설립을 위하여 많은 기여를 하였다.

위에서 보다시피 1930년대 이후 조선족 대중들은 중국의 반제·반봉건 투쟁 중에서 점차적으로 자기 민족의 운명을 중국 혁명의 전도와 밀접히 연계시키고, 공동의 투쟁 중에서 한족 및 기타 민족과의 혈맹 관계를 건립하고 강화하였다. 조선족들은 중국의 역대 혁명 가운데서 모두 아주 높은 혁명 열정을 나타냈으며, 그들은 유혈과 희생을 두려워하지 않고 중화민족의 해방과 신 중국의 건립을 위하여 적극적인 공헌을 하였다. 연변 조선족 자치주 정부의 통계에 의하면 정부에 등록된 혁명 열사 14,740명(길림성 혁명 열사 전체 수의 41%) 가운데 조선족이 92% 이상을 차지하였다.[12] 전체 길림성 인구의 3%를 차지하는 연변 조선족 가운데 이렇게 많은 수의 열사가 나타났다는 것은 기타 지역, 기타 민족 가운데서 보기 드문 현상이다.

물론 과거 특정한 역사 조건하에서 과계민족인 조선족 성원 가운데 소련은 '계급의 조국', 조선은 '민족의 조국', 중국은 '현실의 조국'이라는 '다多조국 의식'도 존재하였다. 하지만 이러한 '다조국'의

---

12 延邊朝鮮族自治州民政局, 『烈士登記』 資料 참조.

관념도 많은 조선족들의 중화 애국주의 정감을 퇴색시키지 않았다. 중국 조선족의 조선반도에 대한 감정은 일종 고토故土에 대한 그리움과 친근감이지 국민으로서의 사명감과 귀속감은 아니었다. 많은 조선족들은 이미 자기의 입지를 중국으로 보고 중국을 자신을 조국으로 여긴다. 조선족들이 중국의 역대 혁명에 적극 참여하고 유혈과 희생을 두려워하지 않은 사실이 하나의 유력한 증거이다.

3. 중화 애국주의의 확립

1949년 중화인민공화국의 건립은 계급 압박과 착취 제도의 종결을 고함으로써 중국 각 민족은 새로운 역사 발전 시기를 맞이하였다. 조선족은 다민족 사회주의 국가 중국의 일원으로 기타 민족과 함께 신중국의 정치 무대에 등장하기 시작하였고, 법률이 부여한 국민 권리와 민족 평등 권리를 충분히 향유하면서 조선족의 애국주의 사상은 질적 변화를 가져왔다.

첫째, 신중국의 건립에 따라 조선족은 진정한 민족 평등 권리를 취득함으로써 조선족의 애국주의 열정을 불러일으켰다. 조선족은 조선반도에서 이주한 이래 이른바 '이중국적'하에 한 방면에서는 일본의 식민통치를 깊이 받았고 다른 한 방면에서는 청나라와 동북 군벌의 민족 압박과 봉건 착취를 받아 '유적무국有籍無國', '유국무적有

國無籍'의 비참한 경지에 처하여 있었다. 신 중국 건립 이후 처음으로 조선족의 중국 국적을 법률 형식으로 규정하고, 민족 평등 권리를 부여하였으며, 조선족이 진정한 국가 주인으로 됨에 따라 조선족의 애국주의 정감을 더욱 자극하였다.

둘째, 중국 공산당과 정부의 정확한 민족 정책, 특히 민족 구역 자치 정책의 실시는 조선족의 애국주의 신념을 가일층 강화하였다. 신 중국 건립 이후 소수 민족의 경제와 문화를 발전시키기 위하여 중국 공산당과 정부는 일련의 정책과 조치를 제정하였는 바 이 가운데 민족 구역 자치를 실행하는 것을 중국 국내 민족 문제 해결에 있어서 하나의 기본 정책으로 규정하였다.

1949년 9월 말에 개최된 중국인민정치협상회의 제1차 전체회의 에서 통과되어 당시 임시 헌법의 역할을 한 '공동강령' 중에서 "각 소수 민족 집거 지역에서는 민족 구역 자치를 실시하여야 한다."고 규정하였다. 1952년 9월 3일 '공동강령'의 규정과 중앙인민정부의 지시 정신에 근거하여 길림성 연변 지역에 '연변 조선족 자치구' (1955년 연변 조선족 자치주로 개칭)를 건립하여 조선족이 오랫동안 바란 '당가작주當家作主'의 염원을 실현하였고, 1958년에는 길림성 장백 조선족 자치현을 설립하였다. 동시에 집거 지역의 크기에 따라 동북 3성과 내몽골 자치구에 조선족 자치향과 자치촌을 많이 설립하였다.

조선족 집거 지역에 민족 자치 기구를 설립하고 본 민족 내의 사무를 관리함으로써 소수 민족의 당가작주 평등 지위와 국가 사무 관리에 참여하는 권리를 보장하였다. 이것은 조선족의 사회주의 건설

의 적극성을 불러일으키고, 조선족의 주인 의식과 국민 의식을 강화
하였으며, 그들의 애국주의 신념을 더욱 깊게 심어 주었다.

이 시기 조선족의 애국주의 정감의 주요한 표현은 다음과 같다.

첫째, 정확한 조국관을 확립하였다. 과계민족인 조선족은 '조국'
문제에서 과거 약간의 혼란을 겪었다. 특히 항미 원조 때 중조 양국
의 조선민족 사이에 있은 빈번한 이동은 일부 사람으로 하여금 모호
한 인식을 갖게 하여 고국·모국과 조국의 구별을 명확히 하지 못하
였다. 1955년 연변 조선족 자치주에서는 조국 문제에 관한 공개 토
론을 전개하였으며 이를 통하여 조선족 가운데 존재하는 '다조국
론', '민족 조국', '법률 조국' 등 모호한 이해를 기본상 바로잡았다.

둘째, 애국주의의 우량한 전통을 발휘하여 중국 사회주의 사업과
건설에 적극 참여하였다. 조선족들은 중국 공산당과 국가의 올바른
민족 정책과 민족 구역 자치 원칙의 지도하에서 현지의 경제·문화
건설에 적극 참여하여 조선족 집거 지역을 경제·문화 등 방면에서
상대적으로 발전한 지역으로 건설함으로써 현지 사회주의 건설의
주력군으로 되었다.

셋째, 민족 단합과 상호 협조의 정신을 발휘하여 민족 단합의 모
범으로 되기 위하여 노력하였고 자기 민족의 응집력과 중화민족의
응집력을 유기적으로 결합시키면서 변강 지역의 안정을 위하여 기
여하였다.

넷째, 민족의 양호한 문화와 전통을 전승하고 민족 문화의 부흥과
발전에 노력하여 중화민족 문화에 빛을 증가하였다.

특기할 것은 조선족의 애국주의 정감과 국가 의식은 '문화대혁명'을 포함한 역대 정치 운동의 소용돌이 속에서 준엄한 시련을 견뎠다는 점이다. 조선족의 특수한 위치로 하여 여러 운동 과정에서 만 명이 넘는 조선족 책임자와 대중들이 '반역자', '매국노', '지역 민족주의 분자' 등 얼토당토 않은 죄명하에 공정한 대우를 받지 못하고 직무가 해제당하든가 또는 감방살이를 하게 되었으며, 심지어 원한을 품고 죽은 사람들도 있었다. 하지만 조선족은 중국에 대한 미련을 잃지 않고 중국을 떠나지 않았으며 더욱이 나라를 배반하고 도망치지 않았다. 그들의 마음에는 항상 중국을 품고 있었다.

4. 애국주의 사상의 고양

1980년대에 들어서 중국 개혁 개방의 물결 속에서 조선족들의 애국주의 사상은 더욱 성숙되었고, 그 내용에도 새로운 시대적 특징이 첨가되었다. 현재 조선족은 개혁 개방에 맞추어 중국의 특색 있는 사회주의 건설에 적극적으로 참여하고 있으며 민족 전체의 소질을 높이는 것이 애국주의 사상의 주요한 흐름으로 되었다.

첫째, 개혁 개방은 중국의 종합적 국력의 신속한 제고를 추진하였고, 중국 국민으로서 조선족은 이에 자긍심을 지녔다. 어떠한 국가도 그 종합적 국력은 국민력을 응집하는 주요한 요소의 하나이다.

중국은 개혁 개방 이래 등소평 이론 지도하에 정치·경제·군사·문화와 교육 등 방면에서 세인이 주목할 성과를 취득하였다. 중국의 종합 국력은 날로 증가되고 국제적 위치는 계속 높아지고 있으며, 대중 생활은 더욱 풍요스럽게 변화하고 있다. 중국이 날로 번영하고 강해짐에 따라 이곳에서 정착하고 있는 조선족들은 중국의 미래에 대한 신심을 가지고 있다.

둘째, 개혁 개방은 민족 경제와 문화의 신속한 발전을 추진하였으며, 민족 대중들의 생활 수준을 크게 제고하였다. 1980년대 이래 중국 공산당과 정부는 민족 지역의 경제와 문화 발전에 더욱 심혈을 기울이고 일련의 우대적 정책과 혜택을 부여하여 민족 지역의 신속한 발전을 추진하였으며 동남 연해 지역과의 발전 격차 축소에 노력하였다.

이러한 정책과 조치하에 조선족 지역의 경제·문화도 빠르고 건실한 발전을 가져오게 되었다. 조선족은 과학·교육·문화 등 사회 사업에서 뚜렷한 진보를 취득하였고 대중들의 생활 수준도 비교적 빨리 제고되었으며 민족 단합·사회 안정·대중 안거낙업安居樂業의 좋은 모습을 보였다. 중국 공산당의 대중 생활 풍요 정책과 민족 평등 정책은 조선족 지역의 사회·경제·문화 등 방면의 신속한 발전을 보장하였고, 중국에 대한 애착심을 더욱 강화하였으며, 중화민족의 응집력을 강화하였다.

셋째, 개혁 개방과 대외 경제, 문화 교류 중에서 조선족은 다시 한 번 자신들의 입지를 명확히 하고, 중국 국민이라는 의식을 강화하였으며, 중국에 대한 애착심을 더욱 깊이 하였다. 개혁 개방의 강한 동풍을 타고 수많은 조선족들이 친척 방문, 노무, 유학, 관광 등 형식으로 해외 진출의 길로 나섰다. 중국 조선족은 국외의 조선민족들과의 접촉에서 동일 민족의 공동한 특징을 보았을 뿐만 아니라, 동일 민족이지만 부동한 국가, 부동한 사회 제도 및 부동한 가치관 등에서 나타난 심리·문화 등 방면의 이질성도 많다는 것을 발견하였다.

특히 수많은 조선족들이 '노무자'의 신분으로 한국 등 국외에서 일하면서 받은 비인간적 대우와 인격·존엄 등 방면에서의 무시는 중국 조선족으로 하여금 자신과 국외 조선민족 사이의 차별을 더욱 똑똑히 볼 수 있게 하였고, 중국에 대한 애착과 귀속감을 더욱 강하게 하였다.

넷째, 현재 중국 조선족 가운데 이주 조선족 세대의 인구는 얼마 남지 않았으며 대부분이 중국에서 출생한 2세대, 3세대 심지어는 제4, 제5세대에 속한다. 이들은 비록 조선반도와 끊을 수 없는 고국 정감이 있지만 중국에 대한 감정이 더욱 깊었으며 그들 대부분은 중국을 자신들의 조국으로 여겼다. 더욱이 중화인민공화국 건립 이후 출생한 세대들은 그들의 중국인이라는 의식과 긍지감도 그들의 할아버지, 아버지 세대를 훨씬 초과하였다.

다른 한편 개혁 개방과 대외 교류가 빈번해짐에 따라 조선족의 민족 자아 의식과 민족의 정체 의식이 강화되었으며 그들은 자기 민족의 전도에 대해서도 깊은 관심을 보였다. 이것은 새로운 정세하에서 민족 전체가 자신의 존재와 발전 및 가치에 대한 새로운 인식, 민족 자아 발전의 좌표에 대하여 다시 확정하려는 의지의 표현이었다. 이러한 현상은 현단계 민족 발전 과정의 개관적 존재로 그 자체는 비난 받을 일이 아니다.

단지 과계민족으로 기타 국가의 동일 민족과의 교류 가운데에서 인연·친연·언어 등 방면의 연계성과 상사성으로 왕왕 민족과 국가의 관계 문제에 있어서 모호한 인식을 초래할 수 있다. 특히 국외의 일부 다른 목적을 가진 사람들이 '범민족주의' 기치 아래 민족 감정을 이용하여 중국 조선족에 대한 침투가 피치 못할 것이다. 민족의식에 대한 정확한 이해가 없으면 국가 이익과 민족 이익을 파괴하는 사건을 초래할 수 있다. 이 점을 우리는 충분히 중시해야 한다.

중국 조선족은 조선반도에서 이주한 과계민족으로 그들이 중국에서 분포·정착하는 과정에서 점차 조선반도 주민들과 구별되는 민족공동체가 형성되었고, 중화인민공화국 건립에 따라 다민족 국가 중국의 일원으로 되었다. 조선족 선조들이 조선반도에서 중국 동북 지역으로 이주할 때 아무 것도 없었고, 중국에서는 반동 정부와 봉건 지주의 압박과 착취를 받았으므로 그들의 혁명성은 아주 강렬하였다. 조선족은 중국 공산당의 영도하에 중국 신민주주의 혁명 각 단계의 반제·반봉건 투쟁에 적극 참여하였으며 이 과정에서 점차 민족의 운명과 중국의 전도를 연계시키고 중국에 대한 애착심도 뿌리를 내리기 시작하였다. 신중국 건립 이후 조선족의 애국주의 사상은 역대 정치 운동의 준엄한 시련을 거쳐 더욱 성숙되었다. 개혁 개방

이래 대외 경제 교류 중에서 조선족의 애국주의 사상은 가일층 승화
되었으며, 애국주의는 중국 조선족의 역사 발전 과정에서 제일 특색
이 있고 제일 시대감이 풍부한 우량한 품질이라 할 수 있다.

　(이 글은 연변대학 민족 연구원 박금해 부교수와 공동 집필한 것이다.)

중국 조선족의 인구 이동과 그 영향

1. 머리말

중국 조선족은 조선반도에서 이주해 온 조선민족의 한 줄기이다. 19세기 중엽 이후 시작된 중국으로의 이민은 20세기 초기 일본 제국주의의 침략으로 인해 더욱 활발해졌으며 일본의 패망 직전인 1945년 8월 중국에 체류한 조선인은 200여 만 명에 달하였다. 이후 조선반도로의 귀환과 더불어 중화인민공화국 건립 직후인 1953년 중국 제1차 인구조사에 나타난 조선족 인구 숫자는 1,111,275명이었다.[1] 현재 중국 조선족 인구는 200만 명에 달하고 주요하게 길림吉林, 흑룡강黑龍江, 요녕遼寧 등 동북 3성에 집거해 있으며 민족의 언어와 전통을 보존하면서 중국 사회 발전의 큰 테두리 안에서 사회·경제·문화 등 여러 면의 빠른 발전을 가져왔다.

---

1 정신철, 『중국 조선족사회의 변천과 전망』, 遼寧민족출판사, 1999년, 65쪽.

그리고 20세기 80년대 초기에 실시된 중국의 개혁 개방 정책은 소수 민족 사회가 원래의 폐쇄를 타파하고 개방과 발전의 방향으로 나아가는 좋은 계기를 마련하여 주었다. 원래 논농사에 능란한 중국 조선족도 개혁 개방의 힘을 입어 아주 큰 변화와 발전을 가져왔다. 하지만 발전 과정에서 새로운 정황, 새로운 문제들도 적지 않게 나타나고 있으며 이 가운데 제일 돌출한 현상은 조선족 사회의 급속한 인구 이동과 이에 따른 일련의 영향들이다.

몇 년 전 필자는 동북 3성의 일부 조선족 농촌에 대한 현지 조사를 통하여 인구 이동이 조선족 사회 변화와 발전에 끼친 영향의 심각성을 직접 감수하였고, 연구자로서 직책의 무거움을 깊이 느꼈다. 아래에서는 조선족 인구 이동 현황과 특징·영향 및 대책에 관하여 서술하려 한다.

2. 중국 조선족의 이주 약사移住略史

중국과 조선반도는 압록강과 두만강을 사이에 둔 강 건너의 가까운 이웃이며, 옛날 조선민족의 선조들이 중국 동북 지역을 생활의 터전으로 개척한 적이 있었다. 후에 조선민족 고대 국가의 정권 중심이 조선반도로 기울어지면서 대부분의 조선인이 조선반도로 이주해 갔고 나머지 일부는 주변 민족과 융합되면서 조선민족 선민들의 중국 동북에서의 역사는 단절되고 말았다. 현재 중국 조선족은 대체로 명말청초明末淸初부터 20세기 40년대 말기까지 조선반도에서 이주·정착한 조선 이주민과 그들의 후예들로 구성된 하나의 민족 공동체이다.[2]

그럼 중국 조선족의 선조들이 왜 남부여대男負女戴하며 산 설고 물 설은 타향에 와서 새롭게 삶을 개척해야 하였는가? 여기에는 그러한 이유가 있었다.

먼저 청나라 만족滿族 통치자들이 중원 진출 이후 두만강 이북 지역을 봉금封禁함과 동시에 그 주민들은 서쪽으로 이주하였으므로 광활한 동북 지역은 인적이 드물고 황야 옥토에는 잡초만 무성하였다.[3] 이에 비해 당시 조선 지역에는 땅은 좁고 인구는 많아 식량마저 부족하였으며, 연속되는 자연 재해로 기아에 허덕이는 조선 농민들은 살길을 찾아 압록강과 두만강을 넘어 동북 지역에 이주·분포되기 시작하였다.

다음은 해금解禁 이후 청나라가 비교적 관용적인 변방 정책을 실시하여 자유로운 이주가 실시되었다. 19세기 80년대 전후 청나라는

---

2 중국 조선족의 역사 상한에 대하여 여러 가지 견해가 있다. 고구려설, 8~9세기설, 원나라설, 명초설, 명말청초설, 19세기 중엽설 등이 있다.
　박창욱, 「조선족천입과 역사 上限문제를 논함」, 연변대학 민족연구소 편, 『朝鮮族歷史論叢』 1, 연변대학출판사, 1987.
　김원석, 「조선족역사 上限에 관한 몇 가지 사고」, 앞의 책.
　반룡해, 「조선족역사 上限문제에 관한 소견」, 한준광 주편, 『중국조선민족천입사론문집』, 흑룡강조선민족출판사, 1989.
3 "蓋自圖門江北封禁之後 人民西徙 牧馬不鳴 沃壤神皐 鞠爲茂草", 「延吉廳邊務報告」, 고영일 편, 『중국 조선족 역사연구 참고자료회편』 제1집, 연변대학출판사, 1989, 236쪽.

조선 농민들의 대량 이주를 막으려야 막을 수 없었고 또 당시 러시아의 남침 시도는 청나라를 위협하였다. 따라서 1883년 청나라는 조선 정부와 선후로 '봉천여조선변민교역장정奉天與朝鮮邊民交易章程', '길림조선상민무역지방장정吉林朝鮮商民貿易地方章程' 등을 체결함으로써 실제로 봉금 정책은 폐지되었다. 또 청나라는 변방 지역을 강화하기 위하여 동북으로 이민을 시켰다. 하지만 산동山東, 하북河北 등 중원 지역의 한족漢族 이주자들은 거리가 멀어 오는 데 긴 시일이 걸렸지만 조선에서는 강만 건너오면 되기 때문에 조선족 선조들이 만주 땅을 먼저 개척할 수 있었다.

그 다음은 인적이 드물고 땅이 넓은 만주 땅에는 조선 농민들이 일찍부터 강 건너 다니면서 농사도 짓고 산삼도 캐고 사냥도 하였다. 조선 이주민들이 동북에 점차 정착하였을 때에도 이곳은 역시 인적이 드문 지역이었다. 동북 무인지경의 황무지는 조선족 선조들이 다른 민족과 충돌 없이 농사를 지을 수 있었다.

물론 최초의 이주 당시 두 나라 정부는 봉금 정책을 실시하고 월강자越江者를 잡으면 극형에 처하곤 하여 이주민들은 처음에는 관청에 발각되지 않도록 숨어다니면서 도둑 농사를 지어야 했다. 그러나 극심한 봉금 정책도 굶주린 이주민들의 월강을 막지 못하였다. 이주민들은 압록강·두만강 연안 지역에 널리 분포되기 시작하여 1870년 전후 조선농민들이 집안集安에 1천여 가구가 모이고 임강臨江, 혼강渾江 연안의 산간 지역에도 이주민들이 많이 모여 살았다. 1881년 연변 지역에는 만여 명의 조선 이주민들이 살고 있었다.

1885년 봉금령의 폐지와 더불어 조선의 가난한 농민들은 더욱 많이 만주에 이주해 오기 시작하였다. 1897년 통화通化, 환인桓仁, 관전寬甸, 신번新賓 등 지역에 이주해 온 조선 농민들이 이미 8천여 가구에 3만여 명에 달하였고, 1905년에는 장백長白, 임강臨江, 집안集安, 안동安東, 봉성鳳城과 관전寬甸 등 지역에 거주한 조선 농민들이 9천 9백여 가구가 되었다고 한다.[4] 1904년 연변 지역의 조선의 이주민들이 5만여 명이 되고 1909년에 18만여 명에 달하였다고 한다.[5]

이것이 조선인의 첫 이주 시기이었고, 두 번째 시기는 1910년 '한일합병조약'부터 1945년 일본의 패전까지이다. 두 번째 시기를 또 두 단계로 나누는데 1910~1931년 이전까지가 첫째 단계이고, 둘째 단계는 1931~1945년 8월 이전까지이다.

첫째 단계의 특징은 일본 제국주의의 강점하에서 조선 땅에 발붙이고 살 수 없는 수천 수만의 파산된 농민들뿐만 아니라 식민지 당국 관헌의 눈을 피하여 독립 운동을 하려는 많은 애국지사들도 끊임없이 중국에 넘어오게 된 점이다. 1910년~1912년에 중국 동북의 조선인 숫자는 4만여 명이나 증가되었으며 1910년~1920년 간에 압록강과 두만강 이북 지역에 이주해 온 조선인 수는 19만여 명에 달하였다.[6] 또 통계에 의하면 1922년 3월까지 동북 3성에 거주하고 있는 조선인이 65만여 명이며 그 중에 두만강, 압록강 유역에 44만

---

4 『朝鮮族簡史』, 연변인민출판사, 1986, 4~5쪽.
5 『朝鮮族簡史』, 연변인민출판사, 1986, 8쪽.
6 위의 책, 22쪽.

여 명으로 전체 수의 약 69%를 차지하였다.[7]

둘째 단계에서는 일본 식민주의자들의 강제 이민 정책에 의하여 많은 조선 농민들이 고향을 떠나 중국으로 이민오게 된 것이 특징이다. 1931년 일본이 '9·18 사변'을 발동하고 이어 중국 동북 3성을 그들의 식민지로 만들었다. 1936년 일본 제국주의는 국내의 계급 모순을 완화시키고 동북 지역을 전 중국 침략의 후방과 양식 기지로 만들기 위하여 20년 내에 100만 가구, 511만 명의 일본인 이민 계획을 제정하였다.

이에 따라 1941년 8월까지 일본은 중국 동북에 435개의 이민 '개척단'을 파견하였다. 그 숫자가 4만여 가구, 10만여 명에 달하며 이것은 '9·18 사변' 이전의 일본 이민 수의 315배와 '7·7 사변' 때의 3.7배에 달한다.[8] 이와 동시에 조선총독부와 위만주국僞滿洲國은 '재만선인지도요강在滿鮮人指導要綱'에 근거하여 조선 농민들을 동북에 강박적으로 이민시켰다.

그들은 '만선척식주식회사滿鮮拓植株式會社'를 설립하고 동북에 39개의 이주 구역을 설정하여 1939년부터 매년 조선에서 10,000가구를 이민시킬 계획을 세웠다. 1940년 8월의 통계에 의하면 1937년부터 1940년까지 이른바 '집단 개척민'으로 동북 각지에 이민시킨 조선 농민이 만여 가구에 달하고 이 외에 1939년에 '집합 개척민' 형식으로 간도間島, 길림吉林, 봉천奉天, 통화通化, 목단강牡丹江 등 지역

---

7 王慕寧 편역, 『東三省實況』, 上海中華書局, 1929, 29~30쪽.
8 만주국통신사 재정부, 『만주경제십년사』, 만주국통신사, 1942, 497~498쪽.

에 800여 가구를 이민시키고 1940년에는 통화通化, 길림吉林, 간도間
島, 금주錦州와 빈강浜江(哈爾濱 지역)등 성에 1,700여 가구를 이민시켰
다.[9] 1939년 말에 중국 동북의 조선인 수는 116여만 명에 달하고
1945년 8월 이전에는 200만여 명에 달하였으며 이후 광복을 맞아
많은 사람들이 귀국함으로써 1949년에는 111만여 명 선에서 중화인
민공화국의 건립을 맞이하게 되었다.

조선인이 중국 산해관山海關 이남 지역에 분포되기 시작한 주요
시기는 1910년 조선이 일본에 의해 합병된 이후였다. 당시 나라를
잃은 민족의 애국지사들은 일본 침략자의 탄압을 피하고 항일 투쟁
과 조국 광복을 위하여 조선반도를 떠나 세계 각지로 이동하여 항일
구국 운동을 진행하였다. 이때 조선의 애국 투사들이 중국의 동북東
北, 화북華北, 화중華中, 화남華南 등 지역에서 민족 해방 투쟁을 진행
하였다. 이 외에 일부 개간민들은 산해관을 넘어 열하熱河 지역에서
장가구張家口 지역에(현 하북성 북부)까지 가서 농사를 하였고 또 일부
는 장사와 생계 혹은 기타 연고로 중국 관내 지역에 체류하였다.

1937년 '7·7 사변' 이전에 관내의 조선인 숫자는 약 3만 명에 달
하였다. 이후 몇 년에 걸쳐 조선인 수가 급증하는 추세를 보였는데
1945년 전후로 관내 지역에 거주한 조선인이 약 10만 명에 달하고
이 가운데 화북華北 지역에 제일 많이 집결되었다. 일본이 패전한 후
조선인이 귀국함에 따라 1948년에 이르러 관내의 조선인은 약

---

9 《朝鮮事情》, 『조선총독부』, 1941, 282쪽.

2,500명밖에 남지 않았다.[10]

처음 조선 이주민들이 보따리를 메고 바람 거친 만주 땅으로 건너올 때 그들을 맞아준 것은 단지 잡초가 우거진 황야뿐만이 아니었다. 그들은 현지 관헌의 괴롭힘과 지주들의 가혹한 착취, 그리고 기마적의 습격에 생명도 보장 받지 못하고 이 모든 것을 감수해야만 했다. 때문에 '모금잠입冒禁潛入'으로부터 시작한 우리 선조들의 중국 이주사는 고난의 역사이고 피눈물의 역사이며 생사 이별의 역사라고도 말할 수 있다.

3. 중국의 개방과 조선족의 인구 이동

중국의 개방 정책과 농촌 체제 개혁은 조선족 농촌의 폐쇄와 침묵을 타파하였으며 농촌 인구 이동의 조건을 마련하여 주었다. 과거 조선족 농민들은 주변 기타 민족보다 안온한 생활을 영위하였으나 시장 의식과 다각 경영 의식이 아주 결핍하였다. 개방 이후 주변 민족들이 상품 경제 생산에 투입하여 얻은 경제 수익으로 조선족의 생활 수준을 능가하고 있는 사실은 조선족에게 큰 충격을 주었다. 그리고 도시 경제 체제 개혁과 도시의 문호 개방, 엄격한 호적 제도가

---

10 현규환, 『韓國流移民史』(상), 어문각, 1957, 663, 735쪽.

풀림으로써 객관적으로 농촌 인구 이동의 조건을 제공하였다. 여기에다 또 농촌 경제 발전에 봉착한 어려움과 중한 수교 이후 한국과의 밀접한 교류 등으로 중국 조선족의 인구 이동은 전에 없는 급격한 양상을 제시하였다.

1) 조선족 인구의 국내 이동

과거 중국은 엄격한 호적 제도와 식량 공급제로 인구의 자유로운 이동이 되지 않았다. 개혁 개방 이후 이러한 제도적 조치가 점차 풀리면서 인구 이동이 점차 박차를 가하였다. 시대의 흐름은 이때까지 평온한 나날을 보낸 조선족 농촌의 적막도 깨뜨렸다. 많은 조선족 농민들은 단일한 논농사에 만족하지 않고 분분히 농촌을 떠나 도시에 진출함으로써 인구 이동의 급속함을 과시하였다. 그들은 시골에서 도시로, 소도시에서 대·중 도시로, 동북 전통적인 집거 지역에서 산해관山海關 이남 지역으로 그 이동은 끝이 없었다. 처음 조선족 여성들에 의해 김치 장사, 농산품 시장 소매 등 자그마한 장사로부터 시작한 것이 후에는 음식점 경영, 나아가서는 사우나, 가라오케와 기타 사업 및 한국 투자 기업 취직 등으로 대·중 도시로 향한 조선족 인구는 자꾸 많아지기만 하였고, 조선족 농촌 인구는 급속히 줄어들고 있었다.

불완전한 통계에 의하면 현재 북경 지역에 5~6만 명, 산동 지역에 7~8만 명 등 동북 3성 조선족 집거 지역에서 산해관 이남으로 진출한 조선족 인구는 20여만 명이 된다고 하는데 이 숫자는 중국 조선족 총인구의 1/10을 초과하는 것이다. 그리고 동북 지역 이내의 심양·대련 등 대·중 도시와 성진城鎮으로 이동한 숫자도 적지 않다는 사실을 감안하면 현재 조선족 인구 이동의 규모가 얼마나 큰 것인가를 가히 짐작할 수 있다.

조선족 인구의 엄청난 이동은 조선족 지역, 특히 농촌 지역에 가보면 더욱 실감이 난다. 예컨대 흑룡강성 영안시寧安市 조선족 향촌의 총 노동력 가운데 촌을 떠난 사람이 35%를 차지하고, 명성明星 조선족 촌의 280여 호 가운데 온 가정이 몽땅 촌을 떠난 집이 79호나 된다. 길림성 구대시九臺市 홍강紅光 조선족 촌의 387호 가운데 50호가 촌을 떠났고 400여 명 노동력 가운데 촌을 떠난 사람이 절반을 차지한다.[11]

더욱이 지금에 와서 이동으로 인한 조선족 농촌 인구 감소는 더욱 뚜렷하였다. 흑룡강성의 한 마을의 상황을 보면 전체 인구 553명 가운데 촌에 남아 있는 자는 39.6%밖에 되지 않고 타 지역 거주와 한국 거주가 60.4%에 달하였다. 그리고 이 중에 마을을 떠난 20대는 79.3%에 달하고, 30대는 77.1%를 차지하였다.[12] 조선족 인구 이동은 국내 각 민족의 앞장에 섰으며 현재 상황은 농촌을 떠날 수 있는 인구는 거의 없다고 보아도 과언이 아니다.

---

11 1997년 여름 필자의 현지 조사에 근거, 아래에 각주 달지 않은 자료는 이와 같음.
12 권태환·박광성, 「가족의 분산과 해체」, 서울대학교 사회발전연구소, 『중국 조선족 사회의 변화─1990년 이후를 중심으로』, 2003.9, 46쪽 표 참조.

조선족 인구가 산해관 이남 지역으로 대량 유동함에 따라 일부 도시에는 조선족의 상대적인 집결 지역이 형성되었는 바, 예컨대 북경 조양구의 동패하東壩河, 망경望京 주변, 청도시 이창구의 이촌 지역 등이 이러한 곳이다.

2) 조선족 인구의 국외 이동

조선족 인구 이동의 또 하나의 현저한 특징은 한국을 비롯한 해외 진출이다. 20세기 90년대 이후 중한 교류가 활발해짐에 따라 한국은 중국 조선족이 기타 민족보다 잘 살 수 있게 하는 기회의 땅과 돈 버는 곳으로 각광 받게 되었다. 20세기 80년대 중반 이후 중국의 개혁 개방이 심화되고 국제 정세가 날로 완화됨에 따라 조선족은 지연 地緣, 인연人緣 및 언어 등의 우세를 활용하여 한국을 비롯한 해외 진출을 하기 시작하였다. 처음에는 대부분이 친척 방문으로 한국에 간 기회를 빌어 약을 팔기 시작한 것이 계기가 되어 후에는 점차 일자리를 찾아 일을 하게 되었다. 90년대에 와서는 해외 노무 수출이 활성화되면서 조선족들이 해외에 많이 진출하였는데 지금까지 한국·러시아·일본·리비아·사이판 등 10여 개 국가와 지역에서 노무 활동을 하고 있다.

특히 20세기 90년대 중반 이후 조선족의 한국 진출은 현저하게 많아졌다. 필자가 다녀온 구대시九臺市 홍광촌紅光村에는 한국에 갔다 온 사람이 200여 명 되고 현재 한국에서 일하고 있는 사람이 78

명 된다. 요녕성遼寧省 심양시瀋陽市 시교 만융촌滿融村에는 한국에 간 적이 있는 사람이 연 인원수 100여 명에 달하고 현재 한국·미국·일 본·독일 등 나라에서 일하고 있는 사람이 수백 명이 된다고 한다. 한국 법무부의 통계에 의하면 2001년 8월 말 현재 한국에 체류하고 있는 조선족이 105,000명에 달한다고 한다.[13]

그리고 조선족의 해외 이동 가운데 부녀들의 국제 결혼이 많은 비 율을 차지하고 있는 바 연변 조선족 자치주에서만 1993년부터 2001 년까지 18,000명의 조선족 부녀들이 국제 결혼을 하였는데 이는 당 지 국제 결혼 건수의 95%를 차지한다.[14]

4. 조선족 인구 이동의 특징

조선족은 비교적 높은 지식 구조와 지연·인연 등의 우세를 이용 하여 그 인구 이동은 국내 어느 민족보다 앞장섰으며, 국외로 나간 사람들도 다른 민족에 비해 그 인구 비례가 아주 크다. 이 외에도 조 선족 인구 이동은 여러 가지 특징을 갖고 있다.

---

13 尹豪, 「延邊朝鮮族人口問題與對策」, 『"延邊朝鮮族人口負增長問題硏討會" 論文集』, 연변 조선족자치주계획생육위원회, 2002년 12월.
14 林春山, 「談一談涉外婚姻對延邊朝鮮族人口負增長的影響」, 위의 논문집.

1) 조선족 이동 인구의 분포와 규모

조선족 이동 인구의 규모는 크고 분포 지역은 넓으나 비교적 집중되어 있다. 20세기 80년대 초기만 하여도 조선족의 인구 이동은 그리 뚜렷하지 않았으며 이동 지역도 현지의 성진城鎭에 제한되고 본 지역을 떠난 이동은 아주 적었다. 80년대 중반에 와서 이러한 국면이 점차 타개되면서, 담이 큰 사람들이 먼저 동북 지역의 주요 도시 심양沈陽·장춘長春·합이빈哈爾濱·길림吉林·대련大連 등 지역에 진출하여 장사를 벌이고 또 일부 사람들은 산해관을 넘어 북경北京, 천지天津에까지 진출하였지만 이때까지의 조선족 인구 이동은 극히 제한되어 있었다. 80년대 말에 와서 조선족 인구 이동은 점차 기세를 내면서 그 분포 지역도 더욱 넓어졌으며 조선족은 동쪽의 강소성 연운항시連云港市, 서쪽의 신강 자치구 오로목제시烏魯木齊市, 남쪽의 광동성 심천시, 해남성 해구시海口市, 서남쪽의 사천성 반지화시攀枝花市와 운남성 곤명시昆明市에까지 그 발자취를 남겼다.

그리하여 80년대만 하여도 중국 조선족이 집결한 동북 3성 조선족 인구 비례는 98%를 초과하였으나 1990년에는 97.14%, 2000년에는 92.27%로 내려갔다. 반면에 원래 조선족이 적은 산해관 이남 지역의 정황을 보면 조선족 인구가 급속히 증가되는 추세를 보였다. 조선족 집거 지역인 동북 3성과 내몽골을 내놓고 천명 이상 조선족 인구를 가진 지역으로 1982년에는 2개 성밖에 없었는데 1990년에는 8개 성으로 증가하고 2000년에는 22개 성으로 증가하였다.[15]

이동 인구 비례를 볼 때 조선족 인구의 이동 규모는 국내 각 민족의 앞장에 섰다. 단면적인 예로 1996년 흑룡강성의 924개 민족 촌의 총 노동력(소수 민족 노동력이 71.8%) 가운데 반년 이상 외지에 나가 있는 노동력이 9.7%이지만 전 성 491개 조선족 촌 총 노동력(소수 민족 노동력이 96.1%) 가운데 반년 이상 외지에 나가 있는 노동력은 19.4%에 달한다. 이에 비해 283개 만족滿族 촌(소수 민족 노동력 54.2%)은 4.2%이고, 44개 달알이족達斡爾族 촌(소수 민족 노동력 46.1%)은 2.5%밖에 되지 않으며, 13개 회족回族 촌(소수 민족 노동력 67.2%)은 6.1%밖에 되지 않는다. 또한 전 성 924개 민족 촌에서 외지에 나간 노동력 30,001명 가운데 491개 조선족 촌의 노동력이 22,630명이므로 이 숫자는 전체 수의 75.4%를 차지한다.[16]

그리고 2003년 7월에 필자가 다녀온 길림성 장백 조선족 자치현의 한 조선족 농촌 마을을 보면 전 마을에는 79가구에 인구가 265명으로 이 가운데 한족漢族이 15가구에 50명이 되었다. 하지만 이 마을에서 도시에 진출한 사람이 49명인데 모두가 조선족이었다.

노동 인구의 유출 지역을 보면 전국적인 정황은 상대적으로 낙후한 지역의 인구 유출이 주도적 위치를 차지하고 있지만 조선족 인구 유출 지역은 이와 다르게 전 조선족 지역이 포괄되어 있어 어느 곳에서 많이 유출되고 어느 곳에서 적게 유출되었는가 분간하기 어렵다. 어떤 의미에서 보면 조선족 인구 이동은 전 민족적이며 빈곤에

15 중국 제3, 4, 5차 인구조사통계자료.
16 흑룡강성 민족사무위원회 편, 『黑龍江省民族工作統計資料』, 1996, 1쪽.

서 벗어나려는 것보다 더 좋은 생존 환경과 생활의 질을 추구하려는
데서 기인한 '발전형 유출'이라고 할 수 있다.

2) 조선족 이동 인구의 직업적 특징

조선족 이동 인구의 직업 영역에도 아주 농후한 민족 특색을 띠고
있다.

첫째, 민족 전통 음식업 등 서비스업에 많이 종사하고 있는 것이
다. 조선족 인구가 농촌에서 도시로, 동북 지역에서 산해관 이남으
로 진출하여 먼저 시작한 것이 김치 장사와 조선족 식당을 꾸리는
일이었다. 다시 말하면 농업 민족인 조선족이 상품 경제 영역에 갓
뛰어들었을 때 먼저 그들이 익숙한 농산품, 특히는 민족의 전통 음
식품으로 시장을 개척하였기 때문에 농후한 민족 특색을 갖고 있었
다. 민족 특색을 띤 전통 음식업은 거침없이 발전하여 지금은 조선
족이 집결한 동북 지역에는 물론이고 황하黃河 이북 지역까지 조선
족 식당, 김치 매대 및 원재료 도매 등 경영이 매우 넓게 보급되었으
며 이 업종에 종사하고 있는 인원 수는 조선족 이동 인구 가운데 상
당한 비례를 차지하고 있다. 조선족 이동 인구는 조선족 음식 문화
를 광범위하게 보급시키는 데 큰 기여를 하였다.

둘째, 조선족 이동 인구는 한국 투자 기업 또는 한국인과 연계되
는 직업에 많이 종사하고 있다. 중한 수교 이후 양국 간의 경제·문
화 교류는 아주 활발히 진행되고 있으며 한국의 중국에 대한 투자와

무역도 날로 증가되고 있다. 조선족은 동일 민족 같은 언어 등 우세를 이용하여 한국과의 교류에 적극적으로 참가하고 중한 교류의 중개자 역할을 담당하였으며 그들이 종사한 영역으로는 주요하게 한국어 통역, 가이드, 무역과 관광 및 대외 부문의 대 한국 업무, 한국 측 기업 대리, 한국 투자 기업 직원 등과 한국인 상대 음식점, 오락업 등이 있다. 조선족 이동 인구 가운데 이 부분의 숫자도 적지 않다. 2003년 6월 현재까지 한국이 중국의 산동山東, 강소江蘇, 북경北京, 천진天津, 상해上海, 광동廣東과 하북河北 등 6개 성과 직할시에 대한 투자 건수가 4,976개인데 가령 매 기업에 조선족 종업원이 평균 10명 있다 하여도 5만 명 좌우가 되는 것이다.[17]

3) 조선족 이동 인구의 구조 특징

중국 전체의 이동 인구가 기본적으로 경제형 인구에 속하는 것과 같이 조선족 이동 인구도 주요하게 연령이 18~50세 이내의 청장년들이다. 기타 부모를 따라온 학령 인구와 자녀를 따라온 노년 인구 등 비경제형 인구가 차지하는 비례는 아주 적다.

성별 구조를 보면 35세 이상의 이동 인구층 가운데 남녀 비례는 비슷하나 35세 이하의 연령층에는 여성이 남성보다 많은 바, 이러한 상황은 주요하게 조선족 이동 인구가 종사하고 있는 직업과 관계된

---

17 한국수출입은행의 통계 자료에 근거, www.koreaexim.go.kr.

다. 다시 말하면 35세 이상의 사람들은 보통 부부가 동반하여 전통 음식업 경영을 하는 것이 다수이다. 그러나 35세 이하 사람들은 다수가 홀몸이고 종사하고 있는 업종도 비교적 다양하였다. 그리고 남성 청년들의 직업 선택의 범위가 좁고 기술적 요구가 높은 데 비해 젊은 부녀자들의 직업은 상대적으로 찾기가 쉽다. 한국 투자 기업, 가이드, 통역 및 음식, 오락업 등 업종에 여성들의 취업이 더 적합하므로 여성들이 더 많다.

산업 구조에서 전국적으로 보면 보통 농민들이 도시에 와서 많이 종사하고 있는 업종은 건설, 환경·위생, 가정부, 폐품 회수 등이나 조선족 이동 인구 가운데서는 이러한 업종에 종사하는 사람이 없다(현재 한국인의 중국 진출이 날로 많아짐에 따라 중국 주재의 한국인 가정에 가정부로 일하는 조선족 부녀들이 생겼다). 조선족의 이동 인구는 민족 전통 음식업과 관련되는 업종과 한국과 관련되는 업종에 대부분 분포되어 있다.

문화 구조 면에서 조선족 인구가 보유한 교육 수준은 비교적 높다. 이동 인구 가운데 청장년들은 거의 중학 졸업 이상의 문화 수준을 소유하고 있으며 최근 몇 년 간에는 대학 졸업생들의 이동도 매우 뚜렷하다. 특히 중한 경제 무역 관계가 날로 밀접해짐에 따라 더욱 많은 조선족의 당정 기관 간부, 교원 및 대학 졸업생들이 인구 이동의 대열에 가입하였다.

그리고 전국적으로 보면 이동 인구의 산아 제한 관리가 골칫거리가 되어 있지만 조선족 이동 인구 가운데는 산아 제한 문제가 존재하지 않을 뿐만 아니라 오히려 늦게 결혼하고 늦게 생육하는 추세가 더 보이면서 조선족 인구는 마이너스 증가로 기울어지고 있다.

5. 인구 이동이 민족 공동체 발전에 끼친 영향

인구 이동은 현재 중국 사회에서 시장화와 도시화 과정에 불가피한 현상이고, 사회 발전과 진보의 표현이기도 하다. 조선족 인구 이동은 조선족 사회 발전에 적극적인 기여를 하고 있는 동시에 인구 이동에 따른 부정적 현상도 보이고 있다. 또 민족 공동체 제 요소의 변화를 재촉함으로써 민족 공동체 발전에도 큰 영향을 끼치고 있다.

(1) 민족 인구의 분포 국면을 개변하고 있다.

중국의 동북 3성은 중국 조선족의 개척지이자 또 집거 지역이었다. 1950년대 초기까지 인구의 99% 이상이 길림성, 흑룡강성, 요녕성 및 내몽골 자치구에 집거되어 있었으며 산해관 이남 지역에는 아주 적었다. 50년대 중반부터 동북 지역 이외에도 다소 분포되기 시작하였으며 이들은 대체로 대학 졸업 배치, 서부 미발달 지역 지원 및 군대에서 전근된 자들로 주요하게 각 성 소재지 도시와 대·중 도시에서 학술 연구, 과학 기술 및 행정 등 영역에 집중되어 있었다. 농촌 인구로는 70년대 이후 동북의 일부 조선족 농민들이 동북에서 집단 이주하여 하북성河北省 농촌에 약간 분포되어 있었다. 이러한 조선족 인구의 분포 구조는 개혁 개방 정책을 실시하기 이전에는 거의 변화가 없었다.

개혁 개방 이후 수많은 조선족 농민들과 지식인들이 농촌에서 도시로, 동북 지역에서 산해관 이남 지역으로 이동을 하였다. 인구 이동은 조선족 집거 지역의 인구를 감소시키고 민족 인구의 분포 상황을 개변하고 있다.

1982년 중국의 제3차 인구 통계에 의하면 동북 3성에 생활하고 있는 조선족 인구가 중국 조선족 총인구의 98.23%에 달하였다. 그러나 80년대 중반부터 시작한 인구 이동은 조선족의 전통적인 분포 국면의 변화를 초래하였는 바 1990년 제4차 중국 인구 통계에 의하면 중국 조선족 총인구에서 동북 3성의 조선족 인구가 차지한 비례는 97.14%이므로 1982년보다 1.09% 하강하였다. 1982년~1990년 중국 조선족 인구의 평균 증가율은 8.96%이며 이 가운데 동북 3성 조선족 인구 증가율이 7.75%인데 비해 기타 지역의 조선족 인구 증가율은 76.04%에 달하였다.

특히 90년대에 와서 조선족 인구의 대량적인 이동은 조선족 집거 지역의 조선족 인구 비례를 날로 감소시키고 있다. 2000년 제5차 중국 인구 조사 통계에 의하면 동북 3성의 조선족 비례는 92.27%로 1990년보다 4.87%로 하강하였다. 그리고 1990년~2000년 중국 조선족 인구 평균 증가율은 0.03%이고 이 가운데 동북 3성 조선족 인구의 증가율은 -4.99%이나 기타 지역 조선족 인구 증가율은

170.34%에 달하였다. 일부 지역의 조선족 인구 증가율은 5배 이상에 달하였다. 예컨대 1990년~2000년에 강소성江蘇省의 조선족 인구는 963명에서 5,048명으로 524.20% 증가하였고, 천진시天津市1,820명에서 11,041명으로 606.65% 증가, 상해시上海市는 782명에서 5120명으로 654.73% 증가, 산동성山東省은 3,362명에서 27,795명으로 826.74% 증가, 광동성廣東省은 611명에서 10,463명으로 1,712.44%로 증가하였다.[18]

위의 숫자는 상주 호적에 근거하여 통계한 것으로 통계 속에 포함되지 않은 이동 인구까지 합하면 더욱 많이 증가하였을 것이다. 때문에 비록 동북 지역의 조선족 인구가 아직도 다수를 점하고 있지만 민족 인구의 전통적인 분포 국면은 이미 많이 변화하였으며 민족 인구의 분포는 날로 분산되고 있다. 이것은 또한 도시 진출 조선족의 한족화 경향을 부추기는 원인이 되고 있다.

(2) 민족 교육의 기반이 악화되고 민족 특점이 점차 약화되어 가고 있다.

조선족 인구의 대규모적인 이동은 조선족의 전통적인 집거 지역이 날로 축소되어 가고 있는 사실을 제시하고 있을 뿐만 아니라 민족의 언어·문자, 전통 문화 등 특징이 점차 소실되어 가고 있는 현상을 낳고 있다.

---

18 중국제3, 제4, 제5차 인구 조사 통계에 근거.

중국 조선족에게 있어서 언어·문자, 전통 문화는 민족의 중요한 특징이고 민족 교육은 민족의 언어·문자, 전통 문화를 보존하고 발전시키는 데 아주 중요한 역할을 하고 있다. 하지만 급속한 인구 이동은 조선족 농촌 인구의 대량 감소를 초래하였으며 특히 이동 인구 가운데 청장년, 특히 미혼자가 많이 포함되었다는 사실은 농촌 인구 생산의 주력이 감소되었다는 것을 의미한다. 이 상황은 또 원래 높지 않는 조선족 인구 증가율을 더욱 저하시키는 결과를 초래하였다.

이 결과 조선족 농촌 지역 조선족 학교의 학생 내원이 날로 줄고 농촌 중·소학교 규모가 축소되어 갈 뿐만 아니라 많은 농촌 학교가 폐교되는 운명을 면치 못하였다. 흑룡강성의 한 시골 소학교는 3년 전까지만 해도 학생 수가 120~130명에 달했으나 2002년 말 현재 총 27명밖에 남지 않았으며, 요녕성 심양시 외곽의 한 소학교는 5년 전 학생 수가 500명 이상인 반면 2002년 말에는 158명으로 감소되었고, 그나마 이것도 58명의 외지 학생을 받아들였기 때문이다.[19]

연변 조선족 자치주의 상황을 보면 1990년에서 2002년 사이에 조선족 중학교가 112개에서 82개로 감소되고, 재학생이 40,789명에서 38,224명으로 감소되어 각기 26.79%와 0.63% 감소되었으며, 조선족 소학교는 386개에서 162개로 감소되고 재학생은 80,762명에서 46,725명으로 감소하여 각기 58.03%와 42.15%가 감소되었다.[20] 이것은 농촌 학령 아동들의 교육 받을 기회가 상대적으로 축

---

19 권태환·박광성, 「교육과 조선족사회의 위기」, 서울대학교 사회발전연구소, 『중국 조선족 사회의 변화－1990년 이후를 중심으로』, 2003.9, 60~61쪽.

소되었으며, 결과적으로는 농촌 소년 아동들의 교육 수준과 문화 소질 등이 낮아지고 있다는 것을 말한다. 그리고 교육 수준의 하강은 보다 많은 조선족 학생이 한족 학교에 입학하는 현상을 초래하고 있어 민족 교육의 역할을 크게 약화시키고 있다.

이 외에 부모를 따라 외지에 나간 학령 인구들은 기본상 유입 지역의 한족 학교에 들어가 공부하게 됨으로써 처음부터 민족의 언어·문자, 전통 문화와 완전히 격리된 상황에 처하게 된다. 그리고 한족漢族 인구가 절대 다수를 차지하고 있는 중국에서 기타 민족이 자기의 민족 집거 지역을 떠나 다른 지역으로 이동할 때, 비록 그 이동 인구가 본 민족 인구에서 일정한 비례를 점한다 해도 유입 지역에 있어서는 '창해 속의 좁쌀'에 불과하고 또 민족의 이동 인구가 도시에서 아주 분산되어 있으므로 민족 특징의 약화는 피하기 어렵다.

(3) 민족의 현대화 과정을 가속화시키고 민족의 자아 의식을 강화하였다.

중국의 개혁 개방 정책은 조선족 농민들이 전통적 소농 경제의 속박하에서 벗어날 수 있는 여건을 마련해 주었다. 조선족 농민들은 과거의 '자족적' 농촌 생활에 만족하지 않고 재빨리 상품 경제의 파도 속에 뛰어들어 제2, 제3산업 개척을 서슴지 않았다. 조선족 농촌 인구의 분류分流는 중국 조선족 분포 지역과 경제 다원성을 확대하

---

20 梁玉今·蔡洙一, 「論延邊朝鮮族人口負增長所引發的朝鮮族敎育問題」, 『"延邊朝鮮族人口負增長問題硏討會"論文集』, 연변조선족자치주계획생육위원회, 2002년 12월, 121쪽.

였을 뿐만 아니라 도시 문명과의 접촉을 다그치고 조선족 농민들로
하여금 전통적 관념을 개변하고 현대 의식을 수립할 수 있는 가능성
을 제공하였다.

수많은 조선족 농촌 인구가 도시에 진출하여 시장을 개척하고 경
쟁에 참여하는 과정에서 낡은 의식 관념을 제거하고 새로운 시장 경
제 의식을 터득하게 되었다. 특히 중한 수교 이후 중한 간의 경제·
문화 교류가 날로 확대됨에 따라 조선족들은 대외 경제 영역에 많이
참여할 수 있게 되었다. 조선족들은 이러한 경영 활동과 대외 접촉
을 통하여 일정한 '자본 축적'을 하고 재생산 확대의 조건을 갖추었
다. 뿐만 아니라, 자본주의 시장 체제와의 접촉에서 그들의 선진적
인 경영 방식과 관리 방식을 배움으로써 시장 경제 의식을 크게 강
화시키고 민족의 현대화 과정을 가속화하였다. 이 점은 중국 각 민
족 가운데서 비교적 독특한 특징이다.

이러한 과정에서 민족의 자아 의식이 강화되기도 하였다. 일반적
으로 동일 민족 성원들이 같이 있을 때에는 자기의 귀속 문제를 그
리 생각지 않더라도 다른 민족과 교류할 때에는 자연적으로 자기의
민족 속성을 생각하게 되는데 이것은 민족의식이 작용하고 있기 때
문이다. 다시 말하면 민족의식은 다른 민족과 접촉할 때만이 더욱
강화할 가능성이 있는 것이다.

한족 인구의 망망대해 속에서 객관적으로는 소수 민족 이동 인구
의 민족 특징이 날로 약화되어 가고 있지만 동시에 주관적으로는 소
수 민족 이동 인구의 민족적 정체감認同感을 강화시켜 원래 서로 모

르는 사이였지만, 같은 민족이라 할 때에는 더욱 친근감을 느끼고 자연적으로 어우러지며 민족의 연대감과 민족의 자아 의식이 더욱 강화하게 된다. 이것이 소수 민족 이동 인구의 생활 양식이 날로 유입 지역과 동일화되어 갈수록 그들은 민족의 전통과 자기의 독특성을 더욱 귀중하게 여기게 된다는 것을 말한다. 이것은 민족성 유지에 아주 큰 도움을 줄 것이다.

(4) 인구의 대량적인 이동은 조선족 농촌의 인구 자연 증가율을 하락시키고 있으며 처녀들의 대량적인 유실은 농촌 총각들의 혼인 문제를 심각하게 하였다.

중국의 몇 차례 인구 통계에서 보다시피 조선족 인구의 자연 증가율은 중국 각 민족 가운데서 제일 낮은 수준에 머물러 있다. 90년대 이후에도 조선족 인구의 자연 증가율은 계속 최저 수준에 처하여 있고, 심지어 인구의 제로식 증가 또는 마이너스 증가의 추세를 보였으며 이 경향은 농촌에 더욱 뚜렷하다.

조선족 인구의 대량적인 이동은 조선족 농촌 인구의 급속한 감소를 초래하였고 또 이동 인구 가운데는 청장년, 특히 젊은 여성들이 다수를 차지하므로 농촌의 결혼자와 출산자의 많은 감소를 초래하였다. 이러한 사실은 자연적으로 조선족 농촌의 인구 증가율을 하강시켰다. 흑룡강성의 명성 조선족 촌은 거의 300가구가 되는 마을인데 촌의 부녀회장 말에 의하면 1981년 자기의 첫 아이가 출생한 해에는 마을에 모두 42명의 출생자가 있었지만 1996년에는 전 마을에 출생한 아이가 3명밖에 되지 않고 마을의 사망자는 오히려 15명에 달하였다고 한다.

2002년 연변 조선족 자치주 용정시의 한 변강진에는 조선족 사망자가 50명에 달하나 출산자는 14명밖에 되지 않았다. 또 길림성 집안시의 백여 가구가 되는 조선족 마을에서 2002년에 결혼자가 없으며 출산한 아이는 2명인데 이것도 하나는 재혼한 집에서 낳고 하나는 둘째 아이로 태어났다.

그리고 여성 인구, 특히 미혼 여성들의 대량적인 이동은 많은 조선족 농촌의 성별 비례의 불평형을 초래하였는 바, 농촌에는 여성 미혼자는 거의 볼 수 없고 남성 미혼자 비율은 아주 높아 보통 남녀 청년 비례가 20:1이며 어떤 곳에는 성별 불평형 현상이 더욱 심하였다. 2001년 연변 조선족 자치주 정부에서 9개 향진의 조사에 의하면 22세 이상의 남자 청년은 585명이었고 20세 이상의 여자 청년은 520명이나, 이 가운데 410명의 여성이 출국하거나 또는 도시로 진출하였다.[21] 여기서도 보다시피 허다한 조선족 농촌에는 장가갈 나이에 상대자를 구하지 못한 노총각들이 많이 나타나고 있는 것이 사실이다. 조선족 농촌 청년들의 혼인 문제는 아직 엄중한 사회 문제를 초래하지 않았지만 문제의 엄중성은 이미 기미를 보이고 있다. 이 역시 조선족 인구 성장에도 아주 불리할 것이다.

---

21 中共延邊朝鮮族自治州黨委, 延邊朝鮮族自治州政府, 「延邊朝鮮族人口負增長問題的現況」, 『延邊朝鮮族人口負增長問題研討會』 論文集, 연변조선족자치주계획생육위원회, 2002년 12월, 5쪽.

조선족 농촌에 결혼자와 출산자가 줄어들고 사망자가 출생자보다 많은 인구의 마이너스 증가는 조선족 농촌 사회의 인구 노령화 문제를 너무 일찍이 초래하게 된다. 사회 복지 제도, 특히 노인 복지 시설과 의료 위생 조건이 완벽하지 않은 상황하에서, 시기 이른 농촌 인구 노령화 추세는 농촌 노인 인구의 부양 문제를 더욱 심각하게 만들 것이다. 이는 조선족 사회 발전의 아주 큰 부담일 뿐만 아니라, 조선족 사회의 안정에도 영향을 줄 것이며, 민족 공동체 발전에도 많은 악영향을 끼칠 것이다.

6. 우리의 대책

현재 중국 조선족 사회는 인구 이동으로 진통을 겪고 있으며 또한 새로운 동북 지역 재진흥의 발전 시기를 맞고 있다. 중국의 동북東北 재진흥再振興 전략, 나아가서는 동북아 지역 개발은 조선족에게 재도약의 기회를 부여하고 있다. 조선족은 이 좋은 기회를 놓치지 말고 민족이 소유한 지연地緣, 혈연血緣 등의 우세를 활용하여 민족성의 기초 위에 조선족 사회의 순조로운 발전을 도모하여야 한다. 이것은 중국 조선족 앞에 놓인 중대한 과제가 아닐 수 없다. 우리는 이러한 과제를 풀어나가는 적극적인 대책을 강구해야 한다. 좀더 구체적으로 말하면,

첫째, 조선족 지역의 경제 토대를 튼튼히 닦아야 한다. 개혁 개방 이후 조선족 사회 발전 과정에서 생기고 있는 일련의 문제들은 거의 인구 이동에서 비롯되었다. 한족이 절대 다수를 차지한 중국에서 소수 민족들이 민족 집거 지역을 떠나 타 지역으로 간다는 것은 민족 동화의 길을 재촉하는 것과 같다. 그러나 본고장에서 수입을 높이고 풍요로운 생활을 누릴 수 있다면 누구도 낯설고 동포가 없는 타 민족 지역에 돈 때문에 나가지 않을 것이다. 따라서 민족 경제를 발전시키고 조선족 지역의 경제 토대를 튼튼히 하는 것은 우리 선조들이 개척하고 민족의 생사고락을 간직한 민족의 전통적인 집거 지역에서 민족의 얼을 지키며 살아가는 유일한 방법이다.

둘째, 민족 교육 구조를 합리적으로 조절해야 한다. 이전에 우리는 조선족이 교육을 중시하는 표현의 하나로 마을마다 학교를 꾸리는 것을 이야기하였다. 그러나 국가의 산아 제한 정책과 개혁 개방 이후의 농촌 인구의 대량적인 이동으로 현재 농촌 학교의 운영이 문제로 되고 있다. 지금에 와서 우리는 전통적 관념을 개변하여야 한다. 다시 말하면 이전에는 학교의 학생이 얼마가 되든지 교육 수준이 높든 낮든 간에 학교만 있으며 교육을 중시하는 것으로 여겼지만 기실 투입과 산출을 따져 보면 낭비가 많았고 또 교육의 질도 문제가 되었다.

우리는 과거의 전통적인 집념에서 벗어나 새로운 형세에 발을 맞추어 기업 경영과 같이 학교도 힘을 합쳐 규모 있게 꾸려야 교육의 질도 높이고 민족의 우수한 인재도 많이 양성할 수 있다. 이런 의미에서 우리는 학생 내원이 줄어들고 교육 수준이 낮은 향촌의 학교들을 대담하게 폐교시키고 몇 개 마을 또는 향진에 집중하여 학교를 규모 있게 꾸려 교육 수준을 높여야 한다. 이러한 일들은 여러 가지 조건으로 현재는 불가능할지라도 이런 방향만은 꼭 설정해야 한다고 필자는 주장하는 바이다. 특히 농촌 학교의 교육 수준은 농촌의 부모들이 자식들의 공부를 위하여 시내에 들어오는 경우를 생각하여도 꼭 높여야 한다. 예컨대 용정시의 한 조선족 마을에서는 마을을 떠난 42명 가운데 38명이 자녀들의 교육 때문에 연길 또는 용정 시내로 나갔다는 사실을 보면 조선족 인구 이동은 자녀들의 교육을 위한 것도 하나의 원인이기 때문이다.

셋째, 인구 문제의식이 있어야 한다. 인구 문제는 우리 민족의 미래 발전에 영향을 주는 중대한 문제이다. 다만 현재 조선족의 인구 문제는 인구가 너무 많아서가 아니라 점점 줄어드는 것이 문제이다. 일정한 인구 수량을 보유하는 것은 민족의 발전과 흥성의 기본 전제이다. 특히 한족 인구가 절대 다수인 다민족 국가에서 소수 민족의 인구가 줄어든다는 것은 민족 동화를 다그친다는 것을 의미한다. 지금 조선족 인구 형세는 어느 면에서 보나 심각성을 띠고 있다. 인구 자연 증가율은 결혼자와 생육자가 적어지고 사망자가 많아지는 것으로 날로 내려가고 있으며, 인구 이동으로 농촌 인구는 급속히 줄어들고 도시 진출은 민족의 언어와 문자, 민족 특성 등의 상실을 재촉하고 있다. 때문에 우리는 인구 의식을 강화하여야 한다.

넷째, 민족 발전을 이끌 수 있는 단체 또는 모임이 필요하다. 민족 사명감을 갖고 있는 사람들은 현재 조선족 사회 발전 과정에서 나타나고 있는 문제들에 대해 안타까움과 문제 해결의 긴박감을 느끼고 있을 것이다. 그러나 이것만으로는 너무 부족하다. 지금 중국 실정은 단일 민족 단체 또는 모임 형성을 제한하고 있는 형편이지만 가능한 한 단일 민족 단체, 예컨대 민족 지식인 단체, 민족 경제·문화 촉진 회의, 각 지역 조선족 향촌장 회의 등을 조직하여 경상적으로 민족 발전 문제를 토론하고 발전 방향을 제시함으로써 민족 사회의 중심이 되어 단체의 호소력을 과시하며 민족 발전에 유리한 것을 권장하고 불리한 것을 제지하는 민족의 중추 역할을 담당하여야 한다.

다섯째, 한국과의 교류에 대한 정확한 인식이 필요하다. 한국은 중국 조선족의 고국이며 한국 국민과 중국 조선족은 한 조상을 모신 동포이다. 한국의 경이로운 경제 성장은 중국 조선족의 마음을 격동케 하였고 중한 수교 이후 중국 조선족은 한국과의 경제·문화 교류에서 많은 도움을 받았다.

그러나 다른 한편 수십 년 동안 서로 다른 정치·경제 환경 속에서 살아온 중국 조선족과 한국인은 그동안의 접촉 가운데서 서로 다른 사상 의식, 가치관 및 생활 양식 등으로 마찰과 갈등도 많이 생겨 서로의 감정을 상하게 한 일도 적지 않게 있었다. 때문에 상호 교류에서 서로 상대방의 마음을 이해하고 서로 존중하며 민족 동질성 회복과 이질성 극복에 힘을 기울이는 것이 중요하다. 그래야만 동포 지정도 더욱 빛을 낼 것이고 중한 교류에서도 더욱 큰 역할을 발휘할 수 있으며 세계에서 조선민족의 위상을 더 높일 수 있다. 그리고 해외 조선민족 성원들 사이에도 서로의 연대감을 강화하고 민족 정체성을 수립하는 공동 작업이 있어야 한다고 생각한다.

7. 결론

중국의 개혁 개방은 조선족 사회의 변화를 가속화시켰고, 인구 이동은 조선족 사회 발전에 중대한 영향을 주었다. 조선족의 급속한 인구 이동은 그 분포 국면과 경제 구조를 크게 개변시켰고 조선족 사회의 도시화와 비농업화를 가속화시켰다. 그러나 인구 이동은 조선족 사회 발전의 적극적인 촉매제 역할을 하고 있는 동시에 또 민족 사회의 동질성과 안정성 유지에 많은 장애를 낳고 있는 것도 사실이다. 때문에 조선족의 인구 이동 및 그 영향을 정확히 파악하고 이에 따른 참다운 대책을 강구하며 민족 공동체의 순조로운 발전을 도모하는 것은 동북 아시아 시대 창출에 기여해야 할 조선민족 앞에 놓인 중대한 과제가 아닐 수 없다.

현재 조선족 사회는 인구 이동과 인구 감소에 따라 민족 집거 지역이 점차 축소되고 민족 교육이 위기에 직면하였으며 민족성 약화 현상이 노출되어 민족성 유지와 발전에도 큰 제동이 걸렸다. 이러한 문제들을 해결하는 데 좋은 방법은 민족 집거 지역을 지키는 것이다. 지금 조선족 사회 내에서 이에 대한 인식을 높이고 민족 집거 지역인 집거촌 건설과 '코리아 타운' 등 건설에 노력하고 있다는 소식을 접할 때 필자는 약간의 안도감을 느끼기도 한다.

부록: 중국 각 성, 직할시, 자치구 조선족 인구 변화 상황

년도 지역	1964	1982	1990	2000	1964-1982 증가 %	1982-1990 증가 %	1990-2000 증가 %
							164.19
북경	2,909	3,909	7,710	20,369	34.38	97.24	506.65
천진		828	1,820	11,041	60.12	119.81	75.53
하북	1,376	1,759	6,713	11,783	108.66	281.64	70.07
산서	310	527	1,066	1,813	70.00	102.28	9.86
내몽골	11,280	17,564	22,173	21,859	55.71	26.34	0.45
료녕	146,513	198,397	230,719	241,052	35.41	16.29	9.68
길림	866,627	1,103,402	1,183,567	1,145,688	27.32	7.27	-8.55
흑룡강	307,562	431,140	454,091	388,458	40.18	5.32	
상해	245	461	782	5,120	88.16	41.05	554.73
강소	133	302	963	5,048	127.08	218.87	424.20
절강	28	107	254	1,767	282.14	137.38	595.67
안휘	111	219	667	2,660	97.29	204.57	298.80
복건	45	51	137	1,785	13.33	168.63	1,202.92
강서	31	131	170	1,703	322.58	29.78	901.76
산동	512	930	3,362	27,795	81.64	261.51	727.74
하남	246	505	1,200	4,312	105.28	137.62	259.33
호북	112	669	2,072	2,949	497.32	209.72	42.33
호남	56	222	423	2,693	296.43	94.59	536.64
광동	83	147	611	10,463	77.11	451.03	1,612.44
광서	67	79	246	2,008	17.91	211.39	716.26
해남			199	786			294.97
사천	155	366	643	4,181*	136.13	75.68	550.23
귀주	9	105	230	1,192	1,066.67	119.05	418.26
운남	49	93	271	1,693	89.80	191.40	524.72
서장	16	21	11	51	31.25	-90.91	363.64
섬서	338	653	1139	1,620	93.20	74.43	42.23
감숙	220	417	561	1,565	89.55	34.53	178.97
청해	79	242	308	453	206.33	27.27	47.08
녕하	113	186	325	472	64.60	74.73	45.23
신강	344	438	968	1,463	27.33	121.00	51.14

*이 숫자에는 중경시 조선족 인구(1,044명)가 포함되었다. (1964~2000 기준)

(자료 출처: 제2, 제3, 제4, 제5차 중국인구 조사 자료에 근거)

조선족 사회 발전 과정에서의 민족 교육의 기능

　교육은 목적을 갖고 의식적으로 인간을 가르치는 활동을 말하며 교육의 발전은 일정한 경제 발전을 토대로 하는 동시에 또 사회 경제의 가일층 발전을 추진하기도 한다. 경제 발전이 과학 기술에 대한 의뢰성이 크면 클수록 교육이 경제 발전에 대한 역할도 더욱 뚜렷하다. 어떤 의미에서는 교육의 보급과 발전 수준은 한 개 국가, 한 개 민족의 사회·경제·문화 등 발전의 속도와 수준을 결정한다고 말할 수 있다. 다민족 국가의 중국에서 민족 교육은 국가 전체 교육의 구성 부분으로 민족 교육의 발전은 전체 교육의 발전과 같이 중국의 네 가지 현대화 사업을 추진하고 사회주의 강국을 건설하는 데 절대적으로 필요한 것이다. 우수한 교육 전통을 소유한 조선족의 민족 교육은 과거 몇십 년간 아주 빠른 발전을 가져왔다. 이로 인하여 조선족은 중국에서 문화가 우수한 민족으로 인정받게 되었다. 그러나 현재 민족 교육 발전 과정에서 심각한 문제들을 안고 있다. 우리 민족 전체가 이에 상응한 대책을 강구하여 민족 교육 발전을 재시도하지 않으면 민족 사회 발전에 초래할 결과는 아주 엄중할 것이다.

1. 민족성 유지와 민족 문화 전승에 따른 고민

조선족은 조선반도에서 이주한 과계민족의 하나로 백여 년간 중국에서 강토를 개척하고 중국 사회 발전에 혼신의 힘을 다하는 과정에서 중화민족 대가정의 떳떳한 일원으로 되었다. 과계민족인 조선족은 한 면으로 민족성 유지와 민족 고유의 문화 전통을 보존·전승하면서 또 한 면에서는 중국 사회와 문화에 적응하지 않으면 안 되었다. 때문에 민족성 유지와 민족 문화의 보존·발전 가운데서 주류 사회와 문화의 적응에 따른 갈등도 적지 않다.

중국은 한민족이 절대 다수를 차지한 다민족 국가이다. 한문화의 포위 속에 겹겹이 싸이고 인구적으로 절대 소수인 중국의 소수 민족 성원들은 한문화에 익숙하고 주류 사회에 동조해야만 자신의 위치를 찾을 수 있다. 이러한 사회 환경은 조선족의 민족성 유지와 문화 전통에 많은 영향을 주었다.

첫째, 조선족은 이주민으로서 중국 자생 민족보다 역사가 매우 짧으므로 정주국定住國 문화에 대한 적응이 아주 빠른 한편 민족 문화의 상실도 빠르다. 조선족이 조선반도에서 이주하여 중국에 뿌리를 내린 시간은 백여 년밖에 되지 않는다. 이는 몇백 년, 몇천 년의 역사를 지닌 토착 민족에 비하여 문화적 근저가 아주 얕은 편이다. 때문에 이주 당시 민족 문화의 본 모양을 고스란히 지니고 왔지만, 새로운 생활 기반을 개척하고 중국 사회에 적응하는 과정에서 여느 민족보다 빨리 변모되어 가고 있다.

둘째, 주류 문화에 대한 적응과 습득 속에서 민족 문화의 순수성이 날로 희박해지고 있다. 소수 민족 성원이 중국에서 더욱 풍부한 생존 환경을 마련하고 더욱 좋은 생활을 누리자면 반드시 한어를 잘 배우고 한족 문화를 잘 터득하여 재빨리 주류 문화에 적응하여야 한다. 이것은 중국 사회에 순조롭게 진출하는 전제 조건이다. 결과적으로 중국의 상황에서 소수 민족이 주류 문화에 대한 적응이 깊으면 깊을수록 민족 문화의 순수성은 날로 희박해지기 마련이다.

셋째, 한문화의 망망한 대해 속에서 창해일속滄海一粟에 불과한 소수 민족들의 집거 지역이 축소되고 날로 분산화되어 가는 추세는 민족성과 민족 문화의 상실을 다그치고 있다. 조선족의 집거 지역인 농촌 마을은 조선족 사회를 지탱하는 중요한 토대이다. 그러나 지금에 와서 급격한 농촌 인구 유동과 도시화 과정에서 기인된 조선족 농촌 마을의 공동화는 민족성 유지와 민족 문화 전승에 아주 심각한 영향을 끼치고 있다.

2. 민족 교육의 기능

모든 민족은 자기가 보유한 여러 특징으로 타 민족과 구별된다. 중국 조선족의 특징은 주요하게 언어·문자와 역사에 기초한 전통 문화에서 주로 표현되고 있다. 지금까지 조선족은 한문화의 겹겹 포위 속에서 비교적 완전하게 민족 전통 문화를 보존해 왔다. 조선족 전통 문화를 보존하고 발전시킬 수 있는 주요한 원인의 하나로 민족 교육의 기여를 무시할 수 없다. 다시 말하면 민족의 전면적인 발전, 민족성 유지와 민족 문화 전승에 없어서는 안 될 요인 중 하나가 바로 민족 교육인 것이다.

첫째, 민족 교육은 민족 성원들의 과학 문화적 소질을 높이는 데 기여하고 있다. 조선족 교육의 특징의 하나가 조선말이 교학 언어로 되어 있는 점이다. 민족 언어는 그 민족이 제일 많이 사용하고 또 제일 쉽게 터득할 수 있는 언어이다. 때문에 본 민족의 언어·문자로 교육을 진행할 수 있는 사실은 교육을 보급하고 민족 성원들의 과학·문화적 소질을 높이는 데 아주 유리하다. 그리고 조선족의 문화 교육 보급 수준이 상대적으로 높고 중국 각 민족 가운데 문맹률이 제일 낮은 사실도 조선어가 수업 언어인 민족 교육의 역할이 매우 크다는 점을 말해 준다.

둘째, 민족 교육은 민족의 우수한 인재 양성에도 중요한 역할을 하고 있다. 교육의 기능에 있어서 하나는 문화를 보급하는 것이고, 또 하나는 교육을 통하여 인재를 양성하는 것이다. 민족 교육은 민족 성원들에게 기초 지식과 문화를 보급하는 동시에 더 높은 차원의 지식을 장악할 수 있는 능력을 키워 준다. 때문에 민족 교육의 건전한 발전은 민족의 인재 양성에 적극적인 기여를 하고 있다.

셋째, 민족 교육은 민족 언어와 문자의 사용과 발전을 추진하고 있다. 민족 언어·문자의 교학은 민족 교육에 있어서 하나의 중요한 구성 부문이다. 민족 교육을 통하여 민족 성원들로 하여금 민족의 언어와 문자를 장악하고 그의 사용 범위를 확대시킬 뿐만 아니라 또 민족 언어·문자의 연구를 추진시킨다. 따라서 민족 교육은 민족 언어·문자의 보존과 발전에 중요한 역할을 하고 있다.

넷째, 민족 교육은 민족의 역사와 전통을 대대로 전수하는 데 반드시 필요한 것이다. 민족 언어·문자는 민족의 큰 특징 중 하나로 세계상의 모든 문화는 그 민족의 언어와 문화를 배우는 데서 비롯된다. 그리고 민족 역사와 문화도 민족 언어 또는 문자를 통하여 대대로 전하게 된다. 때문에 민족 역사를 후세에 알리며 민족 문화 전통을 전승하고 발전시키는 데 있어서 민족의 언어·문자를 떠날 수 없다. 만약 민족 언어·문자를 장악하지 않으면 민족의 역사와 전통 문화를 깊이 있게 장악할 수가 없다. 민족 교육이 민족 전통 문화의 보존과 발전에 대한 기여는 아무리 높게 평가하여도 과분하지 않다.

다섯째, 민족 교육을 통하여 깨우쳐 민족의 자긍심을 키울 수 있다. 민족 교육은 민족 학생들에게 지식만 배워 주는 것이 아니고 민족 성원들의 민족적 자신감과 긍지를 심어주는 데도 중요한 작용을 하고 있다. 예컨대 민족 교육을 통하여 민족의 우수한 문화 전통을 선양하고 민족의 우수한 인물들을 소개하며 조선족이 중국 사회 발전에 크게 기여한 사실을 널리 알림으로써 민족적 긍지와 자신감을 키워 주는 것이다.

3. 민족 교육의 현황

조선족은 문화를 숭상하고 교육을 중요시하는 우수한 전통을 갖고 있다. 힘든 이주·정착 생활에도 조선족들은 마을이 생기는 대로 자기들의 말과 글을 배우고 민족 문화를 터득하는 등 민족 교육을 게을리하지 않았다. 신중국 건립 이후 상대적인 안정 속에서 조선족 교육은 신속한 발전기를 맞이하였으며 그 수준은 중국 여러 민족 중에서도 앞장에 섰다. 단적인 예로 1949년 중국에서 첫 번째로 민족 대학 연변 대학이 연길에 설립되었고, 1958년에는 중국에서 첫 번째의 농민 대학 새벽 농민 대학이 용정에 세워졌다. 그리고 1952년에 조선족 지역에는 초등 교육이 보급되었고, 1958년에는 중학교 교육이 기본적으로 보급되었다. 이것은 중국 어느 민족보다 높은 문화 교육 보급 수준이었다. 그리고 1995년 연변 대학, 연변 의학원, 연변 농학원 등이 합병되기 전 몇십 년 동안 연변 조선족 자치주 내에 3~4개의 대학이 있었다는 사실은 중국의 다른 행정 구역에서는 찾아볼 수 없다.

조선족 교육 보급 수준이 중국에서 앞선 원인에는 조선족이 문화와 교육을 숭상하고 민족 교육을 소홀히 하지 않은 점도 있지만 조선족 교육을 진행할 수 있는 장소가 있기 때문에 민족 교육을 발전시킬 수 있었다는 점도 가필하여야 한다. 조선족은 이주 시기부터 모여 생활하는 집단 마을을 건설하여 인구의 다수가 농촌 마을을 단위로 집결해 있었다. 이러한 민족 촌락 공동체는 민족 교육의 중요한 현장이었다.

이주 시기부터 개혁 개방 이전까지 조선족 교육은 농촌 마을을 토대로 꾸준히 발전해 왔다. 조선족 교육이 중국에서 앞선 것은 실제적으로 말하면 농촌의 민족 교육이 앞섰기 때문이었다. 중국에서 앞선 교육 수준을 자랑하던 조선족 교육도 현재는 개혁 개방과 시장 경제의 풍랑 속에서 흔들리고 있다. 인구의 급속적인 도시 진출과 해외 진출은 민족 촌락 공동체의 기반을 흔들어 놓았으며 민족 인구 증가율의 하강은 민족 교육의 기본 단위인 농촌 학교의 학생 내원을 급격히 줄이는 결과를 낳고 있다.

그리고 부모 따라 도시로 진출한 아이들은 조선족 학교가 없어서 부득불 한족 학교에 입학하여 공부하지 않으면 안 되었고, 집에 남은 아이들은 방종放縱하게 되어서 학습의 질이 내려가는 현상이 날로 심해져 가고 있다. 또 많은 농촌 학교가 폐교되고 합병되면서 많은 아이들이 먼길을 걸어야 했고, 심지어는 기숙사 생활을 해야 했으며 여러 원인으로 중퇴하는 학생들 수도 점점 늘어나고 민족 교육의 질도 하강선을 긋고 있다. 다시 말하면 현재 조선족 교육은 엄중한 위기에 직면하고 있다.

4. 민족 교육 발전을 위한 몇 가지 제안

교육은 인구 소질을 높이고 우수한 인재 양성과 문화와 기능을 지닌 노동자를 양성하는 역할이 관건이다. 매개 민족이 생존 경쟁에서 자기 위치를 굳건히 지키려면 반드시 교육을 강화하여 민족 전체의 소질을 높이는 데 힘을 기울여야 한다. 현재 조선족 교육 발전 현황은 우리들의 우려를 자아내고 있다. 조선족 교육 과정에서 새로이 나타난 애로를 타파하고 민족 교육의 지속적인 발전을 위하여 전체 민족 성원들의 아낌없는 노력이 필요하다.

민족 교육의 지속적인 발전에는 튼튼한 민족 경제가 뒤받침되어야 하고, 교육 체제 개혁에 동조하여 학교 분포망을 합리적으로 조절하며, 도시의 조선족 학교의 규모를 일정하게 확대해야 한다. 그리고 산해관 이남 지역에는 새로운 민족 학교를 세우는 것도 중요하지만 현지 학교와 합작하여 민족 교육의 장소를 마련하는 것도 필요하며 대·중 도시의 조선족 자녀들의 민족 언어와 민족 문화 교육을 위한 '주말학교', 조선어 강습반 등도 매우 필요하다.

무엇보다 민족 교육의 방향 정립이 중요하다. 중국에서의 민족 교육은 순수한 민족 교육으로 될 수 없다. 그것은 소수 민족들도 중국 사회와 문화에 적응해야 하기 때문이다. 그러므로 민족 교육도 먼저 민족 성원들에게 중국 사회에서 생존할 수 있는 능력과 기능을 키워 주는 것이 가장 중요하고 필요하다.

또 민족 교육은 문화 보급과 우수한 인재 양성을 결합시켜야 하고 민족 성원들에게 지식 문화를 광범하게 보급하는 동시에 세계화와 중국 현대화에 적응하고 기여할 수 있는 우수한 민족 인재 양성에 더욱 심혈을 기울여야 한다. 민족의 수많은 우수한 인재들은 민족의 무궁한 자산으로서 민족 생존 경쟁에서 살아남는 중요한 요소의 하나이며 선진 민족으로 부상하는 데 없어서는 안 되는 중견 역량이다. 민족 교육을 통하여 우수한 인재들을 많이 양성함으로써 민족 교육의 성망聲望과 흡인력을 높이고 민족 성원들에게 민족 교육의 희망찬 앞날을 제시할 수도 있다.

더욱 강조하고 싶은 것은 민족 교육의 한 내용으로 민족과 민족 문화의 우수성을 과시하는 내용을 보완함으로써 조선족이라는 의식을 깊게 심어 주는 것이 매우 필요하다. 왜냐하면 조선족을 볼 때 민족적으로 많은 우수성을 소유하고 있었으나 과거 우리 민족 교육에서 그러한 우수성을 제대로 선양하지 못하였다. 민족의 많은 성원들이 자기 민족의 우수성을 파악할 기회가 없고, 자기 민족의 저력을 못 느끼면 자연적으로 민족적 허무주의와 비관주의에 빠져 버리는 경향을 초래하게 된다. 우리는 민족 교육을 통하여 우수한 민족 문화를 홍보하고 민족의 긍지와 자신감을 개개인에게 심어 주어 민족 성원 모두가 위축되지 않고 당당한 조선족으로서 민족 발전을 위해 모든 힘을 발휘하도록 해야 한다.

현재 민족 교육 발전 과정에서 나타난 문제와 곤란에 대하여 조선 족 사회 전체가 적극적으로 해결·대책을 탐구하고 있다. 교육 개혁 에서 많은 지역에서는 학교 분포망을 크게 조절하고 있다. 요녕성 청원현에서는 전 현 9개 조선족 소학교를 하나로 합쳐 현성縣城에 조선족 중심 소학교를 세우고 학사를 새로 짓고 기숙제를 실시하였 으며,[1] 환인 만족 자치현에서는 6개의 조선족 학교를 합병하여 하나 의 기숙제 학교로 발탁하고 5층의 학교 청사를 신축하였다.[2] 또 교 수의 질을 높임으로써 조선족 학교의 학생 수가 늘어가는 실례도 나 타나고 있다. 흑룡강성 상지시 조선족 소학교는 교수의 질을 높임으 로써 학생 수가 급증하여 80년대 초 100여 명에서 90년대 초에는 200여 명으로 증가하였고, 1996년부터는 400명 이상으로 늘어나 고, 1999년에는 430명으로 증가하는 등 계속 늘어나는 추세를 보이 고 있다.[3]

그리고 도시의 민족 교육 기관도 없던 데로부터 지금은 북경시 조 선족 소학교·북경시 장백 소학교, 천진 새별 조선족 소학교가 정식 운영을 하고 있으며 민족 언어와 문자 교육 학교로 북경 한국어 학

---

1 《요녕조선족문보》, 1998년 10월 27일 소식.
2 《요녕조선족문보》, 1999년 3월 23일 보도.
3 「상지현 조선족소학교 학생수 급증」, 《흑룡강신문》, 1999년 6월 11일.

교를 비롯하여 심양, 길림, 장춘, 하르빈, 목단강, 단동, 위해, 석가
장 등 도시에 조선어 학교를 운영하고 있다. 도시 조선족 교육의 탐
색으로 당지 한족 학교와 연합하여 민족 교육의 장소를 만드는 사례
가 최근에 중앙 민족 대학 부속 소학교에서 나타났다.

　상술의 사실에서 볼 수 있는 바와 같이 어느 지역을 막론하고 조
선족들은 민족의 미래를 위하여 참답게 일하였다. 우리 민족 전체가
국가의 민족 평등 정책과 민족 발전 정책을 활용하고 노력한다면 민
족 교육 과정에서 나타난 문제들을 순조롭게 해결할 수 있다. 민족
교육의 지속적인 발전이 조선족 사회로 하여금 더욱 빠르고 건강하
게 발전하는 데 보다 큰 역할을 기대하는 바이다.

조선족의 지속적인 발전을 위한 민족 교육

1. 민족 교육 발전의 회고

민족 교육은 민족의 발전과 민족적 지위를 향상하는 데 제일 중요한 부문의 하나이다. 과거 중국 조선족의 민족 교육 실천이 이를 여실히 증명하고 있다. 이주·정착 시기 그 어려운 환경 속에서도 중국 조선족 선민들은 자녀들의 교육을 소홀히 하지 않고 마을이 생기는 대로 서당과 학교를 세워 반일 교육을 비롯한 민족 진흥 교육과 민족 문화 교육을 꾸준히 해 왔다. 그때 민족 교육을 받은 사람들이 중국 신민주주의 혁명의 각 시기의 투쟁에 적극적으로 참여하고 많은 피땀을 흘려 조선족이 중국에서 뿌리내리고 자기의 위치를 확고히 하는 데 크게 기여하였다. 또 그 사람들이 중화인민공화국 건립 이후 정부 기관을 비롯한 각 분야에서 활약할 수가 있었다.

1945년 중국 동북 지역이 해방된 후 비교적 안정된 분위기 속에

서 조선족 사회는 민족 교육 발전에 더욱 심혈을 기울였으며, 조선
족 지역에서는 민영 중·소학교가 우후죽순마냥 일떠섰다. 그때의
민족 교육이 낳은 결실이 바로 현재 과학 연구, 문화 교육 등 영역에
우리 민족의 유능한 일꾼들이 많이 분포되어 있다는 사실이다.

그리고 우리 민족이 교육을 중요시하고 심혈을 기울여 노력하였
기 때문에 20세기 50년대에 벌써 초급 중학교 교육까지 보급시켰
다. 그 결과로 우리 민족의 만 명당 대학 학력 소유자와 고등학교
학력, 중학교 학력 소유자의 수가 90년대까지 중국 각 민족 가운데
서 으뜸의 자리를 차지하였다. 민족 교육의 발전은 중국 조선족 사
회 발전에 크게 기여하였을 뿐만 아니라 중국에서 기타 민족이 부러
워 하는 우수한 민족으로 발탁할 수 있는 계기가 되었다.

또 민족 교육 실천은 일정한 시간적 주기성을 지니고 있으며 교육
의 결실은 즉시 나타나는 것이 아니기 때문에 장기적 차원에서 교육
을 파악해야지 눈앞의 이익에 어두워 교육을 소홀히 할 경우 그 엄
중성은 미래에까지 파급된다는 점을 염두에 두어야 한다.

2. 민족 교육의 고민

이전까지 농촌 마을을 토대로 꾸준히 발전해 온 중국 조선족의 민
족 교육도 개혁 개방 이후 급속한 사회 변화 속에서 전에 없는 시련

을 겪고 있다.

우리 민족은 오래 전부터 자녀 교육을 중요시하고 이에 전력해 왔다고 자부하였는데 시장 경제와 더불어 가속화되어 가고 있는 도시 진출, 해외 진출 가운데서 경제적 타산에만 몰두하고 자녀 교육을 등한시하는 경향이 점차 심해져 가고 있다. 수많은 아이들이 부모들의 도시와 해외 진출로 그 중요한 가정 교육도 부모의 직접적인 교육을 받지 못하고 친지에게 위탁하는 기형적인 가정 교육에 의존하지 않으면 안 되었다.

그리고 이전의 민족 교육의 기본 장소인 농촌 마을이 급속한 인구 유동으로 규모가 점점 줄어들거나 무너지는 바람에 민족 교육의 기초가 약화되고 있다. 농촌 인구의 유동은 노동력뿐만 아니라 그들의 자녀들까지 포함되어 있으므로 농촌 학교의 학생 내원을 감소시키는 결과를 낳았다. 또 인구 이동 가운데 혼육기婚育期 연령층이 대다수를 차지하므로 그들의 도시 진출, 해외 진출은 농촌 인구 출생률을 크게 하락시켜 농촌 학교 학생 내원을 더욱 고갈시키고 있다. 학생 내원의 급격한 감소는 많은 농촌 학교가 축소되고 폐교되는 현상을 초래하였다.

농촌 학교가 무너지고 교학 수준이 하강하는 현상은 조선족 학령 청소년들로 하여금 한족 학교에 많이 다니게 하였다. 그리고 중국 조선족이 집거한 동북 지역에서 도시 진출 가정의 자녀들이 조선족 학교에 쇄도하여 도시 조선족 학교의 과분한 팽창을 초래하였고, 또 많은 조선족 학생들의 한족 학교 입학은 민족 문화 교육의 결핍으로 민족성 상실을 가속화시켰다. 그리고 농촌 학교의 분포망 조절로 인해 학교가 거리상 멀어지는 문제와 기숙 등으로 지출이 많아지자 학업을 끝마치지 못한 채 중퇴하는 학생이 증가하여 민족 성원들의 소질 제고를 방해하고 있다.

교원들도 시장 경제 조류를 타고 학교를 떠나 도시 또는 국외로 진출하여 원래 확고하지 못했던 교원 대오가 더욱 불안정해지고 있으며 조선족 교원들의 사업에 대한 애착과 교학 연구열도 한족 교원들에 비해 너무 약하였다. 그리고 교수 내용에서 입시 교육만 중시하고 소질 교육을 소홀히 하였고, 이중 언어 교육에서도 한어 교육이 아주 부족함을 보여 주고 있다. 이러한 요소들은 조선족 학교의 인기와 흡인력을 감소시켰으며 민족 교육의 경쟁력을 약화시켰다.

민족 교육 과정에서는 민족의식 교육, 즉 민족 정체성 교육과 민족정신 교육이 아주 결핍하여 민족 교육을 통해 민족의 자부심과 자신감을 키우는 역할을 원활히 담당하지 못하였다.

3. 민족 교육의 주요 쟁점[1]

개혁 개방 이후 조선족의 민족 교육은 현대화와 도시화의 물결 속

---

1 이 단락은 연변대학 박금해 부교수가 정리한 것으로 민족 교육이 당면한 문제를 이해하는 데 도움이 되기 위하여 저자의 동의를 거쳐 여기에 첨가한다.

에서 전에 없던 곤혹과 갈등을 경험하게 되었으며 교육의 이념 및 가치관 선택의 갈림길에서 방황하고 있다.

특히 전통적으로 민족 교육의 토대로 자리잡고 있던 농촌 교육의 위축, 조선족 학교의 한어 교육의 부진 및 조선족 학생들의 한족 학교 선호 경향이 커짐에 따라 조선족 교육에 대한 개혁의 목소리가 커가고 있으며, 이 중 교육의 민족성과 언어 교육에 초점이 맞춰지고 있다. 이에 따른 사회 각계의 부동한 주장과 견해들을 살펴보면 크게 두 가지로 나눌 수 있다.

첫째, 민족 교육은 민족 주체 의식에 구심점을 두어야 한다는 주장이다. 이러한 주장은 교육의 민족 주체성 부각에 역점을 두고 있으며 조선족 교육은 어디까지나 소수 민족 교육이라는 특수한 사명을 지니고 있다고 한다. 때문에 교육 과정에서 민족 역사 의식, 민족 관념, 민족의 이상 등을 강조하고 전승시키는 사명을 회피할 수 없다. 만약 이 같은 특수한 사명에 안주하지 않는다면 그것은 한족 학교와 별반 차이가 없을 것이다. 특히 이 같은 주장의 소유자들은 민족 언어의 중요성을 강조하면서 민족 학교에서 교수 용어의 바뀜은 그 자체가 민족 교육의 실추를 의미한다고 주장하고 있다.

둘째, 실용주의에 입각한 발전 지상론의 주장이다. 현재 적지 않는 사람들은 조선족 교육의 가장 큰 문제점을 언어 교육(한어 교육)에 두고 있다. 즉 조선족 학생들이 대학교나 사회에 진출한 후 한어 구사 능력의 제한으로 그 활동 반경이 제한을 받는다든가 조선족 학생들이 한족 학교를 선호하는 것은 조선족 학교의 한어 교육이 취약하

기 때문이라는 이유로 조선족 학교의 한어 교육을 조선족 학교에서
의 일체를 압도하는 급선무로 내세우고 있다. 또한 중국 경제의 급
성장과 그에 따른 중국 시장의 확대 및 세계 경제 일체화의 추세에
초점을 맞춰 한어 교육의 중요성을 강조하는 사람들도 있다.

이 같은 한어 교육의 중요성으로부터 우리 민족 교육에는 전에 없
는 새로운 주장들이 제기되고 있는데 대체로 아래와 같은 몇 가지로
정리할 수 있다.

1) 단과독진설單課獨進說

민족 교육의 개성이나 특수성보다는 실용성에 입각하여 한어 수
준 제고가 조선족 교육의 제일 가는 급선무라고 인정하면서 한어 과
정漢語課程의 "과정 난이도가 크면 클수록 좋고 교수 시수를 많이 배
정하면 할수록 좋다."는 주장이다. 그 중 일부는 조선족 학교의 한어
교육은 아예 한족과 동일시한 차원에서 진행할 것과 한족 학교의 어
문 교재를 그대로 채용할 것을 주장하며 심지어는 조선 어문을 제외
한 다른 학과목에서도 한족 학교의 한어문漢語文 교재를 채용할 것을
주장한다.

2) 교학용어개용설敎學用語改用說

일부 사람들은 조선족 학교의 한어 실력을 강화하기 위하여 "조

선족 학교의 수업 용어는 단계와 지구를 나누어 한어로 수업하는 것
으로 고쳐야 한다."고 주장하면서 심지어는 조선족 집거 지구의 학
교들에서도 점차적으로 교수 용어를 한어로 바꿔야 한다고 주장한
다. 또 과거 조선족 학교들에서의 "조선어 교육을 잘 함과 동시에 한
어 교육을 강화해야 한다."는 전통적인 언어 교육 체계를 "먼저 한어
교육을 잘 함과 동시에 조선 어문 교육도 잘 해야 한다."는 이른바
'한어 선漢語先 조선어 후朝鮮語後'의 새로운 형식으로 바꿀 것을 주
장한다.

3) 교사의 민족성분조절론民族成分調節論

일부 사람들은 조선족 학교 교사의 단일 민족 출신 역시 한어 교
육 낙후의 원인으로 간주하면서 조선족 학교의 교사 초빙에서 한어
과는 물론 기타의 조선어를 제외한 학과에서도 한족 교사를 초빙할
것을 주장하고 있다.

4) 조한학교朝漢學校 통합설(민족연합학교)

조선족 학교 학생들의 한어 실력과 지식 섭취량이 상대적으로 한
족 학생보다 못한 것은 바로 조선족 학교의 봉폐된 환경에서 기인된
것이라 간주하면서 과거의 조선족 학생만 모집하고 조선족 교원들
로만 구성된 단일 조선족 학교를 당지의 한족 학교와 통합하여 연합

학교를 구성함으로써 학생들의 한어 학습에 원활한 환경과 조건을 만들어 주어야 한다는 주장이다.

상술한 두 가지 주장은 모두 민족 교육이라는 공통 분모를 가지고 있으면서도 전자는 주로 민족 주체 의식에 중점을 두고 있으며 후자는 민족 교육의 실용성에 더 큰 비중을 두고 있다. 특히 후자의 경우, 상기의 여러 가지 주장들은 결코 한 개인의 단편적인 소견이 아니라 오늘날 조선족 사회에 무척 팽배되어 있으며, 간과할 수 없는 것은 정부 당직자 중의 상당수가 조선족 학교의 한어 교육을 강력하게 추진할 의사를 갖고 있다는 점이다.

4. 중국 조선족이 살아남으려면

한족漢族이 절대 다수 차지하는 다민족 국가인 중국에서 기타 민족이 자아 민족의 생명력을 과시하면서 살아남자면 반드시 민족성을 발휘하는 우수한 민족으로 부상하여야만 가능하며, 그 관건적인 역할은 민족 교육만이 담당할 수 있다. 현재 우리의 민족 교육이 봉착한 심각한 문제를 해결하기 위한 필자의 제안은 아래와 같다.

(1) 민족 경제 기초를 튼튼히 닦아야 한다.

민족 경제는 민족 교육 발전의 기본적인 토대이다. 민족 경제가 건실하게 발전하면 민족 교육 과정에서 봉착한 학생 내원 감소 문제, 분포망 조절 문제 등을 비롯한 허다한 문제들을 쉽게 해결할 수 있다. 다른 한 방면에서는 경제 발전이 과학 기술에 대한 의뢰성이 크면 클수록 교육이 경제 발전에 대한 역할이 더 뚜렷하다는 점을 잊어서는 안 된다.

(2) 민족 교육의 방향 정립이 중요하다.

중국에서 한족을 제외한 기타 민족의 교육은 순수한 민족 교육으로 될 수 없다. 이것은 소수 민족들도 중국 사회와 문화에 적응해야 하기 때문이다. 그러므로 민족 교육도 먼저 민족 성원들에게 중국 사회에서 생존할 수 있는 능력과 기능을 키워 주는 것이 무엇보다도 중요하고 필요하다. 다시 말하면 민족 교육을 통하여 민족의식과 민족 문화를 부여할 뿐만 아니라 돈 버는 재간도 가르쳐 민족 학생들의 사회 경쟁력을 키워 주어야 한다.

(3) 민족정신 문화 교육을 강화해야 한다.

민족 교육의 한 내용으로 민족과 민족 문화의 우수성을 과시하는 내용을 보완함으로써 조선족이라는 의식과 민족의 얼을 깊게 심어 주는 것이 매우 필요하다. 왜냐 하면 조선족을 볼 때 민족적으로 많은 우수성을 보유하고 있으나 과거 우리 민족 교육에서 이러한 우수성을 학생들에게 제대로 전수하지 못하였다. 많은 민족 성원들이 자기 민족의 우수성을 파악할 기회가 없고 자기 민족의 저력을 못 느끼면 자연적으로 민족적 허무주의와 비관주의에 빠져 버리는 경향을 초래하게 된다. 우리는 민족 교육을 통하여 우수한 민족 문화를 홍보하고 민족의 긍지와 자신감을 개인에게 심어 주어 민족 성원 모두가 사회 생활에서 당당한 조선족으로 민족 발전을 위하여 모든 힘을 발휘하도록 해야 한다.

(4) 소질 교육을 강화해야 한다.

이전까지 민족 교육도 입시 교육에만 집착하고 학생들의 소질 교육과 기능 교육을 소홀히 하였다. 이러한 폐단은 지금에 와서 아주 뚜렷하게 나타나고 있으며 그 단적인 예로 사회에 진출한 조선족 청년들은 학력에서는 한족들보다 우수하지만 기능 장악 면이 아주 약하여 취업에서는 한족들보다 못하다는 사실을 들 수 있다. 때문에 우리 교육에서도 소질 교육을 중요시하고 학생들의 기능 교육에 힘을 기울여야 하며 직업 기술 교육도 강화해야 한다. 조선족 경제가 아직 농업 위주인 사실을 감안하여 직업 기술 교육에서 먼저 농업 기업화에 적응할 수 있는 기술·경영 인재를 많이 육성해야 하고 이어서 비농산업의 기술·경영 인재의 육성에도 중시해야 한다.

(5) 이중 언어 교육 가운데서 한어 교육도 더 강화해야 한다.

조선족 학교 졸업생들이 한어 구사 능력이 약해 사회 진출에서 지장을 받는 사실이라든가 많은 조선족 학생이 한족 학교에 다니게 되는 주요한 원인의 하나가 조선족 학교의 한어 교육이 따라가지 못하

는 데 있다. 때문에 현재 조선족 소학교에서 2·3학년부터 설치하고
있는 한어 문과를 1학년부터 개설하며 한어문 교재도 개혁하거나
또는 한족 학교 어문 교과서를 직접 사용하여 조선족 학생들의 한어
능력 제고에 힘을 기울여야 한다.

(6) 민족 동화를 막기 위해 민족 교육을 실시해야 한다.

인구 유동과 도시화 과정에서 조선족의 활동 영역은 확대되었지
만 도시 집거集居 지역의 조선족 청소년들에게 민족 문화 전수는 더
욱 어렵게 되어가고 있다. 하지만 민족 동화를 방지하자면 민족 교
육은 필수적인 것이다. 그 형식으로 새로운 민족 학교를 세우는 것
도 중요하지만 현지 학교와 합작하여 민족 교육의 장소를 마련하는
것도 출로의 하나이며 조선족이 많지 않은 대·중 도시에서는 민족
언어와 민족 문화 교육을 위한 '주말 학교', 조선어 강습반 등을 꾸
리는 작업도 매우 필요하다.

(7) 민족 교육의 발전을 위하여 관련 문제에 대한 체계적이고 깊
은 연구가 필요하다.

먼저 기초 작업인 전면적인 조사를 진행하여 민족 교육의 현황과
문제를 깊이 파악해야 한다. 이러한 공정은 개인적인 행위로서는 절
대 담당해 낼 수 없으므로 해당 부문들의 주체로 각 분야의 인원들
을 조직하여 진행해야만 한다. 이러한 작업을 진행한 기초 위에서
상응한 대책을 강구하여 민족 교육의 참다운 발전을 도모해야 한다.

총체적으로 우리 민족이 직면한 동화의 위협을 피면하고 격렬한 경쟁 속에서 살아남자면 꼭 우수한 민족으로 발탁하여야 하며, 또 선진 민족으로 부상할 수 있는 희망은 민족 교육의 발전에 있으므로 민족 교육은 반드시 개혁을 통하여 민족 발전과 시대에 적응하는 교육이 되어야 한다.

개혁 개방 이후 중국 조선족의
경제 발전과 소비 경향

현재 중국 조선족은 한족漢族 인구가 절대 다수를 차지한 중국 사회에서 민족 문화 보존에도 힘을 기울이고 있다. 뿐만 아니라 중국 사회 진출 등 면에서도 많은 애로 사항을 극복하면서 민족의 우수성과 근면성을 잘 체현하고 있다.

다른 한편 중국 조선족의 지난 역사 과정을 돌이켜 보면 조선족이 응당 더 빨리, 더 건전하게 발전해야 했을 텐데 하는 아쉬움도 없지 않다. 이것은 그때 그때의 중국 사회 상황이 좋지 않았던 것이 주 원인으로 되겠지만 조선족 사회 내부적 원인도 없지 않다. 그 주요한 예로 조선족의 소비 문화에서 저축성이 약하고, 있으면 있는 대로 모두 써 버리는 소비 경향이 조선족 사회의 경제 발전에 큰 영향을 주었다는 사실이다.

조선족 농민들의 시장 진출은 전통 의식을 개변시키는 중요한 계기였다. 그들은 상품 경제 경영에 참여하는 과정에서 낡은 의식 관념을 해소하고 새로운 시장 경제 의식을 수립하였다. 특히 중한 수교 이후 중한간의 경제와 문화 교류가 날로 확대되면서 조선족들은 인연과 언어 등의 유리한 조건을 이용하여 대외 경제 영역에 참여할 수 있게 되였다. 이에 따라 선진적인 경영 방식과 생산 관리 방법을 경험하고 배웠다.

1. 미래 지향적 소비성의 결핍

개혁 개방 이후 조선족 사회의 경제 발전이 빨랐고 그들의 생활 수준은 전에 없이 제고되었다. 그러나 조선족의 비계획적인 소비 경향은 조선족 사회의 경제 생활에 불리한 영향을 초래하였다.

조선족의 경제 생활에서 계획성이 결핍하고 생산보다 소비가 앞선 경향이 심하였다. 개혁 개방 이전 논농사 위주인 조선족 농민들의 생활은 밭농사 위주인 주위 한족漢族들보다 더 여유 있었으나 돈은 있는 대로 다 써 버리는 경향이 있어 저축은 거의 못하였다. 이에 비해 한족들은 조선족보다 수입은 적었지만 생활에 계획성이 있고 아껴쓰면서 저축만은 언제나 조선족을 초과하였다. 그리하여 조선족의 생활은 한족들보다 풍족하게 보였지만 급한 일이 있을 때에는 언제나 조선족이 한족들의 돈을 빌려 쓰는 경우가 많았다.

생산보다 소비를 선호하면서 점차 '놀자주의', '먹자주의', '향락주의' 등의 성향이 한족들보다 더 짙어졌다. 조선족은 전통적인 명절 외에도 '3·8 국제부녀절', '6·1 국제 아동절' 등 정치 색채를 띤 기념일까지 모두 모여 노는 날로 인식하는 경향으로 변하였으며, 사회적으로 노인 공경의 풍기를 세우기 위하여 규정한 '8·15 노인절' 등도 노는 날로 변모해 버렸다. 이러한 기념일에 한족들은 아무런 행사도 하지 않지만 조선족 마을에서는 적어도 하루는 모여서 마시고 노는 풍습으로 변하였다.

필자가 몇 해 전 흑룡강성의 한 조선족 마을에 갔을 때의 일이다. 조선족들과 한족에 대한 화제를 논의할 때면 보통 "한족은 놀 줄 모른다.", "집은 허술하여도 돈은 있다.", "한족은 일전 한 푼도 망탕 쓰지 않는다."고 입을 모으나 대부분이 "죽어도 한족처럼 살지 않겠다."고 말하였다. 심지어 "우리는 금년 3·8 부녀절에 1인당 100원을 모아 며칠을 놀았다."고 자랑스럽게 말하는 이도 있었다. 필자는 또 그 마을에 몇 가구 되지 않는 한족과 조선족에 관한 화제를 나누었다. 한족들은 조선족은 낙천적이며 잘 마시고 잘 놀며 돈을 잘 쓴다고 말한다. 또 반면에 돈을 있는 대로 다 쓰고 급한 일이 생기면 자기네한테 돈을 꿔 쓴다고 말하기도 하였다.

1990년대에 와서 조선족은 국외에 진출하여 경제 수입이 크게 증가하였다. 비록 일부분은 자금 저축을 통하여 생산 경영성 활동에 종사하였으나 많은 사람들은 국외에서 힘들게 벌어 온 돈을 더 많은 부의 축적을 위하여 투자하지 않고 비생산성 소비에 많이 지출하였다. 이들은 도시에 주택을 마련하고 아무런 일 없이 흥청망청 날을 보내는가 하면 농촌에서는 매일 마시고 놀면서 돈만 낭비하였다. 최근 몇 년간 목단강시의 조선족 농촌에서 국외 노무 송출의 연인수 6,000여 명이 벌어 온 외화도 몇천 만 달러가 되지만 직접 생활 소비에 들어간 액수가 전체의 1/3에 달하였다.[1] 계획성이 결핍한 소비 행위는 많은 조선족으로 하여금 해외에 가서 힘들게 벌어 온 돈을 쉽게 다 써 버리고 없으면 또 엄청나 이잣돈을 내서 해외 노무에 나가려고 애를 쓴다.

조선족의 비생산성과 소비 성향은 한족들의 말에서도 반증이 잘 된다. 1998년 필자는 현지 조사로 연길에 갔을 때 연변 조선족 자치주 정부의 한 부문의 한족 책임자와 이야기를 나눈 적이 있다. 이 한족 간부는 "이곳의 휴대폰 소유자, 택시 이용자와 노래방 출입자는 대부분이 조선족이다."고 말하였다. 연길에서 한족 택시 기사와 나눈 대화에서 그는 "조선족이 택시를 타지 않으면 우리는 굶는다."고 말하였다.

연길의 택시 소유량은 5,000여 대이고 택시 이용 한 번에 보통 5원이다. 기사들은 일 인당 150원 수입은 되므로 연길시 30여 만 인구의 거의 절반에 해당하는 15만 명이 택시를 이용하는 셈이다. 연길시의 조선족 인구는 전체 인구의 약 60%를 차지하고 조선족의 택시 이용률이 높다는 사실을 감안하면 조선족의 소비도 적지 않다.

---

1 목단강시 민족 사무 위원회에서 자료 제공.

연길시 택시 5,000대에 일년 300일로 계산하여도 택시 요금이 2.25억 원이라는 거액이 나온다. 1997년 현재 연변 자치주 재정 수입이 13.18억 원이므로 택시 소비가 엄청난 셈이다.[2]

돈을 과다하게 쓰다 보니 나태해지고 향락주의에 빠진다. 이러한 경향은 농사 일에서도 나타나고 있다. 현재 많은 조선족 농촌에서는 논갈이부터 정미까지 삯꾼을 얻어 처리한다. 농번기나 또는 논이 많으면 부득이 삯꾼을 쓴다 하겠으나 문제는 대부분이 삯을 내서 농사를 짓는다는 것이다. 심지어 그 한가한 여름철에 비료 주고 논둑 풀 베는 일까지 삯을 주고 맡긴다. 170여 가구가 사는 길림성 반석현의 어느 조선족 마을에서 일년에 삯꾼 요금이 30만 원으로 가구당 1,700여 원에 달하였다.[3] 조선족이 1,390여 가구인 흑룡강성 상지시 하동 조선족 향에서 한해에 삯값으로 내는 자금이 340만 원에 달하며 이는 가구당 2,000여 원에 달한다.[4] 조선족들이 이렇게 돈을 잘 써서 조선족 마을 부근의 한족들은 조선족 마을을 수입원의 하나로 날마다 여기에 모여 일을 기다리는 모습을 자주 볼 수 있다.

농촌에서 조선족은 말이 농민이지 그들은 과거의 '지주地主'보다 더 편하게 보내고 있다. 그들은 농사일뿐만 아니라 마당의 나무 땔

---

2 연변 조선족 자치주 재정 수입과 연길시 인구, 조선족이 점한 비율 등은 『연변통계연감』, 1998.29, 75쪽 참조(중국통계출판사, 1998).
3 1998년 동북 조선족 농촌에 대한 현지조사에서 얻은 숫자.
4 최계철·주현남, 「민족의 지혜를 모아 농촌경제의 쾌속발전을 추진하자 – 흑룡강성조선족 향촌 경제현황과 풀어야 할 몇 가지 과제」, 중앙민족대학 한국문화연구소·북경한국어학교 공동주체의, 『중국 조선족 경제의 문제점과 우리의 대책』(1998년 12월 5~6일) 학술회의 제출 논문.

재를 치고 변소를 치는 일까지 삯을 주고 맡긴다. 때문에 그들에게 게을러지는 성향이 더 깊어지기만 하였다. 흑룡강성의 어느 마을에서는 도시에서 10여 원 되는 채소를 사려고 왕복 택시 요금 40~50원이나 쓰는 일도 있을 정도로 조선족들의 소비에는 비생산성 경향이 아주 심하였다.

조선족은 미래 지향성을 결핍한 소비 성향으로 원래 많지도 않은 조선족의 돈이 한족들에게 모두 넘어가고 있었다. 시내의 택시 기사나 농촌의 삯꾼은 거의 다 한족이었다. 한족들은 조선족의 돈을 벌고 있기 때문에 조선족의 불량 소비가 없으면 하나의 수입원이 없어지리라 여기지만 그들의 마음속 깊이에는 '조선족이 해외에 가서 돈을 많이 벌어 오지만 결국은 우리 손 안에 들어 온다.'는 격으로 웃을 줄 아는 사람은 마지막에 웃는다는 배짱도 숨어 있었다.

조선족의 '외상 내기'도 소비에서 계획성이 결핍한 하나의 현상이었다. '외상 내기'는 과거 조선족 농촌에서 서로 아는 사이에 많이 이용한 차용 방법으로, 보통 가을 수확 이전에는 돈이 없어 일용품과 생활 필수품 등을 외상으로 사들여 사용한 후 가을 이후에 갚는 관습을 말한다. 그때 외상 내기는 일상 생활에서 애로에 봉착한 가정의 급한 사정을 해결하는 데에 일정한 작용을 하였다. 그러나 외상 내기는 지금에 와서 원래의 의미와 완전히 다르게 변하였다.

현재 조선족 지역에서는 이전처럼 생활에 꼭 필요하나 돈이 없어서 할 수 없이 외상 내기를 하는 가정은 거의 없어졌다. 그 반면에 시기와 계절을 가리지 않고 생활에 꼭 필요하지 않아도 외상 내기를 하는 경향이 심해졌으며 심지어 조선족이 경영하는 음식점에 가서 먹고 마시는 것도 외상 내기를 하였다. 이 경향이 심해져 조선족이 집거한 지역의 음식점에서 외상 내기를 하지 않으면 장사가 되지 않을 정도였다. 때문에 원래 본전이 많지 않은 향촌의 가게나 음식점은 이 외상 내기에 부득이 문을 닫은 집도 적지 않았다.

이 외상 내기는 동북 조선족 지역에 보편적으로 존재하였고 현성의 조선족 음식점에서도 그 피해를 면치 못하였다. 동북 조선족 지역의 음식점 경영자들이 북경 등 대·중 도시의 음식점 경영자들을 부러워하는 이유의 하나가 바로 외상 내기가 없기 때문이었다. 외상 내기는 과거 자연 경제 시대의 유풍으로 낡은 교역 행위에 속하며 현대 경제 규칙과 조화를 이루지 못한다. 외상 내기는 경영자들의 경영 규모 확대와 재생산 투입에 큰 지장을 주었으며 심지어 간단한 경영 유지도 힘들게 만들었다. 그리고 외상 내기는 제때에 향수하고 훗날을 관계치 않는 무계획 행위를 조장하기도 하였다. 하여 외상 내기로 빚을 가득 진 사람들은 가을이면 빚 독촉에 도망가 숨을 정도로 불안한 나날을 보내지 않으면 안 되는 경우가 적지 않았다.

2. 조선족의 비 미래 지향성 소비에 대한 검토

앞에서 언급한 바와 같이 중국 조선족은 조선반도에서 이주 온 집단이다. 이주 민족으로서의 중국 조선족의 역사는 중국 기타 민족에 비해 길지 않다. 조선족 선조들이 중국으로 이주하기 시작한 지는 백 수십년이 되었다. 하지만 공식적인 정착으로 볼 수 있는 시기는 중화인민공화국 건립 이후라고 할 수 있기 때문에 중국 조선족의 뿌리가 깊지 못하고 이민 특성이 아직 농후하게 남아 있다.

일반적으로 이주 행위는 고향에서보다 더 큰 희망을 바라보는 데서 비롯된다. 그러나 조선족 선조들의 중국 이주는 어쩔 수 없는 상황에서 이루어진 것이기 때문에 그들은 이주하면서도 고향에 돌아올 것을 기약하고 떠나는 것이 보통이었다. 조선족의 이민 특성에는 고향에 대한 집착이 있으나 사회의 불안정 속에 처한 상황이어서 미래에 대한 불투명성이 가득 차 있었다고 할 수 있다.

구체적으로 말하면 첫째, 조선족 선민들이 그때 당시 생활적·정치적 상황으로 중국 동북 지역에 이주하였으나 마음으로는 항상 때가 오면 고향에 돌아갈 것이라고 믿고 있었고 중국에 정착하려는 경향은 거의 없었다고 할 수 있다. 때문에 그들 대부분이 스스로를 영주 이민자로 규정하기보다는 '일시적으로 불가피하게 이주한, 그러나 언젠가는 돌아갈 사람'으로 간주하였다.[5] 그들은 돈을 벌어 고향에 돌아가겠다고 생각을 하고 있었지만 이주지에서 불안정한 신분으로 관헌과 지주들의 억압과 착취를 받으며 가난한 생활을 하였기에 재산을 거의 모으지 못하였다고 말할 수 있다.

---

5 권태환 외, 「중국 조선족 사회의 변화 – 1990년이후를 중심으로」, 서울대학교 사회발전연구소, 2003년 9월, 71쪽.

둘째, 중국에 이주하여 왔지만 당시 일제의 침략, 현지 토호土豪들의 착취, 그리고 비적들의 침습 등으로 내일에 대한 불안으로 나날을 보내었다. 이러한 상황 속에 내일을 생각하지 않고 있는 대로 소비해 버리는 성향이 짙어졌다. 때문에 그들은 자산을 축적하지도 못했을 뿐만 아니라 축적하려고도 하지 않았던 것이다.

셋째, 중화인민공화국의 건립과 더불어 공식적으로 중국의 국민이 된 조선족은 중국에 종국적으로 정착하였지만 그들의 혈관 속에는 조선민족의 피가 흐르고 조선반도에 대한 향수가 깊다. 특히 중국 조선족 1세(현재 그리 많지는 않지만)들은 '죽어서 뼈라도 고향에 묻을 수 있다면' 하고 애탄을 하는 분이 적지 않았다.

중국 조선족의 이러한 이민성으로 인하여 불투명한 내일을 위하는 것보다 현실 생활에 집착하고 오늘은 오늘이고 내일은 또 다시 보자는 임시적 생활 유지 성향이 강하였다. 이것이 그들의 경제 생활에서 미래 지향성보다 단기 안목의 행위를 더 나타냈다.

그리고 1990년대 이후 중국 조선족의 한국 등 해외 진출이 잦아지면서 국외의 유흥·향락 문화의 침습도 적지 않게 받아 이것이 조선족 소비 성향에도 많은 악영향을 끼쳤다.

즉 미래에 대한 불확실성은 조선족들로 하여금 오늘의 생활에 집착하고 내일을 생각하지 않는, 될 대로 되라는 소비 경향을 강하게 하였다.

하지만 조선족이 중국 국민으로 중국에 정착된 사실은 어떤 국제 관계의 돌변이 발생하지 않은 한 변화되지 않을 것이라고 우리는 단

정하여야 한다. 이러한 시점에서 원래 역사적 뿌리가 깊지 않는 조
선족은 중국에서 사회적·경제적 기반을 더욱 튼튼히 닦고 민족 사
회가 무너지지 않도록 하는 것이 중요하다.

특히 경제 생활에서 원래의 불량한 소비 경향을 극복하고 미래 지
향적인 소비 관념을 새롭게 정립하여야 한다. 소비가 없으면 생산도
필요없듯이 소비는 경제 발전을 추진하는 하나의 동력이었다. 하지
만 불량한 소비는 사회의 재부를 낭비할 뿐만 아니라 각자의 자금
저축과 확대 생산에도 아주 불리하다. 자금을 향수성 소비에 탕진해
버리면서 안락만 바라고 일을 싫어하는 습관을 길러 진취적인 기풍
을 말살시키는 경향은 애초의 청빈하지만 검소한 생활을 유지하는
것보다 못하였다. 불량한 소비 현상은 조선족 경제 발전을 저해하는
하나의 큰 장애였다. 그래서 민족 사회에서는 심지어 돈을 벌어 망
탕 써 버리는 경향을 '돈의 재해'라고 하면서 그 위해성은 화재와 수
재와 같다고 지적하는 이들도 있었다.

불량한 소비 경향을 제지하고 자금을 앞날의 생활을 더욱 풍요롭
게 장식하는 데 유용하게 쓸 수 있도록 하는 데는 비 미래 지향적인
소비 관념을 개변하는 것이 중요하다. 그리고 있는 자금을 잘 살려
민족의 매개 성원의 경제력을 잘 키워 민족 경제 실력을 강화함으로
써 조선족 사회가 중국에서 흔들리지 않은 입지를 세우는 데 크게
힘을 이바지해야 한다.

한국의 근시안적 재중 동포 정책

언제부터인가 중국 조선족[1]이 한국에 다수 들어오면서 한국의 해외 동포 정책 변화의 하나의 큰 변수로 되었다. 얼마 전에 일부 시민 단체들이 거행한 '국적회복운동'에서 "고향에 와 살 권리가 있다."고 호소하면서 농성하는 조선족 불법 체류자가 있는가 하면, 또 '조선족 불법 체류자 사면 운동'을 구상하면서 정부에 압력을 주는 등 현재 재한 중국 조선족의 거향을 놓고 많은 물의를 일으키고 있다.

이러한 와중에 한국 국회는 2004년 2월 9일에 해외 동포법 수정안을 통과하였고, 법무부에서는 재한 중국 조선족 문제의 해법으로 중국 동포 한국 국적 확대 부여의 '신 업무지침'을 2004년 4월 1일

---

1 '조선족'이란 호칭에 관하여 중화인민공화국 성립 이전 중국공산당의 문헌에서 '韓人', '韓族', '高麗人', '朝鮮人' 등으로 표현되었지만 1950년 이후 '조선족'은 공식적인 호칭으로 중국에서 하나의 민족공동체로 인정받았다. 현재 한국에서 중국 조선족은 '재중한인', '재중동포', '중국동포', '재중교포' 등으로 불리고 있다. 여기서 조선족이 교포는 아니니까 '재중교포'만 빼놓고 일반적으로는 위의 호칭을 써도 다 되겠지만 논문 등에 쓰일 때에는 '조선족'이라고 호칭하는 것이 제일 적합하다고 생각한다.

부터 시행하기로 결정하였다. 이에 따라 법무부가 제시한 조건에 부합된 중국 조선족 가운데서는 '국적 회복'을 서둘고 있기도 하다. 이러한 한국 정부의 장기적 안목이 없는 중국 조선족에 대한 정책과 재한 중국 조선족들의 감상적인 '동포 정서'에 집착한 모습을 보면 답답하고 안타까운 마음이 앞선다.

먼저 한국 정부의 불확실한 해외 동포 정책은 중국 조선족 사회의 혼란과 위기를 부추기고 있다. 중국 조선족은 한국과의 교류에서 경제적으로 많은 혜택을 받았고 현재도 받고 있다. 하지만 한국 정부의 일관성이 없고 명확하지 못한 동포 정책은 중국 조선족의 한국으로의 입국을 힘들게 만들고, 오는 사람들은 부득불 고액의 자금을 브로커에게 주면서 한국행을 시도하거나 심지어 생명을 무릅쓰면서까지 밀입국을 하고 있다. 한국에서는 또 불법 체류자의 신분으로 매일 매일 마음을 조였고, 갈라진 부모와 처자식을 보고 싶지만 마음속 깊이 간직할 수밖에 없는 신세이다. 또 몇 년 동안 갈라져 있다 보니 부부지간에는 틈이 생겨 가정파탄의 지경으로 몰았으며, 말은 자식 교육을 위하여 돈벌러 한국에 왔다지만 결국은 자식을 망치는 경우도 적지 않았다.

또 그때 그때 상황에 따라 반복하는 용두사미 같은 단속은 중국 조선족의 요행 심리, 투기 심리만 부추기고 있다. 현재 실시하고 있는 소위 '국적 부여 확대 정책' 역시 이러한 차원을 벗어나지 못한 채 동포법 수정안이 통과되었고, 여러 시민단체들이 압력을 주니까 보란 듯이 시행하는 단기적인 정책 방편에 불과하다고 말할 수 있다.

　이러한 모든 것이 중국 조선족 사회의 위기를 부르고 있다. 원인은 무엇인가? 우선 중국 조선족의 이러한 실태를 조성한 원인은 결국 왕래가 자유롭지 못했기 때문이라는 사실을 알아야 한다. 다시 말하면 동포로서 동포 대접을 받지 못한 데서 초래된 문제라고 볼 수 있다.

　다음으로 중국 조선족의 감상적인 '동포 정서'가 중국 조선족의 미래를 불확실하게 만들고 있다. 중국 국적을 갖고 있는 조선족은 대부분 자신의 삶터는 중국에 있다고 생각한다. 그러나 한국에 체류하고 있는 일부 조선족들은 자아의 '동포 정서'에 도취되어 마치 한국 정부가 자기들을 잘 대해 주어야 하는 의무가 있는 것처럼 착각하고 단속할 때에는 불법 체류자이면서도 농성을 부리고 야단법석이다. 얼마 전에 소위 '국적 회복 운동' 때 "고향에 와 살 권리가 있다."고 외치면서 '한국 국적 회복'을 신청한 5,000여 명의 조선족 불법 체류자들을 볼 때 어이가 없어 말문이 막힐 정도였다.

　과연 그들은 자신들이 그렇게 하면 중국 조선족 사회에 어떤 누가 끼칠지 모르고 하는 일일까? 그렇지 않아도 중국에서는 중국 조선족을 뿌리가 얕고 기회주의적인 경향이 짙은 민족으로 바라보는 눈길이 떠돌고 있는 와중에, 일부 중국 조선족들이 자신의 정체성 -즉 중국 조선족으로 떳떳하게 사는 의지와 의식 -을 말살하면서 중국 조선족 사회의 앞날을 생각하지 않고 눈앞의 이득만 생각하는 처사는 마땅치 않다고 본다.

　사실 조선족 문제 해결에 있어서 중요한 것은 그들이 쉽게 한국에

오고갈 수 있게 하는 정책이다. 쉽게 올 수 있으면 많은 돈을 쓸 필요가 없으므로 부담이 적어지고 한국에서 한 번에 몇 년간 체류할 소지가 없으므로 불법 체류자가 줄어들며 또 가족과 자주 상봉할 수 있으므로 부부지간에 너무 오래 떨어져 사는 데서 초래되는 가정 파탄의 위기를 피면할 수도 있다. 때문에 필자가 한국 정부에 제언하고 싶은 것은 해외 동포법 수정안에 근거하여 빠른 시일 내에 시행령을 개정하여 중국 조선족의 동포 지위에 상응한 대책을 마련하여야 한다는 것이다.

이러한 차원에서 필자는 원칙적으로 조선족의 '한국 국적 부여 확대' 정책을 찬성하지 않는다. 그 구체적인 이유는 다음과 같다.

첫째, 중국 조선족의 기반은 중국에 있다는 것을 기억하여야 한다. 백여 년이란 중국 조선족 역사는 길다고 말할 수 없으나 그들은 자신의 피와 땀으로 중국 동북 허허벌판을 옥토로 개간하고, 수전을 개척하여 벼농사를 보급시켜 중국 북방 지역의 벼재배 역사에 빛나는 한 페이지를 적어 놓았다. 또 중국의 토지 혁명, 항일 전쟁과 해방 전쟁 등 신민주주의 혁명 사업에 적극 참여하여 위대한 업적을 쌓았을 뿐만 아니라 중화인민공화국 성립 후에도 중국의 사회주의 혁명과 사회주의 건설을 위하여 열심히 일해 왔다. 때문에 중국 조선족은 그 역사나 현실을 볼 때 이미 중국 사회에 튼튼한 기반을 잡았고 사실상 조선반도의 지리적 개념에서 벗어나 중국에서 하나의 민족 공동체를 이루고 떳떳한 중국 국민으로 민족의 특징과 문화를 계승하면서 참된 삶을 영위해 왔으므로, 이제는 그 어디로도 떠날 수도 없고 떠날 가능성도 없다.

둘째, 현재 조선족의 국적 회복 동기는 임시적인 방편에 불과하다. 국적 회복을 하고자 하는 재한 조선족 대부분은 단지 한국 내왕과 체류의 편리를 도모하는 데 관심이 있고 또 자녀들의 한국행에 도움을 주기 위한 것이 주요한 목적이며 진정으로 한국에 영구히 살려고 하는 사람은 아주 적다. 그들은 한국 국적을 취득하여도 한국에서는 하층 계급의 운명을 면치 못한다는 것을 잘 알고 있고 중국에 대한 향수와 중국 미래에 대한 기대가 있기 때문에 국적 회복을 임시적인 방편으로 생각하는 경향이 깊다.

예컨대 필자가 만난 사람들 가운데 어떤 이는 한국 국적 가입 후 중국으로 돌아가는 데 불편이 없는가 물어보는가 하면, 어떤 이는 가족 모두 한국 국적 가입 조건에 부합되나 일부만 가입하여 향후 중국으로 돌아가는 길을 막지 않으려는 생각을 토로하기도 하였고, 또 어떤 이는 자신만 생각하면 한국 국적 가입을 그다지 원치 않으며 한국에서 한평생 살 마음도 없는데, 자식을 위해 한국 국적을 회복하기를 바랄 뿐이라며 만약 자유롭게 왕래만 되면 절대 한국 국적에 가입하지 않는다고 말하기도 하였다. 때문에 만약 국적 가입이 목적이라면 그 마음을 헤아릴 수 있지만 단순히 수단이라 할 때 한국 정부가 민감한 국적 문제를 가지고 어떤 문장을 만들 필요 없이, 더욱 미래지향적인 대책을 제시할 수도 있지 않을까 생각한다. 사실 '국적 문제'는 문제가 아니다.

셋째, 조선족의 한국 국적 다수 회복은 한국 국익에도 좋을 것 없다. 중국이 현재 급속히 성장하고 있으므로 한국과 중국과의 교류도 더 깊어 가기 마련이다. 때문에 국익을 보아도 한국은 중국 조선족에게 국적을 부여하기보다 중국 조선족으로 하여금 현지에서 더욱 튼튼히 생활할 수 있도록 지원하여 한중 교류에 더욱 큰 역할을 할 수 있게 하는 것이 더 중요한 급선무이다. 그리고 중국 조선족의 중국에서의 튼튼한 입지는 동북아시대 민족 문화 영역 확대에도 큰 도움이 될 것이므로, 현실성이 약하고 미래 지향적이지 않는 한국 국적 부여보다 중국 조선족의 힘의 축적에 신경을 쓰는 것이 더욱 효과적일 것이다. 또 조선족의 대규모적인 한국 국적 회복은 중국 조선족 사회 발전에 도움이 되지 않고 오히려 조선족의 중국에서의 위상을 하락시키며 입지를 좁히는 결과를 낳는다.

넷째, 중국 조선족의 대규모적인 한국 국적 회복은 조선민족 통합에도 불리하다. 현재 법무부가 제시한 국적 회복 조건을 보면 중국 조선족 가운데 선대의 출신이 남쪽인 사람들에게 유리하나 반면에 북쪽 출신에게는 기회가 많지 않다. 하지만 중국 조선족 가운데 절반 이상의 선대가 북쪽 출신에 속한다. 때문에 제한된 한국 국적 확대 부여 문제로 중국 조선족과 한국, 중국 조선족 내의 남·북쪽 출신 사이의 갈등을 초래할 가능성도 없는 것이 아니다.

그리고 현실 상황을 볼 때 아무리 국적 부여 확대라 하지만 역시 제한적이고 그 혜택을 받는 사람은 일부에 지나지 않는다. 그렇다 하여 한국 사회가 중국 조선족 전체를 모두 포용할 수 있는 힘 또는 가능성이 있는 것도 아니다.

　　결론적으로 말하면 현재 한국 정부가 중국 조선족 문제 해결을 위하여 해야 할 일은 조선족을 정말로 동포로 인정하면서 아무런 조건 없이 포용하고, 조선족의 한국 출입국을 편리하게 하는 대책 마련이지 국적을 부여하는 것이 아니라고 본다. 그리고 조선족들은 눈앞의 일만 생각하는 근시안적인 안목을 버리고 자신의 귀속이 어디인가를 신중하게 생각하고 임시적인 편리를 위하여 국적 같은 엄숙한 문제를 쉽게 처리하여서는 안 될 것이다.

왜 탈북자 문제가 심각해지는가?

지난해 말에 중국 주재 한국 대사관 영사부에 진입한 탈북자[1] 수용이 어려워 여권, 비자 발급 등 일체의 민원 업무가 잠정 중단되는 상황에까지 이르렀다. 이후 영사 업무는 재개되었지만 공관 등지에 진입을 시도하는 탈북자의 수는 나날이 늘어나고 있는 실정이다. 외국 주재 공관의 민원 업무 중단은 전쟁, 자연 재해 등의 경우를 제외하고 거의 유례가 없는 현상이다. 탈북자 문제로 하여 왜 한국이 이처럼 낭패를 보고 있는지를 깊이 생각할 주제가 되는 이유이다.

---

1 '탈북자'란 용어는 한국에서 일반적으로 사용하는 용어이기에 따르나 사실 중국에서는 '朝鮮非法越境者'라 한다.

1. 중국과 북조선 변방 지역의 불법 월경

북조선과 중국은 두만강, 압록강을 국경으로 삼은 인접 국가이다. 양국의 접경 지역은 50년대 '6·25전쟁' 때를 제외하고 오랫동안 평화를 유지하였으나, 양국 변강 주민들의 불법 월경不法越境 현상은 계속 있었다. 다만 1950~60년대의 변강 주민들의 불법 월경은 중국 조선족이 북조선으로 넘어가는 현상이 대부분이었다. 그때만 하여도 북조선의 형편은 중국보다 괜찮은 편이었다.

1960년 전후로 중국은 '대약진 운동'과 3년의 자연 재해로 말미암아 많은 주민들이 기아에 빠졌고, 중국 동북 지역에 사는 조선족들은 당시 생활 상황이 상대적으로 괜찮은 북조선으로 많이 넘어갔다. 불완전한 통계에 의하면 이때 북조선으로 월경한 조선족이 20만 명에 달한다고 한다(이후 또 많은 사람들이 연이어 중국으로 되돌아 왔다).[2] 그때 북조선은 전쟁으로 인해 남성들이 많이 부족하였고, 종전 후의 복구 단계에 많은 노동력이 필요하였기 때문에 월경한 중국의 조선족들을 배척하지 않고 일자리까지 배치하는 등 혜택을 주었다.

1960년대 중반 이후 '문화대혁명'이 시작된 후 중국의 정치·경제 상황 역시 좋지 않아 일부 조선족들은 박해를 받았거나 경제 상황

---

2 《요녕조선문보》 계광현 사장의 『제1회 동북아신문 주최 심포지엄』에서의 발표에 근거. 《동북아신문》, 2004년 5월 21일.

등으로 북조선에 넘어갔다. 이때 북조선에서는 이전처럼 무조건 수용하지 않고 유용한 인원(학자, 기술자 등)만 남기고 기타 인원들은 강제 축출하였다. 북조선에서 돌아온 일부 조선족은 '문화대혁명' 시기 '북조선의 간첩', '반당叛黨·반국분자叛國分子' '매국적賣國賊' 등의 누명하에 심한 타격을 받았고, 이 가운데 죽은 사람도 있었다.

1978년 이후 중국 사회에서 개혁 개방의 바람이 불면서 중국인들의 정치·경제 생활은 보다 자유로워졌으며 민중들의 생활 수준도 신속하게 향상되었다. 이와 반대로 북조선은 예전 모습 그대로 또는 예전보다 못한 상황에 빠져 있었다. 특히 1990년대에 와서 국제 환경의 변화, 외부에서 원조의 단절 및 3년간 연속된 재해 등으로 말미암아 북조선 경제는 엄중한 위기를 만났고 한때는 주민들의 식량 공급도 중단해야 했다. 이때로부터 이전과 다르게 북조선 주민들이 국경을 넘어 중국으로 오는 불법 월경 현상이 점차 많아졌다.

2. 북조선 주민들의 탈북

1990년대에 들어서 북조선은 경제난, 식량난 등으로 많은 어려움을 겪고 있었다. 북조선은 식량, 생활 필수품 등의 중앙 배급 체계가 제대로 작동하지 못하는 상황에 임하게 되면서 중앙 당국의 기존 사회 통제는 실질적으로 불가능하게 되었다.

이에 따라 북조선 주민들의 생계를 위한 국내 이동과 국경을 넘는 이동이 점차 시작되었으며, 90년대 말에는 급속히 많아져 북조선 주민들의 탈북의 주요 통로인 연변 조선족 자치주의 각 현, 시에서는 탈북자를 수시로 볼 수 있는 지경에 도달하였다. 해당 기관의 조사에 의하면 중국 측이 탈북자를 단속하기 직전인 2002년에 연변에서 수색되어 북조선으로 송환된 탈북자만 하여도 4천여 명이고 이 가운데 당년에 넘어온 탈북자가 77% 좌우를 차지하였다고 한다.[3]

북조선 주민들의 탈북 시기를 대략 아래와 같이 나눌 수 있다.

첫 시기는 1995년부터 1997년까지이다. 이 시기는 북조선 주민 일부가 법을 어기고 국경을 넘어 친지를 찾아 먹을 것, 입을 것을 얻어 가거나 또는 외딴 시골 농가에서 일을 하고 고용주는 식사와 주거를 책임지는 형식으로 노사 관계를 형성해 일시적으로 체류하였다. 그리고 일부 북조선 부녀들이 중국 측(조선족)의 남자와 동거하며 실질적인 부부 생활을 하는 경우도 있었다.

두 번째 시기는 1998년에서 2001년까지가 해당한다. 이 시기는 첫 시기와 같은 경우도 있지만 주로 먼저 탈북한 자들의 안내를 받고 또 그들의 영향하에 더 많은 탈북자가 생기면서 이들은 변방 지역뿐만 아니다 중국의 내륙 지역에서도 자주 눈에 띄었다. 다른 한편 탈북자가 반복 월경하면서 중국 변방 주민들과 경제 거래도 하고 중국 내의 불법자와 결탁하여 돈을 받고 북조선 부녀들을 중국 내륙

---

3 현지 조사 때 해당 기관에서 제공한 통계숫자이다. 아래 특별히 각주를 달지 않은 경우 역시 같다.

농촌의 한족 남자들에게 넘기는 현상도 많아지기 시작하였다.

세 번째 시기는 2002년 좌우에서 현재까지인데 이 시기 특점은 유리걸식보다 외국 종교·인권 단체 등에 의하여 조직적으로 중국 주재 한국 및 외국 대사관에 진입하여 한국에 들어오는 현상과 제3국을 통하여 한국행을 시도하는 현상이 뚜렷하였다. 한국 외교통상부의 통계에 의하면 2002년 5월부터 외국에 있는 한국 공관에 진입한 뒤 한국에 입국한 탈북자가 249명이고, 2001년 6월부터 지금까지 제3국의 외교 공관에 진입해 한국에 입국한 탈북자는 88명이었다고 한다. 현재 2003년 7월까지 한국에 입국한 탈북자는 3,835명에 달한다고 한다.

탈북자들이 제3국을 통하여 한국행을 시도함에 따라 중국 접경 지역에서는 월경 범죄 현상이 많이 발생하였다. 예컨대 2002년에 내몽골 자치구內蒙古自治區, 광서 장족 자치구廣西壯族自治區 등 변방부대에서 체포되어 연변에 인계한 불법 월경자만 30여 건 백여 명에 달하였고, 같은 해 1월에서 11월까지 월경 범죄 안건 150여 건을 수색하고 혐의자 수십 명을 구속하였다. 범죄 혐의자의 숫자는 지난해 같은 시기에 비하여 각기 8.6%와 55.5% 증가하였다. 단면적으로 범죄 행위를 보면 2002년 연변의 모 시에서 수색한 17건 가운데 도적 10건, 살인 1건, 강간 1건, 강도 2건, 마약 밀수 1건과 부녀 유괴婦女誘拐 2건 등이었다.

탈북 현상이 많아짐에 따라 탈북 노선도 압록강 연안의 장백 조선족 자치현長白朝鮮族自治縣에서 두만강 연안의 연변 조선족 자치주延

邊朝鮮族自治州 쪽으로 전환되었고, 탈북 목적도 식량, 의복 등을 구하는 동기에서 중국을 발판으로 한국으로 가기 위한 목적으로 변하였다. 탈북자들이 중국 주재 한국 공관과 제3국 외국 기관 및 학교에 진입하는 현상을 단순히 의식을 해결하기 위해서라고 볼 수 없다.

탈북자들이 중국 경내에서 가끔 범죄 행위를 저질러 변방 지역의 사회 안정을 위협하고 또 그들의 중국 주재 외교 공관 진입은 일련의 외교적 마찰을 빚었다. 그래서 중국 변방 지역에서는 탈북자에 대해 묵인하던 데서 탈피하여 강한 단속을 시작하고 변방 부대, 공안원은 물론이고 접경 지역 주민까지 동원하여 도로, 마을 등에서 탈북자에 대한 검문을 하게 되었다. 그리고 발각되면 북조선에 강제 송환 하였고 심지어 농촌에서 결혼하여 아이 낳고 사는 북조선 부녀들도 예외가 아니었다. 현재 탈북 현상이 단속하기 전보다 아주 많이 줄어들었지만 단속을 피한 탈북 사례는 역시 끝이 없었다.

중국은 '탈북자' 처리 문제 때문에 많은 신경을 쓰고 있다. 인권 문제에 대한 국제 사회의 주목이나 한국과의 관계를 보면 '탈북자'들의 소원대로 모두 한국에 보내면 좋겠지만 북조선과의 관계를 고려할 때 무조건 그렇게 할 수도 없는 입장에 처해 있다. '탈북자' 처리 문제에서 '한국 송출'이냐, '북조선 송환'이냐 하는 문제를 두고 중국이 고심하는 것은 물론이고 자칫하면 이로 인하여 중한 관계 또는 중조 관계에 불리한 영향을 초래할 수도 있기 때문에 고심하지 않을 수 없는 것은 당연하다.

3. 반성해야 할 사항

탈북자들이 왜 원래의 단순 의식衣食 해결이 주요한 목적인 데서부터 한국을 지망하여 중국 주재의 외교 공관도 서슴없이 진입하게 되었는가? 이러한 사태의 원인은 탈북자 본인들의 사정도 있겠지만 더욱 중요한 점은 외부에서의 부추김에 있다고 할 수 있다.

첫째, 민간 단체들의 알선 활동이다. 종교 단체, 인권 단체 등의 알선·조직하에 탈북자들이 제3국을 통해 한국에 가기를 추진하였다. 이러한 단체들이 인권을 내걸고 초기에 기아에 허덕이는 북조선 주민들을 도와주는 것은 문제가 되지 않았지만 후에 탈북자를 알선하고 조직하여 중국 주재 외국 공관에 진입하도록 책동하는 행위나 한국행을 주선하는 행위 등은 옳다고 생각하지 않는다. 왜 꼭 그렇게 해야 하는가? 사실 외국 공관 진입의 탈북자들에게는 기아가 이미 문제 아니었다. 그리고 이러한 단체 또는 사람들의 행위가 자기의 어떤 이익을 도모하지 않고 꼭 인권 차원에서인가도 의문이다. 듣는 바에 의하면 탈북자들의 한국행을 알선한 자 가운데는 소위 탈북자 해방의 명의하에 경제적 타산이 있는 자도 있다고 한다.

둘째, 한국 정부의 처리이다. 탈북자들이 왜 한국행에 물불을 가리지 않고 서둘고 있는가? 그것은 한국 정부가 탈북자 보호 및 정착 지원 정책 등 양호한 접대를 함으로써 탈북을 유도하기 때문이라고 말할 수 있다. 한국 정부는 한국에 입국한 탈북자에게 정착금 및 임대 주택 지급, 국민 기초 생활 보장 등 많은 혜택을 주고 있다. 이것이 탈북자들의 마음을 들뜨게 하였고, 또 경제적으로 이익을 보자는 어떤 알선자의 구미에도 맞았다. 그러나 한국 정부는 탈북자에 대한 명확한 대책을 마련하지 못한 채 국내에서 하나의 사회 문제로 대두한 끊임없는 탈북자의 쇄도에 당황할 정도에까지 이르렀다.

　남과 북이 분열된 상황에서 북조선 주민들의 인심을 사고 남쪽 제도의 우월성을 선전하기 위하여 한국 정부가 처음에는 탈북자를 환영하고 우대한 것은 이해할 만하나 정확한 탈북자 정책을 수립하지 않고 실질적인 대책 마련도 없이 다만 탈북자들의 마음만 들뜨게 만든 처사는 마땅치 않다. 한국이 북조선 주민들에게 주어야 할 메시지는 탈북을 하지 말고, 살고 있는 곳에서 현실을 개변해야 한다는 것을 전하는 것이 옳다고 하겠다. 그러나 북조선 현실에서의 도피자·탈북자만 더 도출하는 결과만 자아내고 있다. 종국적으로 탈북자 문제는 남북이 갈라져서 생기는 문제지만 현재 탈북자 때문에 혼란을 초래하고 있는가 하는 문제에 대해서는 한국 정부가 잘 검토해야 할 문제이다. 이제 와서 탈북자들의 한국에 대한 동경과 오려는 마음을 막을 수 없다. 한국에서 할 수 있는 일은 탈북자의 상황을 잘 파악하고 그들의 진로를 참답게 해결해 주는 것이다. 이를 위해서는 명확한 탈북자 정책이 있어야 하고 참다운 대책이 있어야 한다. 이러한 각도에서 보면 한국 정부의 해외 동포에 대한 정책과 대책도 역시 마찬가지라고 하겠다.

참고문헌

저 서 :

楊永騮 沈聖英 編著, 『南朝鮮』, 世界知識出版社, 1985.

『朝鮮問題文件匯編』(第二集), 世界知識出版社, 1959.

楊昭全, 『中朝關係史論文集』, 世界知識出版社, 1988.

『中華人民共和國對外關係文件集』(1), 世界知識出版社, 1959.

『中華人民共和國對外關係文件集』(2), 世界知識出版社, 1958.

『中華人民共和國對外關係文件集』(9), 世界知識出版社, 1964.

『中國外交槪覽』, 世界知識出版社, 1987.

朴眞奭 等, 『朝鮮簡史』, 延邊敎育出版社, 1986.

劉鵬輝·鄭信哲, 『韓國―霧幕後的國家』, 世界知識出版社, 1995.

朴眞奭, 『中朝經濟文化交流史硏究』, 遼寧人民出版社, 1994.

『中華人民共和國對外關係文件集』 第2集, 世界知識出版社, 1958.

〔美〕安德魯·內森 羅伯特·羅斯, 『長城與空城計: 中國對安全的尋求』, 新華出版社, 1997.

劉金質 等 主編, 『中國對朝鮮和韓國政策文件匯編』, 中國社會科學出版社, 1994.

『中國民族人口資料』(1990年 人口調查數据), 中國統計出版社, 1994. 國務院人口普查辦公室, 國家統計局人口和社會科技統計司編, 『中國 2000年人口普查資料』(上), 中國統計出版社, 2002.

『吉林通志』, 吉林文史出版社, 1986.

長白叢書, 『光緖丁未延吉邊務報告』, 吉林文史出版, 1986.

牛丸潤亮等編,『最近間島事情』, 朝鮮及朝鮮人社, 1926.

『金鼎奎日記』(手抄本, 延邊大學民族研究所藏).

楊昭全,『東北地區朝鮮人民革命斗爭資料匯編』, 遼寧民族出版社, 1992.

韓俊光,『朝鮮族』, 民族出版社, 1996.

延邊朝鮮族自治州民政局,『烈士登記』資料.

延邊朝鮮族自治州統計局 編,『延邊統計年鑑』, 中國統計出版社, 1998.

延邊朝鮮族自治州統計局 編,『延邊統計年鑑』, 中國統計出版社, 2003.

(미)R.M.Keesing,『文化·社會·個人』(중역본), 요녕인민출판사, 1988.

『民族政策文件匯編』제1편, 人民出版社, 1958.

國家民族事務委員會 中共中央文獻研究室 編,『新時期民族工作文獻選
        編』, 中央文獻出版社, 1990.

內蒙古朝鮮族研究會 編,『內蒙古朝鮮民族』, 內蒙古大學出版社, 1995.

『朝鮮族簡史』編寫組,『朝鮮族簡史』, 延邊人民出版社, 1986.

王慕寧 편역,『東三省實況』, 上海中華書局, 1929.

흑룡강성 민족사무위원회 편,『黑龍江省民族工作統計資料』, 1996.

박진섭,『중조경제문화교류사』, 요녕인민출판사, 1984.

송병낙,『한국경제론』, 박영사, 1985.

이만기,『한국경제의 오늘과 내일』, 호암문화사.

大村浩,『경이로운 한국』, 일간내외경제편집국 역간, 1978.

박규찬 외,『연변조선족교육사』, 연변인민출판사, 1987.

한국교육개발원,『통계로 본 한국교육의 발자취』, 1997.

한국교육개발원,『한국의 교육지표』, 1997.

김영봉·N.F.Mcginn,『한국교육과 경제발전』, 한국개발연구원, 1984.

E.S.Aison·김만제 외,『한국경제, 사회의 근대화』, 한국개발연구원,
        1981.

김대중 중국방문연설문집,『새로운 시대의 한·중협력』, 아시아·태평양

평화재단, 1994.

김구춘 주편,『중조일관계사』(상), 연변대학출판사, 1994.

김학준,『한국문제와 국제정치』(全訂版), 박영사, 1987.

배명오,『북한과 중공, 소련』, 학문사, 1983.

황장엽,『나는 역사의 진리를 보았다』, 도서출판 한울, 1999년.

고영일 외,『중국항일전쟁과 조선민족:1910~1952년 조선민족통사』,
        도서출판 백암, 2000.

정신철,『중국 조선족사회의 변천과 전망』, 요녕민족출판사, 1999.

황유복,『중국 조선족사회와 문화의 연구』, 민족출판사, 1996.

조룡호·박문일 주필,『21세기로 매진하는 중국 조선족 발전방략연구』,
        요녕민족출판사, 1997.

고영일 편,『중국 조선족 역사연구 참고자료회편』제1집, 연변대학출판
        사, 1989.

현규환,『韓國流移民史』(상), 어문각, 1957.

권태환 외,『중국 조선족 사회의 변화 — 1990년 이후를 중심으로』, 서울
        대학교 사회발전연구소, 2003.

만주국통신사 재정부,『만주경제십년사』, 만주국통신사, 1942.

『朝鮮事情』, 조선총독부, 1941.

야마우찌,『신나쇼나리즘의 세기』, 일본PNP연구소, 1992.

김일곤,『한국, 그 문화와 경제활력』, 한국경제신문사, 1985.

문 장 :

「普京展開半島外交 俄韓朝聯合合作」, 南方網 2001.2.27.

劉江,「當代國際關系中的跨界民族問題」, 趙廷光主編,『中國跨界民族硏
        究』, 中國世界民族學會, 雲南省民族理論學會, 1997.

「普京訪韓: 大談經濟改革, 督促南北朝鮮和平相處」, 中國日報網站, 2001.

2.27.

秦家驄,「朝鮮半島餘波與美中緊張關系」,『參考消息』, 2000.9.20.

「南朝鮮經濟發展的幾個階段」,『參考消息』, 1988.2.5.

柳斌,「加强宏觀管理 提高敎育質量」,『人民敎育』, 1986-1.

「中國政府向朝鮮再次提供糧食援助」,『人民日報』, 1997.4.13.

「金正日回訪時將簽署〈韓半島和平宣言〉」, 한국주중대사관新聞處:『每
　　周韓國』, 2001-4(2001.2.13)

朴春山,「談一談涉外婚姻對延邊朝鮮族人口負增長的影響」,『延邊朝鮮
　　族人口負增長問題硏討會」論文集』, 연변조선족자치주계획생육
　　위원회, 2002.12.

中共延邊朝鮮族自治州黨委, 延邊朝鮮族自治州政府,「延邊朝鮮族人口
　　負增長問題的現況」,『延邊朝鮮族人口負增長問題硏討會」論文
　　集』, 연변조선족자치주계획생육위원회, 2002.2.

朴泰洙,「黑龍江省朝鮮語 使用現狀及幾點思考」,『黑龍江民族論叢』, 1990
　　년 제1기.

徐學新,「試論滿洲省委實行的民族政策和國際主義原則」, 韓俊光 等 主
　　編,『中國朝鮮族歷史硏究論叢』2, 黑龍江朝鮮民族出版社, 1992.

周保中,「吉林省委民族工作會議上的報告」(1946.12),『승리』, 민족출판
　　사, 1992.

崔洪彬,「朝鮮民族在中國革命中的貢獻」, 魯朱哲 主編,『朝鮮民族文化硏
　　究』, 遼寧民族出版社, 1997.

朴昌昱,「조선족천입과 역사 上限 문제를 논함」, 연변대학 민족연구소 편,
　　『朝鮮族歷史論叢』1, 연변대학출판사, 1987.

金元石,「조선족역사 上限에 관한 몇 가지 사고」, 潘龍海,「조선족역사
　　上限 문제에 관한 소견」, 韓俊光 主編,『中國朝鮮民族遷入史論
　　文集』, 흑룡강조선민족출판사, 1989.

全永林,「熱愛農村 建設農村」,『吉林日報』, 1997.3.12.

尹豪,「延邊朝鮮族人口問題與對策」,『延邊朝鮮族人口負增長問題硏討會論文集』, 연변조선족자치주계획생육위원회, 2002.12.

梁玉今·蔡洙一,「論延邊朝鮮族人口負增長所引發的朝鮮族敎育問題」, 『延邊朝鮮族人口負增長問題硏討會』論文集』, 연변조선족자치주계획생육위원회, 2002.12.

「각 민족 인구증가 정황」,『中國民族報』, 2003.1.7.

吳桂霞·梁學敏,「延邊朝鮮族人口負增長原因分析及對策研究」,『延邊朝鮮族人口負增長問題硏討會」論文集』, 연변조선족자치주계획생육위원회, 2002.12.

許桂玉,「簡論延邊朝鮮族人口問題的特殊性」,『延邊朝鮮族人口負增長問題硏討會」論文集』, 연변조선족자치주계획생육위원회, 2002.12.

오상순,「가치의식의 심각한 변화, 변화되고 있는 여성들의 삶」, 중앙민족대학 한국문화연구소,『한국문화연구』(1994), 흑룡강조선민족출판사, 1995.

김병호,「중국 조선족 인구유동의 현황과 당면한 문제」, 전남대학교, 『동북아평화번영과 재외한인』국제학술회의 논문집, 2003.12.

최계철·주현남,「민족의지혜를모아농촌경제의쾌속발전을추진하자 — 흑룡강성조선족향촌경제현황과 풀어야 할 몇가지 과제」, 중앙민족대학 한국문화연구소, 북경한국어학교공동주체,『중국 조선족 경제의 문제점과 우리의 대책』(1998.12.5-6) 학술회의 제출논문.

《연변일보》

《흑룡강신문》

《요녕조선족문보》

정신철 鄭信哲

중국사회과학원 민족학 · 인류학연구소 연구원/교수

연변대학 사학과 졸업, 중국사회과학원 법학석사, 연변대학 역사학박사.

주요 연구분야는 「민족이론과 민족정책」, 「중국소수민족 사회발전문제 및 조선족문제」.

지금까지 『중국 조선족사회의 변천과 전망』, 『동북 어렵민족 현대화과정의 탐색』(공저), 『한국-안개속의 국가』(주필), 『중국소수민족현황과 발전의 조사연구 총서: 용정시 조선족권』(공저) 등 7권의 저작, 역저 출판.

「중국소수민족인구이동과 도시민족관계 연구」, 「동서부의 발전격차를 축소하는데 관한 사고」, 「조선족사회발전의 현황과 대책연구」, 「재일조선인 문제연구」 등 90여 편의 논문과 역문 등을 국내외 잡지와 신문에 발표.

중국민족이론학회 상무이사 부비서장, 중국사회과학원 한국연구중심 이사, 중앙민족대학 한국문화연구소 특약연구원, 한국한양대학교 문화인류학과 객원교수 등.

모들교양신서 304

한반도와 중국 그리고 조선족

등록 1994.7.1 제1-1071
인쇄 2004년 11월 30일
발행 2004년 12월 11일

지은이 정 신 철
펴낸이 박 길 수
펴낸곳 도서출판 모시는사람들
　　　110-260/서울시 종로구 가회동 175-2번지.
　　　대표전화 743-6487 / 팩스 763-7170

표지디자인 이 주 향
편 집 김 혜 경
출 력 삼영출력소(2277-1694)
인 쇄 수연인쇄(2277-3524)
제 본 통인제책(2268-2377)
홈페이지 http://www.donghaknews.com

값은 표지 뒷면에 있습니다.
ISBN 89-90699-25-8
(세트)ISBN 89-950792-9-0